JN058948

これからの教師研究

20の事例にみる教師研究方法論

秋田喜代美
藤江康彦 編著

東京図書

まえがき

　「学校」を考えるときに、友だちの存在とともに、教師の存在を抜きに語ることはできないでしょう。マイケル・オズボーン博士の雇用の未来予測でも、これから10年後にも残る職業のトップに上がっているのが、教師という仕事です。公教育の担い手としての専門職である教師の仕事は、社会にとってきわめて重要な意義を有しているのはいうまでもありません。ではその教師の専門性や現在教師が置かれている状況について、どのように問い、研究することができるでしょうか。本書はこの点について、入門者向けに取りあげることを試みた本です。

　私ども編者2名は、2007年に『事例から学ぶ　はじめての質的研究法　教育・学習編』、そして2019年に『これからの質的研究法〜15の事例にみる学校教育実践研究〜』を編集してきました。これらの本では、授業や学習に重点を置いたために、教師の仕事自体について取り上げることができたのは、わずかの章や事例でした。質的研究法の汎用的なテキストは数多く出され、いろいろな手法の開発も進んできています。しかし、教師について問うためには具体的にどのような研究ができるのかということに特化した研究法の本はありません。そこで今回、教師という仕事を問う研究を卒業論文や修士論文で行ってみたいと思う方、また教職大学院や教育センター等で教師の専門性等を考える時の一助にしたいと思う方に向けた研究方法の本をということで、このテキストの企画が始まりました。

　これまでの本シリーズのテキストとの連続性を意識し、かつ今回のテキストが独自に意識した点は次の3点です。第一に、これまでと同様に、「事例から学ぶ」ということで、教師研究の事例を取りあげることで、具体的にどのような研究の方法があるのかを教師研究の内容とともに考えるということです。教師研究は、教育学や教育心理学、教育工学、教育社会学、教育経営学、教育方法学等々、多様な分野からのアプローチがなされています。そこで研究法も、質的研究法には限定せず、量的研究法を含みさらに広く研究方法を俯瞰するものとしています。また教師の研究にはいくつもの事例や調査研究を積み重ねることで知見を得ていく研究が多いの

も事実です。しかし、ここでは論文化された一つの研究に焦点をあてて、具体的に記述することにしました。そして教師研究に関しては内容により5章にわけて構成しています。

第二に、論文として検索できる最近10年間の教師研究に関する日本語で書かれた学会誌等の論文を検索し、その中から、特に中堅・若手の研究者を中心に当該論文の筆者に執筆をお願いしました。そして、論文だけでは伝わりにくい、なぜこの研究テーマを選んだのかという課題意識やそのためになぜこのアプローチとしたのか、どのような先行研究の刺激を受けたのかなどに関して、教師研究へのねがいや思いと、その研究を実施したプロセスを物語ることを通して、著者の研究の独自性、日本の教師研究だからこその独自性が伝わるようにお願いをしました。それらによって、教師研究をする際の着想や苦労を具体的に開示いただくことをお願いしました。「教師研究をするマインドセットとは」ということが本全体を貫いて伝わればうれしく思います。そして最終的にどのように学会誌として論文を書くのかというところについては、本書とともに、元の論文にあたっていただくことで、そのつながりも理解できるものとなっています。ですので、ゼミ等で原著論文と本書をセットで読んでいただくことで、理解を深めることもできると考えています。

そして第三に、第Ⅰ部と第Ⅱ部が対応して、内容や方法についてまず全体の動向を理解し、そしてそれを各具体的な事例で、という構成になっています。理論編と事例編となっていますが、教師研究の基本となる考え方や最近の動向と研究方法の基本的な概念や枠組みをまず紹介し、それらとつないで第Ⅱ部を読んでいただくことで、教師へのアプローチを知ることができる構成としています。

本書は入門ガイドとしての位置づけで作成しています。ですので、本書を通して、教師の仕事のこの点についてもっと具体的に知りたい、研究したいと考えられたら、各分野のテキストや関連する文献を読んでさらに深めていっていただけたら幸いです。どこからでも本書は読める構成になっています。気になる章から読み始めてみ

てください。教師の仕事の魅力や可能性、そしてこれからの教師のあり方について
考えていくための最初の一歩に本書がなることを願っております。

編者を代表して　秋田喜代美

目 次

第3章　教師の経験をとらえる────────────

装幀◉高橋　敦（LONGSCALE）

第 **I** 部

理 論 編

1

「教師」について研究するために

秋田喜代美

はじめに

　「教師」は、多くの方にとって子どもの時から最も身近に接し観察してきた専門職の一つでしょう。現在約120万人（令和2年度学校基本調査；幼稚園・こども園約21万人、小学校約42万人、中学校・義務教育学校あわせて約25万人、高等学校・中等教育学校合わせて23万人、特別支援学校8.5万人）の教師が、学校（園）で教師として勤務しています。公教育を担う責任を社会から与えられている専門職です。教師について問う研究は社会的意義も高いと感じられるので、教育に関心をもつことから教師に関する研究をしたいと考える人も多いと思います。また教職課程の授業に関心をもち、教師を志してその延長上で研究をしたいと考える人もおられるでしょう。また教職大学院等で教職についてあらためて考えたいと思われる現職の方もおられます。

　どのような研究でも最も重要なことは、どのような問いを立てるか、そのために何を対象としてどのような方法で具体的にアプローチし探究分析していくのかです。ですから、教師研究をするあなたは、なぜそれを問おうとしているのかという動機や課題意識が最初に問われます。教育はある意味で社会文化的に埋め込まれた価値的な行為であり哲学に支えられると同時に、時代状況によってその問いの背景も異なってきます。

教師を対象とする研究領域

　教師の仕事に関する研究は多様な分類の方法がありえます。あえて分けるならば、①教師個人の専門性としての技能や知識等の資質に焦点を当てる研究、またそこか

ら発して授業や学級経営、生徒指導や進路指導等、特定のあるいは多くの子どもたちと教師の関係性の中での専門的な業務や行動を問おうとする研究、あるいはその背景にある教師自身の認知過程や意思決定、経験や意味づけの過程を問う研究、②学校という組織内での教員の校内分掌としての職務に伴う業務、同僚との関係の中で行う専門性開発としての校内研修や学校のカリキュラム開発研究や学校行事・校務分掌などの行動、児童生徒の保護者や地域社会等との関係から生じる行動を対象とする研究、③また特定の学校を問うのではなく、教員という職業集団に対して生じている時代的な変化や専門家としての認識のあり方、社会文化的な視点からグローバルやローカルな文脈の中で国や自治体の教師をめぐる制度政策の変化の共通性や独自性が、教員の養成・採用・研修等をはじめ特定の施策が教師集団の日常の行為や判断にどのように影響を与えるのかを問う研究、また④教師個人あるいは学校の中でどのように教師が時間をかけて経験を積み指導について熟達化したり、管理職等としてリーダーシップをもって変容したりしていくのかという時間的な変容を捉える研究や、学校を移動する転勤などの環境移行や親になるなどの個人的生活経験が教職経験にもたらす変容を問う研究、⑤通史的にあるいは特定の歴史的な出来事と教師の在り方の関連などを問う研究等に分けることができます。もちろん教師研究の射程は広いので、上記5点ですべてを網羅できているわけではありません。

　また、それらの研究において用いられる概念や分析の枠組みとしても、教育心理学、教育工学、教育社会学、教育行政学、教育史・教育哲学、比較教育学等の諸理論に基づく研究を始め、多次元的に多様な学問原理や理論から問うことが可能です。また特定の教師や学校組織に関与する事例を質的に検討して、その独自性や教師をめぐるある真髄を問い解明することから仮説的な知見を生成しようとしていこうとする探索的研究もあれば、教師の仕事に関するより一般化した知見を得るために、より大規模なサンプルで研究者側が設定した枠組みから量的な解析をすることで、特定の特性や属性を持つ教師間にみられる共通性や、そのある教師の行動や特性に影響する要因の同定などを目指し、仮説検証型の研究を行うこともあります。

▍教師を対象とする研究を始める手がかり

　それぞれの学問の系譜に基づき、研究対象や用いる理論や概念枠組みによって、それぞれの学問分野が学会を組織し、その学会の学会誌を刊行しています。たとえ

ば、教育学研究、教育心理学研究、教育社会学研究、教育工学雑誌、教師学研究、教師教育学会年報等々があります。また海外の雑誌でいえば米国教育学会が刊行している Educational Researcher や、教師研究の国際専門誌である Teaching and Teacher education をはじめとして、教師に関わる英語雑誌が数多く刊行されています。ですので「教師研究」と一言で言っても、ご自身が関心を持つ内容分野で研究をするには、キーワードなどを鍵にして検索することで関心を持った本を読むと同時に、その分野の学会誌の目次などから先行研究をあたってみるということも参考になります。その際には、日本の学術論文であれば CiNii、英語の論文であれば ERIC 等を使用してキーワード検索から関連文献をみつけることもできます。教師の研究には何となく関心はあるがまだ自らの問いが明確にはできていない時には、まずは本や学会誌からある鍵となる考え方や概念を選び、そこから文献検索をして論文を読み、自分の問いを明確にしていくことも研究を行う上ではとても大事なことになります。その時には刊行年が新しい論文で関心が近いものを読み、その引用文献として引用されている論文をさらに読み進めてみるというような方法でその研究の流れを辿っていくことが、自分の関心がある論文を辿っていく一つの効率的な方法となります。

　このキーワードは、ご自身が受けた講義・演習や読んだ本を手掛かりにという場合もあれば、まずは学校等のフィールドに出かけたりして、興味を持った現象、事象をとらえるのには何が大事だろうと考えてキーワードを選び出すことも可能です。またこのキーワードは多くは一般的、抽象的な語か、あるいは日常生活でよく使う語が多いので、研究のための問いにしていく際には、そこからさらに問いを絞ることが必要になります。

　教育の研究、特に教師の研究においては、誰もが教師に関する具体的な像やイメージを、個人が生徒だった時の経験をもとに有しています。そのイメージをもっているがゆえに、理解が進む側面と同時に、むしろ自分の個人経験による枠組みが視点を限定し狭めたり、時にはゆがめることもあります。ですので個人の経験だけに頼ることなく、自らの課題意識や視点、経験を大事にすると同時に、文献等を読むということを通して、意図的に距離を取って研究をすることが、研究を深めていく上では大事になります。それによって、教師に関わる新たな見方や経験との出会いができることになります。「出会う」とは自分の思いの枠を超えて会うことであり、そのためには、一度自分の経験から距離を置いてみることも研究をする際には大事

なこととなります。

　ただし冒頭で述べた①から⑤の分野の研究で、「面白いなあ」とか「なるほどすごいなあ」とあらためて気づかされるような経験をして自分も研究をしてみたいと思っても、それがそのまま卒業論文や修士論文で初めて研究を行う時に一人で扱うことができる内容であるとは限りません。その分野や関心を自らの一口サイズの問いにすることを、自分で想定する研究期間や得られる資源や支援から考えることが大事になります。

　そこで本書第Ⅱ部では、5つの章に分け、若手研究者が個人でもできるであろう研究事例を取り上げています。「第1章　教師の認知や情動をとらえる」「第2章　教師の知識や思考をとらえる」「第3章　教師の経験をとらえる」「第4章　教師の学習をとらえる」「第5章　教師の文化や組織をとらえる」として具体的な特定の論文を書かれた著者の方にお願いをして、その研究のプロセスを述べていただくことにしました。特に若手から中堅の研究者の方を中心にご自身の若い時の研究を中心としています。もちろん教師や学校に関わるには、教師や学校とのラポール形成やさまざまな研究者との協働なども必要になります。ただその時にも、その研究者は何を問いとして大事にしたのかを読み取れるよう、一人でもできる研究につながる研究を選んで執筆をお願いしました。ただしそこで教師研究の具体的方法のすべてを包括的には説明ができませんので、次章では教師を研究するときの具体的なアプローチ、研究の手順をまとめて紹介していきます。

■ これからの教師にもとめられることの背景にある課題と教師研究

　新型コロナ感染拡大を経て、GIGA スクール構想等でオンライン教育等も広がり、教師のあり方も大きく変わろうとしています。日本でも、第11期中央教育審議会教員養成部会では、これからの教師のあり方が検討されています。海外でも、これからの教育を考える Education2030 というプロジェクトが OECD（経済協力機構）で進められています。そこでは、2017 年から 2019 年までは新たな学びの枠組み、学びの方向性を示す羅針盤という意味で Learning Compass が議論されました（シュライヒャー，2019，白井，2020）。そして、その新たな学びのあり方を実際に実践する教師のあり方について、2020 年からの 3 年間では、教師の専門性をターゲットにした専門家グループができ、これからの教師・教職についての議論が進められ

ています。そこでは「教師の資質能力（competency）」、「教師の主体性（agency）」、「教師のウェルビイング（wellbeing）」の３概念がセットになって議論されています。

　それはなぜでしょうか。裏返せば、まず第一に「コンピテンシー」を問うのは、専門家として知識やスキルを明確に限定するのが難しいほどの多様で幅広い知識やわざを、教師が有している、必要とされているということでもあります。そこには知識としてもっているというだけではなく、実際の状況に応じて判断し行為できる臨床の知とも呼べる実践の知と即興的行為が求められています。

　そのためにコンピテンシーという大きな言葉に、実際に含まれる知識やスキル、態度（マインド・セット）、価値（信念）が問われ、教師の専門性としての実践知の特徴や知識内容を問う研究が行われてきました（ダーリング・ハモンド，スノーデン，2009）。特に、教師の持つ実践知は言語化できるような命題的な知識から、暗黙知として言語化が難しいけれど確かに有している技ともいえるような知識までが多層的に含まれていることが明らかになっており、教職経験による相違など知識に影響を与える要因が問われてきています（姫野・生田，2019，田中，2019）。またその知識が動くためには、教師の価値観や信念が影響をしていることも明らかになっています。

　特に教師の知識は「教育内容の知識」「学習者に関する知識」「授業方法に関する知識」が基盤となり複合的に統合された「教育学的な教育内容の知識（Pedagogical Content Knowledge：PCK）」であるという考え方がリー・ショーマン（Shulman, 1986）によって提唱されて以来、この考え方は発展し、理科や数学、国語などさまざまな学校種での各教科の知識PCKが問われてきました。最近ではICT等を技術的に上手く授業で使う知識としてのTPACK（Technological Pedagogical Content Knowledge 技術と関わる教育的内容知識）と呼ばれる知識をめぐる研究も海外では数多く行われてきています（例えば、小柳，2016，Vooght他，2013）。専門とする学校種や対象児童の発達等により教育の方法も異なります。そこで、小学校、中学校、特別支援学校等の教師固有の専門性や養護教諭や司書教諭などによってどのような知識が必要になるのか、また具体的にどのようなスキルや技が必要とされるのかという教師個々人がもつ知識や技能が問われています。

　また育ちゆく子どもを相手にするからこそ、人間性、人柄とも呼ばれる定義しがたい人格特性が教師の行為に大きく影響を与えます。子どもの認知的側面だけではなく社会情動的な行動に教師はどのように対応しているのか、また子ども同士の人

間関係をつなぐ学級経営をどのようにしているのかといった社会情動的側面での行動に関しても多様な研究がなされてきています（河村, 2010, 小泉・山田・大坪, 2017, 芦田, 2019）。

　またこれらの実践的知識に支えられて、教師は指導や支援、援助という行動として観察可能な部分だけではなく、その背景で個々の教師はなにを知覚認識し考え判断して行動につながっているのかということの解明にも取り組まれてきました。教師の実践的思考の特徴として、佐藤・岩川・秋田（1990）は、即興的思考、状況的思考、多元的思考、文脈化された思考、思考の再構成という5つの特徴を示しています。ただし20年前には教科の授業での一斉的活動の中での教師の判断や思考が問われています。現在では学習のあり方としても、一斉活動、個別活動だけではなく、さまざまな協働学習の形での授業や探究的学習も行われるようになってきていますから、それらに関しても教師の思考が問われるようになってきています。多くの場合に、教師はそれぞれの教室で専門家として仕事をしています。その意味で教師は自律的で主体的ともいえます。

　にもかかわらず、第二に、教師の「主体性」が今問われているのは、教師が本当に自律的に子どもたちに応じる責任をもつ行動が自由に判断できる状況にあるか、そのむずかしさが問われているからです。学校一斉で、学年で足並みをそろえてという同調をもとめる学校文化の中で、決まったカリキュラムや教科書を同じような指導法でこなし、校則等で学校の規律を指導するだけの存在に教師がなるならば、そこには真の専門家としての自律性や主体性の発揮は困難になります。だから、主体性と自律が他者との関係性の中で問われることになります。教師と生徒、同僚間、管理職と教師等の間で主体性のあり方が問われることになります。ジュディス・リトル（Little, 1990）は、専門家としての自律性と孤立することとを区別し、「同僚性 collegiality」のあり方を問うています。そこでは同僚同士の仕事の在り方として、「一方的に話しかける」、「ざっとみる」、「手伝い援助する」、「共有する」、「一緒に仕事する共同作業 joint work」というように専門家の仕事における相互の関係をとらえ、個人の自律や主体だけでなく、集団的な自律性や教師間の主体性を問うています。主体性とはなにかを実際のやりとりからみていくことで、孤立化から協働への道をとらえようという研究が行われています。

　また第三に「ウェルビイング」が問われるのは、学校の課題解決に尽力し、生徒に尽くせば尽くすほど長時間労働になり、ストレスが増加し消耗していくことにな

ります。そのような中で教師は心身の健康をいかにして保っていくことができるのか現在問われているからです。特に日本の教師は、OECD の TALIS2018（国際教員指導環境調査）の調査結果から、授業で指導している時間は他国の教師とかわらないにもかかわらず、それ以外の業務において参加国の中でもっとも勤務時間が長いことが明らかになりました（国立教育政策研究所，2019）。公的な仕事と私的な生活、仕事と休養のバランスということが問われています。いわゆる経済的保障だけではなく、教職生活の質が問われてきています（シュライヒャー，2019）。教師の仕事は、対人的な仕事であるゆえに教師固有の感情労働の性質をもっています。そこから教師の中に生まれるストレスやバーンアウト（燃え尽き症候群）に関与する要因、そして近年では教師固有のストレスや被害を通じて、またそれを超えて、新しいより包括的な個人的、関係的な統合へと動いていくこととしての「レジリエンス」に着目した研究もおこなわれるようになってきています（グー・デイ，2015）。それらの研究でも教師の研究は、教師個人の知識や情動のあり方は個人と学校組織のあり方、そして社会が教師や学校に求めるニーズや制度設計が密接に関連しあった研究として展開しています。ですのでそれらの間の関連性が問われることになります。

　教師の仕事は、過去には、自分が生徒だった時に観察した教師像に基づき、自分が教師になった時にすでに習ったことを教えるという「観察による徒弟制」によりできる職業でした。しかし、デジタル化やグローバル化など急激に変化する社会においては、児童生徒たちへ新たな資質能力が求められるだけではなく、学ぶ内容も変化していきます。そして多様な文化的背景や特別な支援のニーズを持った子どもたちも増加しています。また経済格差も大きくなることで、家庭や地域と学校教育の連続性の保障も期待されています。そこで教師に各々の子どもにあった学びを提供したり、子ども同士が協働的に学び会うことなど、これからに必要な学習内容と方法をデザインできるよう学び続けていく専門家像がより一層求められています。つまり、教員養成段階で学んだことと同じことがそのまま適用できる時代ではなくなっているからこそ、教師の専門性として「教える専門家」としてのみではなく、教師は、現職になってからもいかにして学び続けることができるのかということが研究としても問われるようになってきています（佐藤，2015）。

　これからの教師について「コンピテンシー」、「主体性」、「wellbeing」がなぜ問われるのかという視点から、現在教師に生じている問題や課題、そしてそれらを問

う研究群が生まれてきていることを説明してきました。

教職の仕事の本質にある難題と教師研究

　佐藤（1998）は、教師の仕事は「再帰性・不確実性・無境界性」という3つの特性を持っていることを、教師に関わる海外の先行研究等を参照しながら指摘しています。「再帰性」とは、教育実践は自己の外側に働き掛ける仕事でありながら、常に自分に戻ってくる仕事だという意味です。「生徒が、家庭が、社会が悪い」といってみてもブーメランのように結局は教師自身の仕事にそれは戻ってくるという特性を持っています。また生徒のための仕事ですから、どこまですればこれでよし、十分という境界は明確ではありません。献身的に尽くすケアの仕事が求められます。また大勢の生徒がいるからこそ、複数の仕事を同時並行的に扱う複線的で複雑な性格を有します。また、どれが一番良いのかという解は一義的に明確ではなく、目の前の子どものあり方により、同じ指導内容でも教材や教え方を変化させざるを得ないという不確実性を常に有しています。その意味で、教師は常にジレンマを抱えそれに対応する「ジレンママネージャー」ということができます。この3つの特性やジレンマとどのように向き合い、いかに克服しているのか、あるいは自覚的に克服するというよりもそれを感じないように感覚を鈍麻させたり、心理的に対応をしているのか、あるいはそれを感じないようにしている制度や教師文化、むしろそのジレンマの葛藤を共有することで、それを仕事の奥深さややりがいとしていくことのできる教師文化もあります。教職という仕事が有する本質的なジレンマや特性を多面的に問うことは、教師研究の根底を通底する問いの一つであり、現代的課題というよりも近代の学校教育において教師が抱える難題ともいえるでしょう。

　その背景には、教師に対して、社会や保護者がどのような存在として期待しているのか、どのように認知しているのかという教職観が影響をしています。それによって教師自らが教職アイデンテイテイをどのように形成しているのかということもまた教師の難題にどのように取り組むのかということと関連します（佐藤，1998，油布，2015，久富他，2017）。佐藤（1998）は教師像として「公僕としての教師」、「労働者としての教師」、「技術的熟達者としての教師」、「反省的実践家としての教師」という分類をしています。実際の一人の教師は、ここでいう4側面各々に関連した多面的な役割と責任を引き受けています。指導、学びのデザインのための技や知識

を有する面も、それらを使いながら日々授業をふりかえり次の授業やカリキュラム
をデザインしていくことが専門家としての教師の仕事であったとしても、公教育の
倫理を引き受けるためには何が求められるのか、一方で労働者として教師に見合う
給与や専門的資質に応じた資格や制度を国や自治体、学校が、どのように保障する
かということも研究の重要な問いとなります。

　教師研究に長年取り組んできたハーグリーブス（Hargreaves, 2019）は、閉じら
れた教室の中で一人の教師が多くの生徒を指導するために、教師は現在という目の
前の短期間の指導に集中せざるをえない現在主義（presentism）、また目の前の子
どもたちのことを考えるが故にこれまで通りの指導をと、変革より保守を重視し
日々の小さな変化に集中する保守主義（conservatism）、そして教室の中で閉じら
れた行動をとり他教師から孤立する個人主義（individualism）の課題を有している
と指摘しました。ここで佐藤やハーグリーブスが指摘するように、教師の仕事が本
来的に持つ特性を、どのようにして教師たちは協働で越えようとしているのかが教
師の仕事を問う研究の中核にある問いともなります。

　その協働を問う一つの切り口として、専門家の協働としての、学校における教師
の学習としての校内研修や授業研究の在り方、その組織の中での協働のリーダー
シップ研究など専門家共同体に関する研究が、学校や学区、専門家団体に注目して
行われてきています。

　先述のように教師の仕事は、徒弟制的な特徴をもちます。そこで校内研修として
の授業研究についての研究をはじめ、教師が共同体として発展していくことに関わ
るアクションリサーチや学校の改革の事例研究が進められてきました。実際に教師
がどのように学んでいるのかを質問紙やインタビューで問う研究（中原他, 2017）や、
実際に校内研修での同僚同士のやりとりやその授業の見方や授業研究の仕組み、プ
ロセスやシステム、それを支援する道具を問う研究等が行われてきています（秋田,
2017, 鹿毛・大島, 2019, Leilisgen 他, 2020）。と同時に、このようなあり方を短
時間の観察や参与研究だけではなく、ある年月における特定の学校改革事例の記録
などを集めて、そこから研究するような研究もおこなわれるようになってきていま
す（例えば、鈴木, 2018）。

　教師の職業生活やキャリアパタンは、どのような専門家共同体に教師が置かれる
のかということによっても異なっています。そして、その組織は校長や教師がどの
ようにリーダーシップを分かち持っているのかということが問われるからこそ、管

理職のリーダーシップだけではなく、ミドルのリーダーシップも含め学校組織の中での教師の仕事や役割研究も生まれてきています（OECD, 2016）。

国際比較の大型研究から得られる示唆

　国の政策に関して、また社会文化的側面から自明と思われている授業や学校、教師の仕事に光を当てる比較文化的な研究も数多く行われてきています。OECD のTALIS 調査は世界各国の教師や校長の仕事や指導の比較研究であり、また実際にビデオでの授業観察の比較研究もおこなわれてきています（国立教育政策研究所, 2019, 2020）。そうした研究は一人で行える研究ではありません。しかしそこで何をどのような観点から比べているのかということをみてみることで、教師に関して何を問うことで何がみえてきているのかということがよくわかると思います。

　教師が現代的に有する課題、本質的に抱える難題、国の現在の政策のために求められる問題等から、教師研究のさまざまな領域の広がりは社会的にも求められて生まれてきているといえます。しかし最も大事なのは、その根底にどのような課題をあなたは見出し、何をどのように問うのかということです。そのために教師に関して実際に取り組まれている研究内容を知り、そこに紹介されている本等も読んでみながら、あなた自身のこだわりや興味関心をみつけて自分の課題を探究してみてください。

引用文献

秋田喜代美（2017）「日本の授業研究の独自性とこれから」鹿毛雅治・藤本和久編著『「授業研究」を創る―教師が学びあう学校を実現するために』教育出版, 150-167.

アンドレアス・シュライヒャー（2019）『教育のワールドクラス』（鈴木寛・秋田喜代美監訳）明石書店

油布佐和子（2015）『現代日本の教師―仕事と役割』放送大学出版会

芦田祐佳（2019）「教師の情動知能に関する研究動向と展望」『東京大学大学院教育学研究科紀要』58, 475-484.

L. ダーリングハモンド & H. バラッツ・スノーデン編（2009）『よい教師をすべての教室へ―専門職としての教師に必要な知識とその習得』（秋田喜代美・藤田慶子訳）新曜社

C. デー・Q グー著（2015）『教師と学校のレジリエンス―子どもの学びを支えるチーム力』（小柳和喜雄・木原俊行監訳）北大路書房

Graham, L. G., White, S., Cologon, K., & Pianda. (2020) Do teachers'years of experiences make a difference in th quality of teaching? Teaching and Teacher Education, 96, 1013190.

Lortie, D. C. (1975) Schoolteacher: A sociological study.Chicago: The University of Chicago Press.

Hargreaves, A.(2019) Teacher collaboration: 30 years of research on its nature,forms, limitations,and effects Teachers and Teaching, 25(5), 603-621.

姫野完治・生田孝至編著 (2019)『教師のわざを科学する』一莖書房

生田孝至・三橋功一・姫野完治 (2016)『未来を拓く教師の技』一莖書房

河村茂雄 (2010)『日本の学級集団と学級経営―集団の教育力を生かす学校システムの原理と展望』図書文化社

小泉令三・山田洋平・大坪靖直 (2017)『教師のための社会性と情動の学習 (SEL-8T)―人との豊かなかかわりを築く14のテーマ』ミネルヴァ書房

国立教育政策研究所 (2019)『教員環境の国際比較 OECD 国際教員指導環境調査 (TALIS) 2018 調査報告書』ぎょうせい

国立教育政策研究所 (2020)『教員環境の国際比較 OECD 国際教員指導環境調査 (TALIS) 2018 報告書 [第2巻]―専門職としての教員と校長』明石書店

国立教育政策研究所編(2020)『教員環境の国際比較 OECD 国際教員指導環境調査(TALIS) 2018 報告書 [第2巻]―専門職としての教員と校長』明石書店

久富善之・長谷川裕・福島裕敏 (編) (2018)『教師の責任と教職倫理：経年調査による教育文化の変容』 勁草書房

小柳和喜雄 (2016)「教員養成及び現職研修における『技術と関わる教育的内容知識 (TPACK)』の育成プログラムに関する予備的研究」『教育メディア研究』Vol.23, No1, 15-31.

Leifsggerin, A., Loue, N. Segal, A. and Becher, A.(2020) Taking stock of research on teacher collaborative discourse: Theory and method in a nascent field. *Teaching and Teacher Education*, 88, 1029-54.

田中里佳 (2019)『教師の実践的知識の発達―変容的学習として分析する』学文社

ジュン. ロックラン・武田信子監修(2019)『J. ロックランに学ぶ教師教育とセルフスタディ―教師を教育する人のために』 学文社

OECD 教育研究革新センター編著(2016)『21世紀型学習のリーダーシップ―イノベーティブな学習環境を創る』(木下江美・布川あゆみ監訳) 明石書店

Little, J. w（1990）. The Persistency of Privacy: Autonomy and Initiative in teachers' professional relations. Teachers College Record, 91, 4, 509-536.

佐藤学（1998）『教師というアポリア—反省的実践へ』世織書房

佐藤学（2015）『専門家として教師を育てる—教師教育改革のグランドデザイン』岩波書店

佐藤学・岩川直樹・秋田喜代美（1990）「教師の実践的思考様式に関する研究（1）熟練教師と初任教師のモニタリングの比較検討を中心に」『東京大学大学院教育学研究科紀要』30, 177-198.

白井俊（2020）『OECD Education2030 プロジェクトが描く教育の未来—エージェンシー、資質・能力とカリキュラム』ミネルヴァ書房

Shulman, L. S.（1986）. Those who understand: Knowledge growth in teaching. *Educational Researche, 15*（2）, 4-14.

鈴木悠太（2018）『教師の「専門家共同体」の形成と展開—アメリカ学校改革研究の系譜』勁草書房

Voogt,J., Fisser, P., Pareja., N, Tondeur, R. J. and BRAAK, J. van.（2013）Technological pedagogical content knowledge – a review of the literature. *Journal of Computer Assisted Learning 29*（2）: 19-121.

 【書籍紹介】

①佐藤 学・秋田喜代美・志水宏吉・小玉重夫・北村友人編（2016）『学びの専門家としての教師』岩波書店
教師が専門家であるとは何か、教師研究に関わっている研究者が自身のフィールドや調査研究をもとに多様な視点から教師の仕事の内容を描いているので、より専門的に教師研究を学ぶことができます。

② Andy Hargreaves（2015）『知識社会の学校と教師—不安定な時代における教育』（木村 優・篠原岳司・秋田喜代美 監訳）金子書房
急激に変化する社会状況の中で教師が学校においてどのような使命を担っているのかを国際的な視点からその専門性を捉えることができます。

③姫野完治・生田孝至編著（2019）『教師のわざを科学する』一莖書房
教室での授業における教師のありかたを「技」という視点からどのようにアプローチして研究をすることができるのかを具体的に示しているので、教師への研究を方法の点から考えることができます。

2 教師研究の方法

藤江康彦

はじめに

　本章では、大学院生、現職教師、研究者等が個人として教師を対象とした研究に取り組む際の方法として、データの収集、データの分析の方法、教師を対象とした研究の倫理について説明します。研究方法は研究設問に応じて多様にとられうるものですが、ここでは、第Ⅱ部で紹介されている研究でとられている調査方法と分析方法を中心に、教師研究の方法とその留意点を説明します。

　なお、本書で紹介されている研究の多くが質的研究です。量的研究の場合には、先行研究のレビューに基づく研究設問や仮説の設定—方法の選定—実証、というように直線的に展開していきます。それに対して質的研究は、全体的な研究プロセスの各部分が互いに依存し合っており、はっきり分離することはできない（フリック，2011）といわれるように研究設問の設定と研究協力者、調査方法、分析方法の選定は明確に分けることはできません。それぞれの研究が全体としてどのような展開であるのかは第Ⅱ部の各章で確認してください。本章では、便宜上分離して説明します。

調査方法

(1) 研究協力者の選定とフィールドエントリー

　とりわけ質的研究において、研究過程や結果はデータの質に左右されますが、データの質を左右するのは研究協力者です。とりわけ、個人の信念や集団の文化などを探究する教師研究においては、どのような協力者を得るのかが研究のテーマ自体も変えていく可能性があります。第Ⅱ部で紹介されている研究は、①一名から数名の

ある特定の教師個人が協力者となっているもの、②学校単位で協力者となっているもの、③「教師」という職能集団から選ばれているもの、のいずれかとなっています。どのようなかたちで研究協力者を得ているのでしょうか。

個人を協力者としている研究において、依頼の手続きについて明示しているものは少ないですが、教育委員会や校長を通して依頼しているケース（2章1、3章2）、次々に知り合いを紹介してもらうスノーボール・サンプリング（3章1、3章3）などがみられます。教育委員会や校長を通しての依頼は比較的多くの人数を協力者として得ることができますが、協力者の教師たちからすれば、トップダウンの依頼であるためラポール形成を丁寧に行う必要があります。また、スノーボール・サンプリングは調査に対して比較的前向きな協力者を得ることができる反面、調査協力者の社会的ネットワークに依存するため、多様な属性の協力者を得たい場合には不向きであるかもしれません。

質的研究におけるサンプリングとして「理論的サンプリング」（グレイザー＆ストラウス，1996）が有名です。この方法では、1章3のように、研究を進める過程で研究協力者を追加していきます。しかし、教育実践を研究しようとすると、途中で協力者を追加することは必ずしも容易ではありません。

学校組織を単位として協力者としている研究は、本書においては研究者自身が校内研の講師やアドバイザーを務めているもの（1章4、4章2、4章3）やスクールカウンセラーを務めているもの（3章4）など、研究以前からなんらかの関わりのあるものがみられました。すでに信頼関係がありラポール形成をあらためてしなくてもよいという利点がある一方で、これまでの関係性に加えて「研究協力者―調査者」という関係性をとることができるようになること、その切り替えが研究者の側はできていたとしても教師の側が戸惑いや抵抗を感じるなどといったことが生じる可能性もあります。また、アドバイザーやスクールカウンセラーであることと調査者であることとのダブルロールとなるので、その両者の間での葛藤などが研究者の側に生じる可能性もあります。

教師という職業集団を協力者としている研究は、本書では郵送法による質問紙調査による研究（5章2）があります。仮説検証型の場合にはランダムサンプリングとして一般的な手続きではありますが、仮説生成を目的としている場合も、多様な教師を対象にすることができ、探索的に仮説を生成できる点は利点であるといえるでしょう。

また、教師研究のなかでは経験年数を独立変数とするものが多いという特徴があります。これらの研究の背景には、①教師にとって必要な資質能力が整った状態としてのベテラン教師という位置づけ、②教師は漸進的に熟達していくとみなされていること、があります。これらは、時間の経過にしたがって教師が成長していくというモデルを前提としているといってよいでしょう。しかし、近年は発達のモデルも多様であり、成長モデルから解放されることで教師研究がより豊かになる可能性もあります。また、教育改革よってもたらされた新たな状況においては、経験年数の長さとは別の要因が適応を支えていることもしばしばです。私が行った小中一貫校における調査においては、まだ多くの学校において勤務したことがない教師や本校が初任校である教師が学校づくりの一角を担っていました。研究者側にも新たな教育状況に応じた研究デザインが求められるでしょう。さらに、教師の組織を対象にする場合には、教職年数の長さだけではなく、4章3で示されたようにその学校における勤務年数のほうが組織内の位置や行為を規定している場合もあります。組織の中で生きる個人としての教師という教師像のもとでは、独立変数として取り得るものも多様に存在します。いずれにしても、前提としている教師像を発達モデルとの関係で問い直してみる必要があります。

(2) データ収集

　教師を対象とした研究においてとられるデータ収集法は多様にあります。本書で紹介されている研究でとられている方法も、インタビュー、観察、質問紙、エスノグラフィー、エスノメソドロジー、再生刺激法、対話リフレクション、直後再生課題、史料調査、と多岐にわたります。複数の方法を組み合わせている場合もあります。これらはいずれも教師研究に限らず、教育実践を対象とした研究においてはしばしば用いられる方法です。ここでは、教師研究において特徴的な方法を中心にして概観していきます。

　教師研究において特徴的に用いられる方法の一つは、「教師の知識や思考をとらえる」ための方法である思考発話法、再生刺激法、オン・ライン―オフ・ライン・モニタリング、などです。思考発話法は、「課題を達成する間に頭に浮かんだことをすべて、声に出して語ること」（海保・原田，1993）で、作業記憶が発話となっているため、より正確に思考をとらえることができるとされています（海保・原田，1993）。再生刺激法は、自身の実践を記録した映像資料から抽出されたキーとなる

場面の視聴時に、考えたことや感じたことをインタビュー形式で発話してもらう方法です。本書でも1章2で用いられています。これらの方法に対しては、思考発話法は授業のその場におけるデータ採取が難しく、再生刺激法は、「授業後に既に反省され概括された観念にもとづいて思考活動が想起されるため、データの記録自体に忘却と合理化のバイアスが入るほか、未知の不確定な状況で行われる選択や判断の実践的な思考をそのままでは反映しないという限界がつきまとっていた」(佐藤・秋田・岩川, 1989, p.179) という指摘がなされています。そのうえで、佐藤らは他者の授業の映像記録を提示し、再生を中断しないまま思考発話法を行うオン・ライン・モニタリングと、映像記録の視聴後に視聴した授業の診断を感想のレポートを記述するオフ・ライン・モニタリングを併用する方法を開発しました(オン・ライン・モニタリング―オフ・ライン・モニタリング法)(佐藤・岩川・秋田, 1991)。オン・ライン・モニタリングでは実践的思考を、オフ・ライン・モニタリングでは省察スタイルをとらえることができるということです。

　教師がどのように生活世界を経験し、自己を認識しているかを探究するための方法としてのインタビューも、教師研究に特徴的であるといってよいでしょう。インタビューは「インタビュアーとインタビュイーの間の相互行為(インター・アクション)のなかで知識が作られる営みであり、まなざし/見解の間で生じるもの(インター・ビュー)」(クヴァール, 2016) であるといわれています。インタビューではインタビュアーである研究者がインタビュイーである教師と直接対峙し、状況を主導しながら行う、目的的な言語的相互作用であるといってよいでしょう。そのため、不均衡な力関係も伴います。それはインタビューの場における「調査者＝聴き手」－「教師＝語り手」という関係が固定されていることや、インタビュー後の分析においても調査者のみによる解釈と語られた事柄の公表が行われるということです。インタビュー状況に対するメタ的な視点はあくまでも研究者の側にあります。研究者にはインタビューの場がどういう文脈であり、どういった研究設問を探究するためのもので、この先どう分析され公表されるのかなどの全部がみえています。しかし協力者である教師は、当事者として語りの「いま、ここ」を生きており、研究の意図や目的、分析の過程にはアクセスができません。しかし、この力の不均衡はインタビューが友人や家族との間でなされるような会話とは異なり、学術的な問いを探究する調査の場であることを保障するための装置であるともいえます。インタビューという調査方法はこういった力関係の不均衡のもとに成り立っていることを

自覚し、協力者の教師に対する最大限の敬意をもち、倫理事項の遵守に努めることが調査者には求められます。

　一方で、研究協力者の教師との間に、ラポールを超えた関係性がすでにある場合には、その影響にも留意する必要があります。研究者と教師との間に権力関係が構築されうることは先に述べたとおりですが、日常の関係性が対象者の側に脅威や、遠慮、被評価への危惧、などを抱かせることは、語られる内容を左右します。また、研究者の側も、対象者のことを知っていることによる先入観が、その教師の語りに対する鋭敏さを減ずることになります。協力者に対する批判的な視点が薄まり、フィールドにおいて共有されている視点を鵜呑みにしてしまう「ゴーイング・ネイティブ」（フリック，2011）の状態に陥る可能性に対しても、留意しておく必要があるでしょう。

分析方法

(1) 音声データの取り扱い

　第Ⅱ部にて紹介されている研究のなかでも、インタビューや観察、再生刺激法など多くの研究で採取されているのは音声データであり、これが文字化され、トランスクリプトとなって直接的な分析の対象となります。音声データの文字化、分析にあたってはそれぞれの調査方法や分析方法の背景にある言語観を理解しておく必要があるでしょう。どのような言語観があるのでしょうか。

　一つには、認知の表象としての言語です。これは、思考発話法、再生刺激法や直後再生課題、オン・ライン・モニタリング―オフ・ライン・モニタリング法など、主として教師の認知や思考を明らかにしようとする研究において用いられる方法に特徴的な言語観です。とりわけ認知心理学の立場から発話をとらえ、思考発話法やオン・ライン・モニタリング―オフ・ライン・モニタリングにおいては課題遂行時における作業記憶の言語化、再生刺激法においては、与えられた刺激により課題遂行時を回顧しての長期記憶の言語化、直後再生法においては短期記憶と長期記憶の言語化、を音声データとして採取するのです。そのデータは市川・伊藤（2002）が指摘するように、発話データが思考プロセスの全体を表しているわけではなく、あくまでも意識化されて言語化された部分であることを前提にして取り扱われ、それ自体でなにかを検証しようとするものというより、あらかじめ構築されたカテゴ

リーシステムによって分類され量的な処理がなされてモデル構築に供されたり、教師の思考や認知についての概括的な傾向の解明に供されたりします。

　二つには、ナラティブとしての言語です。ナラティブとは、「はじめ―中間―終わり」という構造をもつことばのまとまり（ストーリー）を指します。またナラティブはことばのまとまりであるだけではなく、認知様式でもあります（ブルーナー，1986/1998）。「人はナラティブ構造を使用することでものごとを受け取り、ことばとして表出しながら、経験や知識を構築する」（能智，2015, p.9）のです。例えば、インタビューで得られたデータの分析においては、協力者の教師が語ったストーリーに注目してその構造やプロット（出来事の順序）を明らかにします（クヴァール，2016）。ナラティブはどのようなものとして扱われるのでしょうか。リースマン（2014）は、ナラティブ分析について、内容に着目する「テーマ分析」、内容とともにナラティブの形式に着目する「構造分析」、語り手のあいだで、相互作用（対話）によって会話がどのようにして作り出され、またナラティブとして演示（パフォーム）されるかを探究する「対話／パフォーマンス分析」、ことばと視覚的ジャンルの映像（写真、絵画、コラージュ、ビデオダイアリー）とを統合させた「ヴィジュアル分析」の四つを提示しています。いずれも語るという行為そのものと語り手の経験する世界の構造をつなげてとらえていくことが求められます。

　三つには、ディスコースとしての言語です。ディスコースとは「現実に使用されている文脈化されたひとまとまりのことば」を指します。特に話しことばに限定して用いられる場合は「談話」という訳語で表記されます。また、個人の発話を超えて、外部からそれを方向づけたり影響を与えたりする意味のまとまりを「ディスコース」と呼ぶ場合もあります（能智，2015）。訳語としては「言説」が充てられます。能智（2015）によれば「談話」と「言説」は相互に補完し合っています。すなわち、「言説」は「談話」の文脈を構成しつつ、「談話」のなかではじめて個人の体験としてあらわれてくるからです（能智，2015）。この立場に立てば、例えば、インタビューで得られた同僚との良好な関係性についての語りは、教師集団とはそうあるべきであるという社会的に適切であるという規範に影響されていたり、聴き手である研究者に対して自身が職場でうまくやっていることを示したいという演示である可能性もあります。このことは、インタビューで語られたことばをそのまま受け取ってしまうと見落としてしまいます。その意味で、インタビューは社会文化的な行為でありインタビューデータは社会的に構築されたものです。得られたデータの分析にお

いては、語られたことばの意味だけではなく、どういう立場の人が、どういう文脈において、なにをどのように語るか、語り口や声の大きさなど、非言語的行為も含めてとらえていく必要があるでしょう。インタビューで語られたことばは、調査者にとって理解の対象であるだけではなく解釈の対象であるということに留意する必要があります。また、再生刺激法やオン・ライン・モニタリング－オフ・ライン・モニタリングなども、提示されている情報（に込められた暗黙の研究者の価値）や研究者との間で社会的に構築される反応であるといえるでしょう。

　言語データを扱う際には、どういった言語観に立つのか、それは研究目的に照らして、結果にどういった影響を与えるのかを考える必要があるでしょう。

(2) カテゴリー分析についての留意点

　本書で紹介されている研究には、発話のカテゴリー分析をおこなっているものが多数あります（1章1、2、4、2章2、4章2、3、5章3)。これらの研究は、あらかじめ作成したカテゴリーや体系化されたコーディングシステムによって発話データを単位ごとに分類していくのです。

　他方で、同じく「カテゴリー」という概念や「コーディング」という概念が用いられる分析法にグラウンデッド・セオリー・アプローチ（GTA）（グレイザー＆ストラウス，1996）や修正版グラウンデッド・セオリー・アプローチ（M-GTA）（木下，1999)、質的データ分析法（佐藤，2008）などがあります。これらの手法も、本書第Ⅱ部ではとられています。（GTA：1章3、5章4；M-GTA：2章1、3章1；質的データ分析法：3章2、4章1)

　カテゴリー分析とGTAやM-GTA、質的データ分析法とは同じようなことばが用いられていますが、その背景にある研究のスタイルや人間観は異なっており、全く別の分析法です。前者は仮説検証型、あるいはパターン化や一般化を志向した研究や、研究の局面において使用されます。先行研究となる理論からカテゴリーシステムを構築してそれにデータを分類していくのです。カテゴリー自体が仮説なのです。それに発話を分類してあてはめていき、うまくあてはまることで仮説が検証されます。筆者も教室談話分析において、メハン（Mehan, 1979）の開発した有名なIREをデータに合わせて改良したコーディングシステムを作成して、その学級の談話の傾向やある特定の子どもの発話スタイルの同定のための量的裏づけを得るために使用しました（藤江，1999)。他方で、後者は仮説生成型、あるいは協力者の個

別性の解明を志向しています。発話データをボトムアップに分類していくのです。

　具体的な作業において、前者は、相互排反なカテゴリー、つまりある発話単位がどれか一つだけのカテゴリーに分類される（複数のカテゴリーのどちらにもあてはまるということがない）ようなカテゴリーを作成することが必要です。また、そのカテゴリーの分類作業は誰がやっても同じ結果が出るような再現可能性が重視されます。カテゴリー自体がそのように個人の解釈が入り込まないように作成されていることが前提となるので、実際にどのような規準で分類するかといった作業は究極的には分析者に委ねられています。よって、誰がやっても同じ結果が保証されることを確認するために、一致率をとるのです。他方で、GTA や M-GTA などは、手続き自体が厳格に定められています。生成されるカテゴリーの妥当性は、当事者への確認、ピアレビュー等によって確認されますが、データとの向き合いかたの分析者ごとの多様性は許容されます。よって、同じデータを複数人で分析して、結果を突き合わせることは基本的にはありません。

　なお、GTA や M-GTA、質的データ分析法は理論構築、仮説生成のために行われるボトムアップのコーディングですが、生成された発話そのものから語り口などの行為や語りが生成されたその文脈は捨象されていきます。手続きの厳格さが、観察者の解釈をミクロレベルでは脱文脈的にしていくのです。ときに、教室談話データを GTA や M-GTA で分析している研究を目にしますが、教室談話は実践における当事者の行為であり、発話の宛名や込められた志向性、イントネーション、発話の連鎖や文脈も込みで解釈しなければとらえきれない点に留意すべきでしょう。

教師研究の倫理

　教師を対象とした研究の多くは、教師個人との関与、あるいはある学校との関与によって遂行されます。本節では、教師個人との関係における倫理、学校組織との関係における倫理について考えていきます。

(1) 教師個人との関わりにおける倫理

　インタビュー、再生刺激法、など、本書第Ⅱ部で紹介されている研究の多くで研究者が直接協力者である教師に働きかける局面を含んでいます。教師個人から得られたデータはすべてが極めて高度な個人情報であり、匿名性の保持と守秘義務の遵

守に向けた厳格な管理が求められることはもちろんですが、以下のことも研究者の倫理的ふるまいとして求められます。

一つには、インフォームドコンセントです。個人から得られるデータの質は信頼関係にかかっています。協力者である教師には、研究目的、研究設問とそれについての調査者の立場、研究の手続き（協力者に求められること）、参加者数、協力に要する時間、データの取り扱われかた、などの情報が開示される必要があります。実証的な研究においてはこれらがバイアスを生じさせて結果に影響を与えることが懸念材料とされますが、個人に協力を得る研究においてはそういった影響も含めて研究の結果として取り扱うべきでしょう。また、一度同意が得られたとしても、それをあとから取り消すことができる権利を協力者が有することについては明確に伝える必要があります。口頭ではなく文書を取り交わすと、協力者も安心して研究に参加できます。

二つには、協力者との対等な関係性を築く努力です。先に述べたように、研究調査において、基本的には研究という営みにアクセスできる調査者とそうでない協力者とのあいだに力の不均衡が生じます。それを完全に払拭することはできませんが低減する努力が必要です。例えば、研究者が自身の研究上の立ち位置を自己開示することなどが考えられます。また、調査に不快を覚えた場合は、録画や録音を止める権利を有することを明示することも必要です。しかし、フィールドエントリーの経緯によっては、協力者からは申し出をしづらいこともある（例えば、記録を拒否することで管理職から否定的な評価を受けるのではないか、などの懸念による）ので、調査者側が開示を制限するための状況判断や倫理観をもつ必要があるでしょう。また、調査によって生成されたデータの所有権は協力者にある、あるいは共同で所有権をもつ、ということを伝えることも力関係を低減することにつながるでしょう。少なくとも、文字起こししたデータを協力者に渡して削除してほしい部分を指摘してもらうなどを行う必要もあります。

(2) 組織との関わりにおける倫理

学校へのフィールドエントリーは、自身が校内研究のアドバイザーやスクールカウンセラーを務めている場合、その学校に関与の深い別の研究者（指導教員など）から紹介される場合、まず教育委員会にアクセスし協力校を選定・紹介してもらう場合、管理職との関係性がすでに構築されており直接依頼する場合、などが考えら

れます。自身がすでにその学校への関与がある場合は、ダブルロールを担うという別の課題も生じますが、調査としてのフィールドエントリーは比較的行われやすいでしょう。しかし、それ以外の場合においては、管理職、あるいは、個々の教師からの難色や警戒などが示されることがしばしばあります。

　フリック（2011）は、調査が、①自分たちの仕事の限界が明るみに出されること、②「調査」の動機に不明確なところがあり、それが解消されないこと、③調査の要望への拒否する十分な理由がないこと、という三点から受け入れ機関の側に不安が生じることを指摘しています。そして、機関にアクセスするときの交渉は情報の問題ではなく、関係の構築の問題であると述べます（フリック，2011）。機関の側が上述のような不安を抱いているにもかかわらずその調査に関与するためには、研究者の人間性とその要望に対する信頼が育まれる必要があると指摘しています。インフォームドコンセントはもちろん必須ですが、それがフィールドエントリーにつながるためには結局のところ、調査者への信頼が基盤となるということです。

┃ おわりに

　教師研究の方法に関して、限定的ではありますが留意点について述べてきました。質的研究、量的研究、歴史的研究のいずれも、教育の専門職として生き、その職責を全うしようとしている個人の協力を得てデータを収集し、教師についての学術的知見を豊かに蓄積することに向かうものです。データの背景に存在する一人ひとりの教師の生に敬意を抱き、そのデータから創出される知見が学術的、社会的、実践的貢献を遂げるよう、論文化を進めることが求められるでしょう。論文化においても、剽窃（自己剽窃）、二重投稿、サラミ出版など、留意すべき反倫理的事項が生じ得ます。これらは単に研究者自身のペナルティとなるだけではなく、協力者の信頼を裏切る行為であることも意識して研究を行う必要があります。

引用文献

Bruner, J. (1998)『可能世界の心理』（田中一彦訳）みすず書房（Bruner, J.(1986). *Actual minds, possible worlds*. Cambridge. Mass: Harvard University Press.）

Flick U.(2011)『新版質的研究入門—〈人間の科学〉のための方法論』（小田博志・山本則子・春日常・宮地尚子訳）春秋社．（Flick U.(2007). *Qualitative Sozialforschung*. Hamburg:

Rowohlt Verlag GmbH, Reinbek bei Hamburg.）

Flick, U.(2016)『質的研究のデザイン』（鈴木聡志訳）新曜社（Flick, U.(2007). Designing qualitative research. London: Sage.）

藤江康彦（1999）「一斉授業における子どもの発話スタイル―小学5年の社会科授業における教室談話の質的分析」『発達心理学研究』10(2), 125-135.

市川伸一・伊藤毅志（2002）「認知科学における心理実験」（「認知科学」〔第7回〕）．人工知能．17(1)．77-83.

海保博之・原田悦子編（1993）『プロトコル分析入門―発話データから何を読むか』新曜社

Kvale, S.(2016)『質的研究のための「インター・ビュー」』（能智正博・徳田治子訳）新曜社（Kvale, S.(2007). Doing interviews. London: Sage.）

Mehan, H. (1979) *Learning Lessons: Social organization in the classroom.* Cambridge, Mass: Harvard University Press.

能智正博（2015）「質的研究におけるナラティブとディスコース」鈴木聡志・大橋靖史・能智正博編『ディスコースの心理学―質的研究の新たな可能性のために』ミネルヴァ書房．3-23.

佐藤郁哉（2008）『質的データ分析法―原理・方法・実践』新曜社

佐藤学・岩川直樹・秋田喜代美（1991）「教師の実践的思考様式に関する研究（1）―熟練教師と初任教師のモニタリングの比較を中心に」『東京大学教育学部紀要』30．177-198.

Riessman, C. K.(2014)『人間科学のためのナラティヴ研究法』（大久保功子・宮坂道夫監訳，矢郷哲也・齋藤君枝・坂井さゆり・大田えりか・田中美央・岡部明子・伊藤道子・菊永淳訳）クオリティケア（Riessman, C. K.(2008). Narrative methods for the Human Sciences. Thusand Oaks California: Sage）

【書籍紹介】

①秋田喜代美・藤江康彦編（2019）『これからの質的研究法―15 の事例にみる学校教育実践研究』東京図書

本書の姉妹書。教師に限定せず広く教育実践を対象とした質的研究論文が紹介されています。本章で扱わなかった研究設問についての考え方、ビデオカメラによるデータ収集についてはこちらを参照してください。

②中原淳監修, 脇本健弘・町支大祐著（2015）『教師の学びを科学する―データから見える若手の育成と熟達のモデル』北大路書房

地方教育委員会と大学研究室との 3 年間にわたる共同研究の記録。本書では十分に扱うことができなかった量的調査とアクションリサーチについて、研究報告から実地に学ぶことができます。

③浅井幸子・黒田友紀・杉山二季・玉城久美子・柴田万里子・望月一枝（2016）『教師の声を聴く―教職のジェンダー研究からフェミニズム教育学へ』学文社

小学校教師の「声」から教職におけるジェンダーを問い、セクシズムを超えて新たな教育の関係を構想する道筋を探ろうとしています。インタビューデータに基づく教育学研究のモデルと研究書です。

第 **II** 部

研究事例編

第1章
教師の認知や情動をとらえる

　学校での教師の児童生徒に対する行動の背景にある、心の動きとしての思考や情動は目に見ることはできません。それをどのようにとらえ解明していくのかがこの章におけるリサーチクエスチョンとなります。

　前半2節では、教師の認知、なかでも授業中になににどのように注目しどのような判断を行っているのかという点について、それぞれに著者が編み出した独自の方法での検討が紹介されます。第1節浅田・中村論文では、これまで教師の授業中の認知や授業後の省察を通した学習に関してどのような方法が使用されてきたかを検討し、またそれらを踏まえつつ筆者らが独自に開発した写真スライド法によって、教師が授業中のどこに注目しているのかをとらえる方法が語られます。続く第2節児玉論文では、授業においても特に小グループでの協働学習場面において教師がどのようにクラス内の各グループをモニタリングしサポートをするのかという点について、授業観察と同時にウェラブルカメラを用いて教師が何をとらえているのか、そしてそれはなぜかを再生刺激法を用いてインタビューするという方法が紹介されます。

　後半の2節では、教師の専門性を開発する省察的な視点から教師の授業研究へのモチベーションや授業中の情動に関する研究方法が紹介されます。情動と認知は表裏一体に動きますが、教師の意欲や情動を語りから問う研究は、思考や認知を問う研究ほどまだ多くはありません。第3節木村論文では、協働学習授業における高校教師の感情経験に焦点を当て、インタビューを通して授業中の感情経験を聴き取り、それをグラウンデッド・セオリー・アプローチという質的研究方法によってカテゴリー化することによって、感情経験から次の行動への意欲、行動へのプロセスを解き明かそうとされています。続く第4節鹿毛論文では、教師のモチベーションの高い授業研究会での談話の分析、質問紙、インタビューをつかったマルチメソッド・アプローチによって当事者型授業研究と筆者らが命名したあり方の特徴が描出されます。教師のリアルな経験にいかに迫るか、そこに教師研究の醍醐味を感じていただけると思います。

教師はいかに授業を認知しているか？

◉教師のリフレクション研究のために

浅田　匡、中村　駿

<参照論文>
中村駿・浅田匡（2017）「写真スライド法による教師の授業認知に関する研究」『日本教育工学会論文誌』40（4），241-251.

はじめに

　本研究は、授業中の相互作用において教師が何に注目し、意味づけているか（以下、授業認知）を明らかにするための方法として「写真スライド法」を用いた研究です。教師の授業認知といってもそのとらえ方はかなり多様です。ここでは、教師の学習、すなわち教師の省察という視点から授業認知を考え、写真スライド法が開発・工夫されました。したがって、授業認知のとらえ方と研究方法としての写真スライド法とは密接に関連しています。

　また、本研究の目的は、教職年数という特性による教師の授業認知の違いを明らかにするということです。教師個々人の授業認知を問題としたのではなく、教職経験年数による教師集団の授業認知を問題としています。

　このような研究の問題設定にしたがって、本章では本研究をどのように進めたのかに加え、その際に工夫したことや課題となったことを示していくことにしたいと思います。

　まず、本研究においてなぜ授業認知を問題とするのかという問題の設定を述べます。そして、その問題（研究目的）を達成するために、どのような研究方法を開発・工夫したのか、という本研究の授業認知へのアプローチについて示したあと、実際に本研究では教師の授業認知を捉えることができたのか、について本研究の成果を述べます。最後に、ここで示した研究方法が教育研究に対してもつ意義について論

じたいと思います。

教師の学習から授業認知を考える

　なぜ教師の専門性において「学ぶこと」が重要視されているのでしょうか。教師は「教えること」の専門家と考えられますが、実は自らの授業から多くのことを学ぶことができる専門家です。教師が学ぶことの意義を筆者が知ったきっかけは、ショーン（Schön, 1983）の著書である"The Reflective Practitioner"を学部時代に読んだことでした。ショーンは、これまでの技術に長けた「技術熟達者」ではない、「反省的実践家」という専門家像を掲げ、その専門性の核として「行為の中の省察（reflection-in-action）」の重要性を主張しました。それは、教師が自らの実践の中で実践にかかわる知を生み出すことでした。この専門家像は、主にデザイナーの実践過程を分析して提案されたものですが、教師の専門性のあり方にも大きな影響を与え、今日では「学び続ける教師」がめざすべき教師の姿になっています。

　しかし、授業実践という経験を積み上げるだけでは熟練した教師になることはできません。例えば、ゲルフソ＆デニス（Gelfuso & Dennis, 2014）は授業実践を行い省察する場を提供しても、授業をほとんど変えることができない教師もいることを明らかにしています。教師は授業経験を積み重ねても自らの経験から必ずしも学ぶことができないということから、筆者は、「教師が自らの授業から本当に学ぶことができるためには何が求められるか」ということに関心をもつようになりました。ショーン（Schön, 1992）によれば、反省的実践家の学び、とりわけ行為の中の省察は、予想外の状況を認知することから始まるとされています。つまり、行為の中の省察をする上で、いかに教師が授業認知をするかが鍵になるといえます。そこで本研究では、行為の中の省察がどのように促進あるいは制約されうるかを考えるために、教師の授業認知の特徴を明らかにすることを試みました。

　教師の学びから授業認知を考えていくためには、教師が授業状況の何に注目しているか、だけを問題にすることは不十分です。シェリン、ジェイコブス＆フィリップ（Sherin, Jacobs & Philipp, 2011）は、授業認知には2つのプロセスが含まれると主張しています。1つは「注目すること」です。例えば、子どもの姿勢の悪さに気づくといったように、周囲の状況から教師が注目する対象を選択することです。もう1つは「意味づけること」です。子どもの表情から真剣に取り組んでいる状況

を読み取るように、注目した対象や出来事を自分なりに解釈することです。このプロセスを「気づくこと（noticing）」と理論的に概念化していますが、本研究においてもこの理論的な考え方に基づいて教師の学び、すなわち省察過程における教師の授業認知を明らかにすることにしました。

授業認知へのアプローチを検討する

　教師による授業の認知を問題にするといっても、授業は複雑で不確実な場です（ドイル（Doyle, 1980））。複雑で不確実な場である授業において教師が何に注目しているのか、そしてその注目したことをどのように理解しているのか、を探ることは簡単ではありません。また、教職年数による授業認知の違いを明らかにするという研究目的から、研究協力者としてできるだけ多くの教師が必要になります。実は筆者が最も苦労した部分です。

　一般に教師の授業認知や思考過程の研究においては、再生刺激法[1] や思考発話法[2] という方法が用いられてきました。授業者自身の授業認知や思考過程を明らかにすることを目的としていますが、発話思考法を実際の授業場面で行うことはできません。佐藤・岩川・秋田（1991）は、オン・ライン−オフ・ライン・モニタリング法と名付けた他の教師の授業ビデオを視聴しながら思考内容を発話し、視聴後に簡単な授業の診断と感想のレポートを書くという2つの方法を併せた方法を開発しました。オン・ライン・モニタリングは発話思考法の1つと考えられます。しかしながら、いずれのアプローチであっても、1時間の授業をビデオ視聴するために協力いただく教師の負担はかなり大きいだけでなく、できるだけ多くの研究協力者を集めることも簡単ではありません。

　本研究においては、これまで用いられていた再生刺激法や思考発話法は研究目的に迫るためには必ずしも適切な方法とは考えられませんでした。1つは、本研究で考える授業認知は、注目することと意味づけをするという2つの側面で考えており、

---

1) 授業時に撮影したビデオや音声を授業者に提示し、授業中の思考の想起を促し、考えていた内容を語ってもらう方法。
2) 行為をしながらその際の思考内容を語ってもらう方法。授業研究では、他者の授業をビデオで提示し、教師に視聴中の思考内容を語ってもらう方法。

思考発話法の１つであるオフ・ライン・モニタリング法では「注目していること」を把握することが難しいためでした。もう１つは、再生刺激法は教師の時間的な負担が大きく、同時に個々の教師が自分自身の授業に対する思考内容を問題とすることになるために、授業認知に授業内容などの他の要因の影響が考えられ、教職年数による比較ができないことが問題となりました。

　したがって、本研究を進めていくためには、教師による授業認知をとらえるアプローチを工夫する必要がありました。そのヒントとなったのが、カーターら（Carter et al.,1988）の写真スライドによる授業認知の研究と、三尾・藤田（1996）によるタイムサンプリングによる画像抽出法による研究でした。これらの研究をヒントに本研究で用いた写真スライド法を開発しました。写真スライド法は、授業のある場面の教師の認知もそれまでの授業過程を反映していることが十分に考えられることから、授業全体を録画したビデオからサンプリングした写真を連続して提示し、教師に気づいた内容を報告させることによって授業認知を調査する方法です。

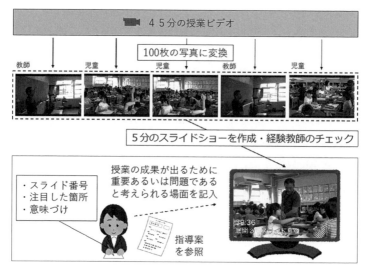

図1　調査実施までの手続き

研究方法を開発する

図1は調査を実施するまでの手続きを示したものです。これにしたがって、開発した研究方法をみていくことにします。

(1) 授業展開が伝わるように写真スライドをつくる

カーターら（Carter et al., 1988）が開発した写真スライド法は、授業ビデオからどれほどの数のスライドを作成するかの基準が明らかではありませんでした。このことに関して、三尾・藤田（1996）の研究は、3秒間隔で抽出した場合、大学教授者の動きを捉えることができることが明らかにしていました。本研究では、「意味づける」ことを授業認知の一部と考えていたため、授業の始めから終わりまでの過程を示すことが必要でした。そこで、三尾・藤田（1996）を参考に、写真スライドの抽出を行うことにしました。

それでは、どのように写真スライドを作成したかを説明していきます。筆者が行った写真スライドの作成は、①題材となる授業の収集、②写真の抽出とスライドショーの作成、③スライドショーのチェックで構成されます。

まず、写真スライドの題材となる授業ビデオと指導案を収集しました。授業者には、教師と児童の相互作用の多いグループワーク形式の授業を依頼することにより、写真であっても授業展開を把握しやすくなるような授業を対象としました。授業者をお願いするにあたっては、調査対象と面識のない他県の教師に依頼し、人間関係が調査に影響しないように配慮しました。

授業ビデオから写真を抽出するには、三尾・藤田（1996）に従って、3秒間隔でビデオからスライドを抽出すると900枚の写真となり、それを3秒間隔で提示するとビデオを視聴するのと変わらなくなってしまうため、まず教師の負担を考慮して提示時間を5分と決めました。したがって、抽出する写真は合計100枚としました。また、今回の授業ビデオは1台のカメラによる撮影だったために、3秒間隔の抽出法では授業展開がわかりにくい写真を抽出することとなります。そのため、授業ビデオから写真を抽出する方法として、「教師−児童−教師」という系列を授業構成の最小単位とする OSIA（Observation System of Instruction Analysis）[3] の考え方

---

3) 教師の教授行動および児童の学習行動をカテゴリーシステムに従ってコード化し、授業の特徴

（ヒュー&ダンカン（Hough & Duncan, 1970））を参考にして、教師や児童の行動がみられた場面を抽出し、「教師→児童→児童→教師→児童→児童…教師」という順番の構成となるように、教師スライド 34 枚、児童スライド 66 枚を抽出しました。抽出後の写真には、補助的な情報として、「始業からの経過時間」、「指導案に該当する授業展開（導入・展開1・展開2・まとめ）」、「スライド番号（1〜100）」を記載することで、指導案のどの場面であるかがわかるようにしました。そして、1 枚につき 3 秒で次の写真に切り替わるスライドショーを作成しました。ただ、抽出した写真スライドが授業展開を示すことができているか、の確証が持てなかったため、写真スライドの完成後、教職経験年数 30 年以上の経験教師（退職校長）にチェックを依頼し、授業展開が理解できるかどうか確認しました。

　今回のような方法で写真を抽出しスライドを構成する場合は、開発者側は授業ビデオを視聴してから写真スライドをつくるため、写真スライドのみをみる側がどのように感じるのか推測することが難しくなります。そのため、調査の前には必ず作成した写真スライドが授業展開を示していることを授業者自身あるいは経験教師にチェックしてもらうことを推奨します。また、繰り返しになりますが、提示する写真の枚数なども教師の負担を十分に考慮する必要もあると思います。これら 2 つのことは、収集するデータの質に大きくかかわることだと考えられるからです。

（2）教師の視点で質問項目を構成する

　次に、調査用紙を作成しました。本研究では授業認知の中でも、教師による注目箇所や意味づけの違いを明らかにする必要があります。こうした授業認知をうまく引き出すためには、質問の仕方を工夫することも重要です。

　例えばストレートに「注目箇所と意味づけを書いてください」と質問された場合、どのように感じるでしょうか。おそらく教師の視点からみると、どのような観点で何を書いたらいいのか難しく感じられるかもしれません。質問項目を考えるときは、回答する側の視点に立ちながら、どのように回答しうるかをシミュレーションすることが大事です。

　本研究では写真スライドをみる観点を「授業の成果が出るために重要あるいは問題であると考えられる場面」と設定しました。この観点にした理由は、教師が指導

――――――――――――――――
　を明らかにする手法。

と評価の一体化という考え方に基づき、授業の成果に関連する情報を収集するのは日常的であり、自然に回答できると考えたからです。次に質問項目は「スライドのどの情報に着目したのか」「どうして重要あるいは問題と考えるのか」にしました。前者の質問は注目箇所、後者は意味づけに対応しています。特に意味づけに関する項目は、直接的な質問では答えにくいと考えられるため、注目した理由を聞くことにしました。例えば児童の挙手に注目した場合、「積極的に参加しているから」と理由を回答するようにすることで、教師にとって挙手が意味することを引き出せると考えました。

　質問項目を構成するときにはどのように分析をするのか、を視野に入れておくことも重要です。例えば、教師が同じ場面に注目しているかどうかを特定するためには、どのスライドについて記述しているかを特定する必要があります。そこで質問項目に「スライド番号」を設け、注目箇所や意味づけと一緒に記入させることで、どの場面に対する回答であるか明確にすることができました。

　このように本研究で開発した写真スライド法による研究方法のメリットは、一時間の授業過程を短時間で表現できることです。それによって、教師への負担を軽くでき、数多くの教師からデータを収集できるということになります。また、特定の授業場面における教師の授業認知ではなく、授業全体の流れの中での教師の授業認知を捉えることもできると思われます。

　さらに、写真であるため、教師が注目している箇所を同定し、比較しやすいというメリットもあります。映像は、授業状況を豊かに表現できる反面、情報が冗長であるため、教師の注目箇所を同定することが難しくなります。写真は、映像と比べて古い媒体のように思われるかもしれませんが、こうした写真固有の利点に着目することで研究に役立てることができます。

　なお、本研究の方法の詳細をさらに知りたい方は、中村・浅田（2017）を参照してください。

教師の授業認知をとらえる

　以上の方法によって、本研究では小学校教師31名の協力を得ることができ、多様なデータが収集されました。例えば教師31名がスライド番号1〜100の中からいくつかの場面を選ぶため、その選択のバリエーションはとても多様になり、それら

注目箇所や意味づけに関する記述内容も教師によって異なるため、さらに複雑なデータになります。こうしたデータを扱うのは骨が折れますが、分析を工夫することで授業認知の特徴をとらえることができます。以下では、このような複雑なデータに対して筆者がどのように分析を進めたのかを説明したいと思います。

(1) 教師がみている対象をイメージし、注目箇所を分類する

　まず、注目箇所に関する記述から帰納的にカテゴリーを作成しました。ここで筆者が意識したのは、教師がみている対象をイメージしながら注目箇所を特定することです。具体的には、教師がみている箇所を同定できるように、教師の記述内容を検討するだけでなく、該当する番号のスライドを同時に確認することにしました。その分類結果は、表1のようになりました。

　次に、教職経験年数による授業の認知の違いを分析するために、教師を初任者教師群（1〜3年目：n=9）、若手教師群（4〜9年目：n=11）、経験教師群（10年目以上：n=11）に分類し、注目箇所の人数比を比較しました。研究協力をしていただける教師を教職経験年数別に集めることが現実には難しく、このような経験年数によるグループ化が適切かどうかは問題となるところです。しかしながら、本研究では図2のように、教職経験年数によって教師が注目する数にも注目箇所にも違いがあることが明らかになりました。

　ここでは、特に児童の視線、表情、姿勢という教師の注目箇所に違いがみられたことについて考察することにします。教職経験年数が多い教師群ほど子どもの表情や視線に注目していました。非言語行動の研究（エクマン＆フリーセン（Ekman & Friesen, 1975）；リッチモンド＆マクロスキー（Richmond & McCroskey, 2003））において、表情は人間の感情を正確に示す信号システムであり、特に視線は顔の他の領域よりも正確に感情を表す情報源であるとされています。この点に関して、教師の意味づけに関する記述を参照すると、「学習にくいついている」「飽きている」のように、表情や視線から児童の感情を読み取っていました。つまり、教職経験年数が多い教師群ほど精度の高い情報源に注目していることが示唆されました。他方、児童の姿勢は、感情を表すための明快さにおいて表情ほど十分ではないとされていますが、教職経験年数の少ない群は表情・視線よりもむしろ姿勢に注目しています。このように、写真スライドを同じように提示しても、教師によって注目している箇所が異なり、それは注目箇所の情報の精度の違いによると考えられました。

表1　注目箇所のカテゴリー

カテゴリー	定義	記述例
児童		
視線	児童の視線や身体の向いている方向	先生を見ていない／発表者を見ていない
姿勢	児童の姿勢・座り方	手前の児童（2人）の姿勢が悪い／足くみ
表情	児童の顔の表情	あくび／笑っている／えがお
位置	児童の存在する場所（起立・離席）	立ち歩き／離席している児童
挙手	挙手・ハンドサインといった児童の意志表示	挙手をしている子／全員が挙手している／ハンドサイン
相互作用	児童同士のやりとり	グループでの話し合い／ふざけ・おしゃべり
教師		
方向	教師の視線や身体の向き	教師の視線／書きながら話している
サイン	教師のハンドサイン・合図	先生の手のうごき／指・手等で指し示す
介入	教師と児童のやりとり・机間指導	先生が児童についている／スキンシップで注意している
情報提示	板書や教材の提示	板書／モニターで気候図を見せているところ
学習環境		
座席配置	机や座席の配置	席の隊型
もの	教室に存在するもの（ごみ・衣類・バケツ・文庫）	教室前方にゴミらしきものが落ちている／椅子にかかった服

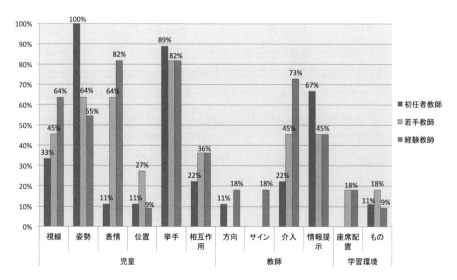

図2　注目箇所の比較

(2) 多くの教師が注目した場面に着目し、意味づけを読み解く

　注目箇所と比べて意味づけは、さらに慎重に分析する必要があります。なぜなら、データをみると教師によって意味づけがまったく異なるように思えますが、その違いは教師が選んだスライドが異なるからなのか、同じスライドでも注目箇所が異なるからなのか、あるいは意味づけの仕方が異なるからなのか、を考える必要があるからです。

　本研究では教師の意味づけの違いを分析するための工夫として、以下の方法を考えました。まず、多くの教師が注目したスライドを探すことにしました。さらに、それらのスライドの中ですべての教職年数別グループの多くが注目し、かつ教師の記述から注目箇所が同じスライドを抽出しました。そのスライドの記述を分析すれば、教師による意味づけの違いを読み取りやすくできると考えました。すなわち、授業場面の同じ注目箇所に対する教師の意味づけが異なることによって、教職経験年数の違いや教師の個人差として顕在化できると考えました。

　その結果、スライド 71 が抽出されました。図 3 のように、スライド 71 は指導案の展開②で、複数名の児童が挙手をしている場面です。この場面では、教師 16 名が児童の挙手に注目しました。内訳は初任者教師群 4 名、若手教師群 3 名、経験教師群 9 名が記述しました。実際の記述内容は表 2 の通りです。

　記述をみると、複数の経験教師がスライド 71 の情報のみに基づいて意味づけをしていないということが印象的でした。例えば、M 先生は「同じ児童が挙手しているように感じた」のように、以前の場面と関連づけながら状況をとらえていました。さらに K 先生は「発問の組み立てとしては易→難のはずだが、前半の挙手が少ないのに、ここに来て全員が分かる問い」のように、指導案から予測される児童の反応を考えて状況をとらえていました。これらの特徴は表 2 に示されるように、経験教師群に多くみられました。それに対して他の教師群は、スライド 71 だけを意味づける、すなわち状況を一時点でとらえる傾向が示されました。

　このように、同じ対象に注目していても、授業の流れや指導案と関連づけて意味づけている教師とその場面だけを意味づけている教師という存在が明らかになりました。

図3 スライド71の授業場面

表2 スライド71における意味づけの比較

教師	経験年数	どうして重要・問題と考えるのか	以前の場面との関連付け	指導案からの予測に基づく記述
A	2年目	（ハンドサインで）児童1人ひとりが意見や考え方を表すことができるから．消極的な児童にも活躍の場や，参加できる場面があることが大切だと思う		
B	3年目	6時間目である本時でも挙手が多く，児童の意欲が感じられる．児童一人一人が気付いたことを発表したいと思っている．気付いたことなので児童も手を挙げやすく．低次の児童でも活躍できる場を設けている		
C	3年目	手をあげている児童もいればさげている児童もいる．何をする時間		
D	3年目	（手で合図をしていて）発表する時にきまりがあるようにみえた		
E	4年目	（グー・パーの手の上げ方の違いに）何か意味があるのか		
F	6年目	積極的に発表していた．子どもの参加は素晴らしいことだと思う		
G	8年目	手がグーになっていたが…．ハンドサインを使っている？		
H	10年目	児童の積極的な姿		
I	10年目	スライド31と同じだが，ほとんどの子が答えられる易しい発問の時に，どんな進め方をするか．全員が遅成感を味わえるような，手立てを考える．全員起立，答えて座る．隣同士で確認．グループで1つにしぼる．ノートに書く	✓	✓
J	14年目	ここへ来て，これだけの参加率は子どもにとって適切な教材だと言える	✓	✓
K	17年目	発問の組み立てとしては，易→難のはずだが，前半の挙手が少ないのに，ここに来て全員が分かる問い	✓	✓
L	19年目	全員に近い児童が手を挙げ，教師の質問に意欲的にこたえようとしているから		
M	21年目	同じ児童が挙手しているように感じた．発表する挙手以外に知っているきいたことがある等	✓	
N	21年目	学習への意欲的な参加が見られる．（グー・パーの合図によって）教師も児童理解に役立てることができる		
O	29年目	集中して手をあげている．教師や友だちの話をきいているようにみえる		
P	33年目	問題をどう捉えたのか，学習したことの確認が大切，この後まとめに移行するのだと思う		

授業認知の特徴から教師の学習を考える

本研究が示したように、経験教師は、児童の視線や表情といった感情を読み取る

上で精度の高い情報源に注目する、そして授業場面の同じ対象に注目していても、以前の場面と関連づけ、指導案からの予測に基づき状況をとらえる、という傾向があると考えられます。一方、経験教師の中でも授業の認知には個人差があることも示されました。これらのことは、教師が「授業から学ぶ」ということには教授経験を積み重ねることが少なくとも必要であるということを示してはいますが、同時にその経験の質も問われるということだと思います。「なぜ、同じ授業場面や授業の対象に注目しても意味づけが異なるのか？」ということを明らかにするということが必要ということでしょう。

　授業の認知が教師の学習を左右することは疑いないことだと思います。本研究は、教職経験を積み上げることによって、一人ひとりの子どもの学習の理解や授業への態度などをより正確に認知するようになることが示唆されましたが、そのことが教師の学びにどのように影響しているかまでは明らかにできていません。教師の学びを促進し効果ある学びとするには、授業認知あるいは教師が気づくこと（noticing）として研究されている、授業場面において何に教師は注目し意味づけるのかということについて、教師の成長や熟達化ということからも検討していく必要があると思います。このことに関して、本研究から示唆されたのは、経験教師は子どもの動作よりも表情などに注目することやそれまでの授業の流れや指導案に基づく予測によってその状況を捉えている傾向があることでしたが、そのことは行為の中の省察を豊かにすると考えられます。授業や子どもに関する情報の量と精度に強く関係する教師の授業認知のあり方が授業中での教師の省察に影響するということだと思います。

まとめ

　最後に、授業すなわち「教えることと学ぶこと」への２つのアプローチという点から、写真スライド法を教育研究としての位置付けを考えたいと思います。

　授業を研究する場合、認識論に基づく認知的アプローチと存在論に基づく解釈的アプローチがあります（パッカーら（Packer et al., 1995））。

　認知的アプローチは、一人ひとりの教師や子どもが個々人のメンタルの情報処理過程として、例えば授業の認知を考えます。しかしながら、教師でも子どもでも授業状況において行った活動については、研究者が分析する前に、教師や子どもの立

場から実践を進めていく上で既に理解し解釈をしているということは明らかなことです。したがって、実践者の視点からの解釈であるイーミック（emic）な解釈は、授業という現象の説明において必要になります。このことは、教師や子どもがいつもすでに解釈し理解している授業状況において教えることや学ぶことが行われていることを意味しています。すなわち、教師や子どもの認知は状況に埋め込まれていることになります。解釈的アプローチとは、教えることと学ぶことが生じている授業という場における教師の認知や子どもの認知は、授業に参加している教師や子どもに共有され、間主観的であり、実践的である社会的な出来事ということになります。ここで示した写真スライド法は、社会的な出来事として教えることと学ぶことをとらえることができるようにスライドを作成したつもりでしたが、それがどこまで実現できているかは正直わかりません。しかしながら、ここで示した研究方法は解釈的アプローチを志向した研究方法としての試みとして位置付けることはできると思います。ただし、この研究を行ったことで学ぶことができたのは、解釈的アプローチに基づく研究として教師の授業認知を問題としようとすれば、少なくとも授業ビデオをどのように撮影するか、また写真スライドをどのように抽出するか、についてさらなる検討を行うことが必要になるということでした。「教えることと学ぶこと」を真に理解しようとするには、さらなる研究方法の工夫と開発が求められることを痛感しています。

引用文献

Carter, K., Cusbing, K., Sabers, D., Stein, P., & Berliner, D. (1988). Expert-novice differences in perceiving and processing visual classroom information, *Teaching and Teacher Education*, 3(2), 147-157.

Doyle, W. (1980). *Classroom management*, Kappa Delta Pi.

Ekman, P. & Friesen, W. V. (1975). *Unmasking the face*, Prentice-Hall, （エクマン，P & フリーセン，W. V. 工藤力（訳編）(1987)，表情分析入門，誠信書房）

Gelfuso, A. & Dennis, D. V. (2014). Getting reflection off the page : the challenges of developing support structures for pre-service teacher reflection, *Teaching and Teacher Education*, 38, 1-11.

三尾忠男・藤田恵璽（1993）「ビデオ教材の画像抽出法の検討 ―タイムサンプリングによるショット抽出の理論」『放送教育開発センター研究紀要』8，137-148.

Packer, M. J., Winne, P. H. (1995) The Place of Cognition in Explanations of Teaching :

A Dialog of Interpretive and Cognitive Approaches, *Teaching and Teacher Education*, 11(1), 1-21.

Richmond, V.P. & McCroskey, J. C. (2003). *Nonverbal behavior in interpersonal relations*, Allyn & Bacon.（リッチモンド，V. P & マクロスキー，J. C（2006），山下耕二（編訳）非言語行動の心理学，北大路書房）

佐藤学・岩川直樹・秋田喜代美（1990）「教師の実践的思考様式に関する研究（1）―熟練教師と初任教師のモニタリングの比較を中心に」『東京大学教育学部紀要』30，177-198

Schön, D. (1983). *The Reflective practitioner*, New York: Basic Books.

Schön, D. (1992). Educating for reflection-in-action, In Choukroun, J. & Snow, R (Eds.), *Planning for human systems*, Philadelphia: University of Pennsylvania Press, 142-161

Sherin, M. G., Jacobs, V. R., & Philipp, R. A. (2011). Situating the study of teacher noticing, In M. G. Sherin, V. R. Jacobs, & R. A. Philipp (Eds.), *Mathematics teacher noticing*, Routledge, 3-13

van den Bogert, N., Van Bruggen, J., Kostons, D., & Jochems, W. (2014). First steps into understanding teachers' visual perception of classroom events, *Teaching and Teacher Education*, 37, 208-216

 【書籍紹介】

①野嶋栄一郎編（2002）『教育実践を記述する―教えること・学ぶことの技法』金子書房
　多様なアプローチによって教育実践が記述され、第8章では授業認知の研究も紹介されています。複雑でとらえ難い教育の現象をいかに実証的に解明するか考える上で多くのヒントが得られます。

②ドナルド・ショーン　柳沢昌一・三輪建二訳（2007）『省察的実践とは何か―プロフェッショナルの行為と思考』鳳書房
　ショーンの代表的な著書であり、建築デザイナーや都市プランナー等、多様な専門職の実践を紹介しながら、反省的実践家に求められる専門性が描かれています。

③M. G. Sherin, V. R. Jacobs, & R. A. Philipp (Eds.) (2011) 『Mathematics teacher noticing』Routledge
　数学教師の授業認知について体系的に論じられた本です。授業認知研究の先駆者たちによって授業認知の基本的な考え方から具体的な研究方法まで幅広く紹介されています。

グループ学習中における 教師の子どもへの支援

◉授業観察とインタビューによる教師のモニタリングとサポートの検討

児玉佳一

＜参照論文＞
児玉佳一（2018）「グループ学習中における教師のモニタリングとサポート―小学5年生社会科の調べ学習における事例的検討」『日本教育工学会論文誌』42, 283-296.

はじめに

「小学校で49.9％、中学校で47.5％」、これは何の数字でしょうか。

これは、「グループ活動を取り入れた授業」に対して「多くするように特に心がけている」と答えた教師の割合です（ベネッセ教育総合研究所, 2016）。多くの学校で、協働的に学び合う授業が目指されていることが読み取れます。今般の学習指導要領改訂により、この傾向はさらに強まることが予想されます。

協働的に学び合う授業では、子どもたちが主体となることが求められ、教師は「裏方」に回ります。しかし、「裏方」は決してサボりや休憩ではなく、子どもたちの学びが深まるように様々な役割を担っています。

では、こうした「裏方」としての教師は、協働学習中にどのような働きを行っているのでしょうか。本節で紹介する研究は、筆者のこのような研究関心を出発点に、授業への参与観察と授業者へのインタビューから検討したものです。以下では、この研究の進め方やその時の私が考えていたことを示しながら、教師の専門的行為にアプローチする方法を紹介します。

リサーチクエスチョンを絞る

上記の研究関心は、あくまで自分自身がこれまでに築いてきた研究関心です。実

際に研究するにあたって、問い（リサーチクエスチョン）をさらに絞る必要があります。本研究のリサーチクエスチョンは、「先行研究」と「実践現場の様子」から考えていきました。

(1) 先行研究から

　協働学習において教師に求められる5つのコンピテンシーを示した研究（ケンドラー、ウィードマン、ランメル＆スパダ（Kaendler, Wiedmann, Rummel, & Spada, 2015））では、学習状況を把握する「モニタリング」と介入などの「サポート」が、即興性が求められるために最も難しいと位置づけています。教師が学習者の様子をモニタリングし適切にサポートすることは重要でありつつも、その行為は困難性が高いとされていました。

　サポートについての研究は着実に積み重ねられています（e.g., チウ（Chiu, 2004）；ウェブ＆イング（Webb & Ing, 2019））。先行研究では、教師のサポートは正の効果も負の効果ももつ可能性があり、教師のサポートの有効性を分けるのはモニタリングであると指摘されています（e.g., メロス＆ディーリング（Meloth & Deering, 1999））。

　そこでモニタリングの研究をみてみますと、単一のグループ学習場面に対する即興的な思考過程については検討されています（一柳, 2016a, 2016b）が、協働学習中の教師のモニタリングは、重要と位置づけられながらも十分な研究の積み重ねが進んでいない状況でした。よって、本研究はこのモニタリングとサポートについて、特にモニタリングに焦点を当てようと考えました。

(2) 実践現場の様子から

　先行研究の検討と並行して、フィールドワークできる教室を探していました。ただし、まだリサーチクエスチョンを絞る段階でしたので、授業の参観を許可してもらえるか、まずは口約束程度にお願いしていくような意識の段階でした。

　そんな折、都内の私立小学校に勤務されている塚本先生（教職歴11年目、男性、仮名）にフィールドを探している旨をお話したところ、塚本先生から「今度の社会科の単元では、単元を通してグループでの調べ学習を行う予定です。子どもたちは5年生になって、初めてグループでの長期的な調べ学習に挑戦します。もしよろしければどうでしょうか」とご提案いただきました。グループでの初めて調べ学習を

行うというシチュエーションも興味深く、すぐにお願いしたい旨をお返事しました。

(3) リサーチクエスチョンの焦点化

　先行研究と実践現場の2つの観点がおおよそ固まってきたので、両者を擦り合わせながらリサーチクエスチョンを焦点化していきました。

　協働学習中の教師のモニタリングに関する先行研究は、1回のグループ学習中での教師の思考・判断を検討していました。一方で、塚本先生からご提案いただいた授業は、単元を通してグループ学習を行うというものでした。

　協働学習中の教師のモニタリングやサポートは、単元の進行による変化が予想できます。特に調べ学習は、各グループの進捗の差が単元の進行に伴って大きくなることが想定されますので、そういう状況で教師がどのようにモニタリングとサポートを行っているかは、興味深い検討課題だと考えました。

　そこで本研究のリサーチクエスチョンを、「調べ学習におけるグループ学習中の教師のモニタリングとサポートは、単元の進行によってどのような様相であるか」として、研究デザインの構築にとりかかりました。[1]

▌研究デザインを定める

　研究デザインは、リサーチクエスチョンを明らかにするためにどのようなデータの収集が必要かを考える必要があります。本研究でとった方法は、多くの先行研究で行われてきた方法をベースに考えていきました。

(1) 授業の様子の観察とビデオ撮影

　本研究では、「教師のモニタリングとサポート」という行為についてのデータ収集が必須です。そのためのデータ収集方法には、授業観察（＋フィールドノーツ）と、ビデオ記録が一般的です。特に、ビデオ記録はフィールドから帰宅した後も録画データとして見直すことができるため、授業中には気づかなかった部分も丁寧に検討することができます。

---

1) 本研究はフィールドワーク前にリサーチクエスチョンが固まりましたが、フィールドワークをしながらリサーチクエスチョンを固めていくこともあります。

本研究では固定のビデオカメラに加えて、ウェアラブルカメラの使用を試みました。ウェアラブルカメラとは、頭部に装着する小型のデジタルカメラです。教師の頭部からの映像データを収集することは、2つのメリットがあると考えられます。

　1つは、教師の視野に基づいた授業の把握が行えることです。固定カメラだと、グループ活動中に教師が様々なグループを行き来するなかでどのような点に意識を向けているかが映像としてとらえにくいという問題がありました。ウェアラブルカメラであれば、教師の視野からの映像になるため、どのグループに注目しているのかといったことも映像から読み取ることができます。

　もう1つは、調べ学習におけるビデオ撮影の課題を克服できることです。調べ学習は、教室外活動も多くなるため、固定カメラによるビデオ撮影は教室外活動の記録には不向きです。ウェアラブルカメラであれば、こうした課題を克服してビデオ撮影が可能になります。

　ウェアラブルカメラという見慣れない機器を授業者の頭部に付けてもらうため、子どもたちがウェアラブルカメラに興味をもち、授業に支障が出るのではないかと危惧しました。しかし、初回の装着時は盛り上がったものの、すぐに普段通りの落ち着きに戻りました。単元の進行中にウェアラブルカメラを気にする様子はほとんど見られませんでした。

(2) 再生刺激法による授業後のインタビュー

　本研究では、授業後に授業者、「再生刺激法」と呼ばれる方法でインタビューを行いました。再生刺激法とは、ビデオ録画した授業映像について、キーとなる箇所を抽出しその場面の映像を視聴してもらい、映像を踏まえたうえで、その時に感じていたことや思っていたことを尋ねる方法です。再生刺激法は教師の思考をとらえる研究に用いられており、本研究の関心である教師のモニタリングやサポートに対する思考過程をとらえられると判断しました。

(3) 協力者への依頼

　上記のような研究方法は、授業者に少なくない負担をおかけするため、こうした研究方法をとることへの丁寧な説明が必要です。併せて、塚本先生が勤務する学校長から研究許可をいただく必要もあります。この段階で改めて、研究計画書も含めて塚本先生と学校長に研究依頼をしました。

ここで塚本先生を簡単に紹介します。塚本先生と筆者は、大学院の同じ研究室のメンバーという関係です。塚本先生も大学院で研究活動をされていたことから、筆者のような研究者の立場や、こうした研究方法をとる意味（特にウェアラブルカメラの装着）について理解していただきやすかったのかもしれません。その他にも、筆者が参観しやすい時間に調べ学習の時間を移動していただくこともありました。これらはすべて塚本先生のご配慮によるもので、感謝と共に、こうしたご配慮を常にいただけるわけではないということを決して忘れてはいけないでしょう。

授業に参加する

　研究データの収集に向けて、いよいよ授業に参加します。授業は小学5年生の社会科の授業で、担任クラスとは異なるクラス[2]です（分析対象は調べ学習を中心とした全6回分）。

　教室内では、筆者は2つの立場を意識していました。1つは「授業の研究者」としての立場です。初めて教室に参加した時、塚本先生は子どもたちに「大学で授業について研究している人」として筆者を紹介されました。授業の研究者として、「いつもの授業」の様子をとらえるためにも、自分の存在が授業に影響を与えないようにと慎重になる必要があります。参加して最初のうちは、子どもたちがカメラやフィールドノーツに興味を示すこともありました。しかし、こうした興味によって授業へ集中できなければ、筆者の存在が授業に悪影響を与えていることになります。そのため授業時間中は、カメラを触ろうとするなどの行為については徹底して取り合わないようにしました。

　一方で、上記の立場と矛盾するかもしれませんが、「学びのサポーター」としての立場での参加も心がけました。研究者が教室に参入するのであれば、大なり小なり授業に影響を与えることは避けられません。そうであれば、せめて授業によい影響となる振る舞いをするべきでは、と考えたからです。

　例えば、グループ活動前の塚本先生から教室全体への説明の時間も授業の雰囲気

---

2) 担任クラスでも同様の調査を行いましたが、ウェアラブルカメラの設定にミスがあり、分析に使用できるような映像が記録できなかったため、今回は担任クラスと異なる授業での実践を分析しました。

を掴むために観察とフィールドノーツの記録は行いますが、並行して、集中できていなそうな子どもの隣に寄り添って話を聞くように促しました。また、パソコン等のトラブルにもサポートの要求があった場合に限り対応しました。

　授業に影響を与えないようにと考えるなら、こうした対応はとるべきではないかもしれません。しかし筆者の場合は、子どもたちの学習を優先しました。こうした研究者自身が授業に与えた影響については、大きな影響がなくても、授業文脈に対する解釈の多様性を開くために論文にも明記するべきでしょう。

データを収集し、データから実践を描き出す

　授業やインタビューで得たデータは、リサーチクエスチョンに基づきながら分析していきます。以下、実際の分析をデータ収集方法と合わせて紹介します。

(1) 単元を通した教師のモニタリングとサポートの全体的傾向の把握

　初めに行ったのは、単元を通した実践の全体的な傾向をとらえることでした。ここでは観察された行為をカウントして、単元の中での量的な傾向をとらえることを目指しました。観察データからカウントをするためには、どういう行為を取り上げるかを決めて、その行為の定義を明確にしなければなりません。

　まず、サポート行為にあたる「グループ関与場面」を定義しました。グループ関与場面は、開始時点を「塚本先生がグループの子どもに話しかける、または、話しかけられる」もしくは「1つのグループに近づいて注視している」とし、終了時点を「塚本先生（または子ども）が子ども（または塚本先生）の前から離れる」としました。そしてこの定義を基に、「モニタリング場面」も定義します。モニタリング場面は、グループ関与場面以外の中で、教室間移動や Wi-Fi の設定などの時間を除外した時間としました。この定義によってモニタリングとサポートにあたる行為の抽出を行いました。

　表1はその結果です。ここで、分析した授業が4回分で、4時間目と6時間目が表にないことに気づかれるでしょう。4時間目はビデオ学習に40分以上使用し、グループ活動が5分以下であったこと、6時間目は筆者の都合がつかずに授業へ参観できなかったことから、分析対象から除外しました。このようなことは実践を対象とする研究の文脈では起きうることであり、それを踏まえながら分析することが

表1　各授業におけるグループ関与場面とモニタリング場面の回数と時間

	1時間目	2時間目	3時間目	5時間目
グループ関与場面				
場面数（%）	20（69.0）	40（72.7）	43（58.1）	26（66.7）
場面時間（%）	591（82.8）	1118（89.1）	1009（72.9）	1126（88.5）
平均時間（*SD*）	29.6（30.8）	28.0（30.2）	23.5（22.9）	43.3（43.2）
モニタリング場面				
場面数（%）	9（31.0）	15（27.3）	31（41.9）	13（33.3）
場面時間（%）	123（17.2）	137（10.9）	376（27.1）	146（21.5）
平均時間（*SD*）	13.7（ 5.9）	9.1（ 6.9）	12.1（ 7.7）	11.2（10.6）

注）時間の単位は秒。1・2時間目を単元の前半、5時間目を単元の後半とした。

表2　各授業における方法別でのモニタリング場面の回数と時間

	1時間目	2時間目	3時間目	5時間目
俯瞰的モニタリング				
場面数（%）	8（88.9）	11（73.3）	29（93.5）	6（46.2）
場面時間（%）	118（95.9）	114（83.2）	364（96.8）	97（66.4）
平均時間（*SD*）	14.8（ 5.4）	10.4（ 7.6）	12.6（ 7.8）	16.2（13.2）
焦点的モニタリング				
場面数（%）	1（11.1）	4（26.7）	2（ 6.5）	7（53.8）
場面時間（%）	5（ 4.1）	23（16.8）	12（ 3.2）	49（33.6）
平均時間（*SD*）	5.0（ 0.0）	5.8（ 1.9）	6.0（ 1.0）	7.0（ 4.8）

注）時間の単位は秒。1・2時間目を単元の前半、5時間目を単元の後半とした。

必要です。

　表1に話を戻すと、モニタリングは平均してわずか10秒ほどで行われていることがわかります。いずれの授業回でもグループ関与場面の方がモニタリング場面よりも多く、その分、場面ごとの時間も長くなっています。また、平均時間も同様にグループ関与場面の方が長い傾向にあり、特に5時間目はその傾向が強く出ています。

　この分析を踏まえて、モニタリングとサポートの様相をさらに取り出していきます。ここではモニタリング場面に着目した結果を示します。モニタリング場面では、2つのモニタリング方法がありそうだということがデータを眺めていて浮かび上がったこともあり、そこに焦点を当てて分類しました（表2）。ここではモニタリ

ングを、教室全体を俯瞰したりいくつものグループを見たりする「俯瞰的モニタリング」と、特定のグループに焦点を当てて見る「焦点的モニタリング」に分類しました。この分類でみてみると、単元の前半（1、2時間目）は俯瞰的モニタリング中心、単元の後半（5時間目）は両方をバランスよく行っていることが読み取れます。

　こうしたモニタリングとサポートへの全体的な意識の変化について、塚本先生は以下のように振り返っています（下線は筆者による。以下同様）。

> 　6時間の経験の中で、<u>どこにリソースを割くか</u>というのは経験的に理解できてくると思うんですね。そこで「ここは見守って大丈夫なのか」とか「ここは介入しなきゃいけないのか」というのは<u>ちょっとアタリを付けて、子どもたちを見るようにはなっているかな</u>とは思います。それはこの子たちとの出会いがこの学年からということで、学習者理解が進んでいなかったところから、また協働的なこういう学習形態っていうのが、お互いに一緒にやったという経験が無かったので、そこからすると、<u>急速にこの6時間で、どこに着目すべきかという視点は育ってきたか</u>と思います。（中略）またあの、進行も最初の頃はみんな揃っているじゃないですか。なので、そこでの介入のペースということと、<u>徐々に、学習状況が違う中で「あそこに入らなきゃ」っていう風に考えて入るカンファランスの質的にも時間的にも違うんじゃないかなと思います。1時間目は必死というか、どこも軌道に乗せてあげなきゃということでは、結構細かく見てあげなきゃという意識がありました。</u>

　この語りから、塚本先生自身も単元の進行に応じてモニタリングやサポートの変化を意識していることがわかります。特に、単元前半では学習を「軌道に乗せる」ためのサポートを重視し、学習者像がみえてきた単元後半では、どこにサポートのリソースを割いていくかを意識していること読み取れます。

　これを踏まえて次に、再生刺激インタビューから、単元の前半と後半でのモニタリングとサポートに関わる思考過程について検討していきました。

(2) 再生刺激インタビューによるモニタリングやサポート中の思考過程

　再生刺激法によるインタビューには、先ほどのグループ関与場面とモニタリング

場面を使いました。ウェアラブルカメラでの映像を視聴しながら場面ごとに一旦映像を止めて、①この場面では何について見ていたか（考えていたか）、②（グループ関与場面では）このように関わった意図は何かを尋ねました。これに加えて気になった点は自由に質問し、塚本先生には①、②にかかわらずに自由に発言していただくようお願いしました。

以下、ここでは単元前半のモニタリングとサポートに絞って紹介します。

事例1：俯瞰的モニタリング（1時間目）
　塚本先生は、グループ同士の机の間を通り抜けながら、左右を見渡してグループの様子を俯瞰している（①、②）。教室後方に位置するグループには少し近づいていくが、一定の距離を置いてグループの活動の様子を見ている。

図1　単元前半における俯瞰的モニタリング

事例1は単元前半の俯瞰的モニタリングの場面です。論文では、実際の映像記録を切り取って、モザイク加工して掲載しました（図1）。この場面に対して塚本先生は以下のように語りました（括弧は筆者による補足。以下同様）。

　<u>内容じゃなくて全体に表情とかで判断してるんだと思います。一応指示が通ってるか</u>とか、それぞれがその<u>学習に参加できてるか</u>みたいなところでしか見てないと思います。進行自体は全然、見とれてないですね。（筆者：どちらかというと社会的な部分を見ているということでしょうか？）そうですね。ただ、<u>うちのクラスよりは社会性が高い子たちなので、ある意味どこに焦点絞って見ていいかわかんない</u>ところもあります。うちのクラスは（注意を向けた方がよい子どもが）3人いるから、常にその3人を視野に入れて、そこに入んなきゃっていう意識で動いてるんですけど、それと比べると<u>多分全体を見ないと</u>

いけないクラスだなっていうことでパーッと見てるんだと思います。

　この語りから、塚本先生は俯瞰的モニタリングを学習参加の様子や指示の通り具合の確認を意図して行っていることがわかります。一方で、細かな内容までは把握できていないということも省察的に語っています。また、5年生になって初めてのグループでの調べ学習であり、活動の展開が予想できず、子どもたちのどこに焦点を当てて見るかが掴めていないということも語っており、それが俯瞰的モニタリングの重視につながっていると読み取れます。

　では、内容面はどのようにとらえようとしているのでしょうか。事例2では、「進行表」というツールを用いて内容面をとらえようとしている場面です（図2）。進行表は「取り組み中」と「終了したもの」の欄があるA3用紙で、個人が取り組む内容を付箋に書き込み、それを各欄に貼っておくことで、今、どういうことに取り組んでいるのかが一目でわかるツールです（図3）。塚本先生も今回の実践ではじめて作成し導入してみたとのことです。この進行表を用いた場面について塚本先生は以下のように語っています。

　（進行表があると）「どうなっている？」とかは介入せずに話し合っているのを聞きながら、それぞれのやっていることを把握できるんで、あれを机に置かせていたのは自分の実践の中ではよかったところかなと思います。（中略）進行表のクオリティでその班のクオリティがみえるというか、それがあるので、すごくこうざっくりとしか書いていないところは全然考えていない、というところからカンファに入る必要が分かって、そこが可視化できた分、（過去の実践と比べて）そのグループ数が増えたのをどうにか処理しきれたというところがあったんじゃないかなと思います。

　この場面は、Aグループに対して介入しなければという思いはあったが、なかなか実行できずにいたところ、ようやくその機会が生まれた場面でもあります。Aグループの子たちは指示が通りづらく、積極的なサポートによって軌道に乗せていきたいという思いがありました。進行表は、それまでのグループでの取り組みを瞬間的に見通すことができる他、進行表を媒介しながらアドバイスをすることで、内容面のモニタリングとサポートの両面を同時並行的に行うことができるツールとし

２時間目は、Wi-Fi の接続が安定せず、多数のグループから Wi-Fi に関する援助が続出していた。また、自主学習によって調べ物がかなり進んでいるグループも既に現れ、模造紙や配布用資料のための紙を要求するグループもあった。模造紙などは別室に取りに行く必要があるため、児童が活動している部屋以外に行かざるを得ない状況も多かった。

児童への援助の対応が一通り終わったと同時に、多目的室で活動をしている「A 歴史」グループの元へ向かった。多目的室で A グループを見つけると（①）、すぐにグループの元へ近寄って腰を落とし「こことは一度相談したかったんだ」と話しかけた。そして、どのように発表していくつもりなのかを、進行表を見ながら確認した（②）。

図 2　単元前半の A グループへのモニタリングとサポート

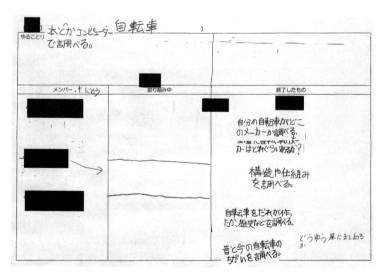

図 3　進行表の例（７時間目時点：黒塗りは児童や学級の名前）

ても機能していることがわかります。

(3) 分析結果の学術的・実践的な位置づけ

分析結果は、考察として学術的・実践的に位置づける必要があります。

例えば、俯瞰的モニタリングは、一柳（2016b）で【俯瞰的な把握】として見出されているものと類似しています。本研究ではさらに、俯瞰的モニタリングがどういう点に着目して行われているかを明らかにできました。今回の実践は、子どもたちが初めてグループで調べ学習をするということもあり、どのような参加態度で臨んでいるか、困難を示していないかをとらえようとする意図が見出されました。また、先行研究ではモニタリングを基にサポートする重要性が指摘されていましたが（e.g., メロス＆ディーリング（Meloth & Deering, 1999））、本研究では、進行表を用いてモニタリングとサポートが同時並行的に行われていたことも示唆的です。学術的な位置づけは、先行研究と照らし合わせながら今回の分析結果がどのような点でさらなる知見の蓄積として貢献しているかを論じていきます。

一方で、内容面のモニタリングは俯瞰的モニタリングでは不十分だったと省察的に語っています。その内容面のモニタリングを支えたのが「進行表」です。他のグループへのサポートなどで十分なモニタリングが行えなかったグループに対しても、進行表を使うことで瞬時に活動状況が把握できました。加えて、進行表を媒介して活動の見通しをもたせるサポートを行う様子も観られました。このことは、複数のグループが別々の活動を行う調べ学習においては、進行表のようなツールが教師のモニタリングやサポートの補助となることを示唆しています。進行表は今回の塚本先生の実践の特徴の1つであり、実践的な位置づけでは、こうした特徴が実践としてどのような意味があったか、そして、そこから得られる示唆は何かを論じていきます。

▌まとめ

本節ではグループ学習中の教師のモニタリングとサポートを検討した筆者の研究に基づいて、教師の授業実践にアプローチする方法を紹介していきました。

教師の実践的で専門的な行為の様相を捉えていくことは、協働学習という営みにおける教師の位置づけや意味を再考するきっかけになります。国際的にも協働学習

を支える教師への関心は高まりつつありますが（e.g., ウェブ＆イング（Webb & Ing, 2019））、「子どもたちにどのようなサポートを与えることが効果的か」という着眼点がほとんどです。一方で、本研究のような教師の専門的な営みの実際をひもといていくと、教師は学習効果を高めるためのパターン化されたサポート提供者ではなく、適切なモニタリングによって協働学習の場や意味を学習者と共につくりだす「役者」として位置づけられることがみえてくるでしょう。こうした研究をきっかけに、さらにこの重要な鍵を握る「役者」の即興的な立ち振る舞いを明らかにすることが、協働学習のさらなる発展にも寄与するでしょう。

　また、本研究はウェアラブルカメラを用いたデータ収集を行った点も特徴です。こうした機器の発達は、授業研究や教師研究の新たな道を開いてくれます。つまり、より詳細なデータの収集方法として、そして、データ収集によって授業に与える影響を最小限にする方法としての両方に貢献します。最先端の機器は高額という難しさもありますが、どういう手法や機器を使うことができるか、あるいは使うことが研究や授業にとって望ましいかということを考えていくことも重要でしょう。

引用文献

ベネッセ教育総合研究所（2016）『第6回学習指導基本調査 DATA BOOK（小学校・中学校版）』ベネッセ教育総合研究所　Retrieved from https://berd.benesse.jp/shotou chutou/research/detail1.php?id = 5080（2020 年 7 月 13 日）

Chiu, M. M.（2004）. Adapting teacher interventions to student needs during cooperative learning: How to improve student problem solving and time on-task. *American Educational Research Journal, 41*, 365-399.

一柳智紀（2016a）「小グループでの学習時における熟練教師の即興的思考の特徴」『日本発達心理学会第 27 回大会発表論文集』459.

一柳智紀（2016b）「小グループでの問題解決時における教師の実践知」秋田喜代美・一柳智紀・石橋太加志・児玉佳一・松木健一・中谷素之「協働学習における教師のあり方─認知・判断・実践知」『日本教育心理学会第 58 回総会発表論文集』120-121.

Kaendler, C., Wiedmann, M., Rummel, N., & Spada, H.（2015）. Teacher competencies for the implementation of collaborative learning in the classroom: A framework and research review. *Educational Psychological Review, 27*, 505-536.

Meloth, M. S., & Deering, P. D.（1999）. The role of the teacher in promoting cognitive processing during collaborative learning. In A. M. O'Donnell, & A. King（Eds.）,

Cognitive Perspectives on Peer Learning, 235-255.

Webb, N. M., & Ing, M.（2019）. Editorial: The role of teacher practice in promoting aca-
demically productive student dialogue. *International Journal of Educational Research*,
97, 154-156.

 【書籍紹介】

①鹿毛雅治（編）（2005）『教育心理学の新しいかたち』誠信書房
　生きた教育実践を研究する教育心理学者の目指す姿を、「実践の主体となる姿」、「実践をと
　もに創る姿」、「実践を探究する姿」から示す一冊です。「実践研究」がどういうことなのか、
　自分が何者として実践の場に関わるかを考えるための示唆が詰まっています。
②宮本常一・安渓遊地（2008）『調査されるという迷惑─フィールドに出る前に読んでおく本』
　みずのわ出版
　本書は民俗学による地域フィールドを主眼とした一冊ですが、本書で指摘されていること
　は学校をフィールドにする私たちにも共通するでしょう。迷惑、傲慢な学者を地域住民が
　侮蔑して表現した「バカセ」は、常に心に留めるべき言葉だと思います。
③山路　茜（2019）『中学校数学科の授業における相互作用プロセス─援助要請を視点として』
　風間書房
　協働学習中に現れる援助要請（わからない時に助けを求める行為）が、授業においてどの
　ような意味をもつかを質的に分析されています。約2年にわたる詳細なフィールドワーク
　から学び合う子どもたちのダイナミズムが描き出されており、実践研究のあり方として参
　考になる一冊です。

教師の感情経験と専門性の発揮・発達

◉グラウンデッド・セオリー・アプローチによる教師の経験世界への接近

木村　優

<参照論文>
木村優（2010）「協働学習授業における高校教師の感情経験と認知・行動・動機づけとの関連：グラウンデッド・セオリー・アプローチによる現象モデルの生成」『教育心理学研究』58，464-479.

はじめに

　教師研究は長い間、授業をはじめとした教育実践における教師の知識やスキルの特徴、学習・発達過程といった知的な行為に光を当て、教師の高度な実践知と専門性の内実を描き出してきました。しかし、私たちがひとたび教室を訪れてみると、教師はなにも知的な行為だけで子どもたちの学びと育ちを支えているわけではないことを目の当たりにします。

　子どもたちが授業に不安を抱かないよう、新しい学習内容に好奇心をもてるよう、友だちの学びを妨害する行動を慎むよう、友だちと協力して学習課題に挑戦するよう、教師は表情、身体の振る舞い、言葉に乗せて実に様々な情動を開示しています（キムラ（Kimura, 2010））。この教室の日常の光景から、教師の経験世界では認知や行動に情動[1]が一体化していることが見て取れ、情動が教師の専門性に重要な役割を果たしていることが推察されます（ハーグリーブス（Hargreaves, 2000））。

　こうして、教師研究の地平として「教師の情動研究」が浮かび上がってくるわけ

---

1) 心理学研究では、瞬間的に生じる強い情動を「情動（emotion）」、持続的で比較的弱い情動を「気分（mood）」、情動と気分を包括して「感情（affect）」、人が主観的に知覚した情動を「感情経験（feeling）」として概念定義しています（藤永, 2013）。本節で紹介する研究では、教師たちへの面接によって語られる主観的に知覚された情動を扱ったため、「感情経験」を用いています。

ですが、教師の主観的経験としての情動をどのように捉え、分析するのかが学術研究上の大きな課題となります。とりわけ、人間の情動は知識や思考と違って客観測定することが難しく、さらに学術研究では長く人間の理性的行為を妨げる非合理性の象徴と見なされてきました（e.g., ノディングズ（Noddings, 1996）；木村,2020）。そのため、教師研究でも教師の知識・思考・学習研究に比べて、情動研究の方法の開発、そして知見の蓄積が遅れてきました。

　また、日本だけでも幼小中高、特別支援学校などに勤める教員が116万人以上いますので（学校基本調査：2017年5月1日）、「教師」と一言でいっても様々です。情動は個人の生活する場と文化が形作る信念や価値観に準拠して生じ、感情経験となって具体的なエピソードと共に記憶に根づくものです。そのため、教師の特性を踏まえた感情経験の思慮深い検討が必要になります。

　このように、教師の情動研究を実施するには、研究者各自の研究方法上の工夫と試行錯誤、そして教師の経験世界への真摯な理解が求められます。

　そこで、授業における教師の感情経験と専門性の発揮・発達との関連を追究した研究（木村, 2010）では、質的研究法の一つであるグラウンデッド・セオリー・アプローチ（Grounded Theory Approach：以下、GTAと表記。才木クレイグヒル,2006/2016）を採用しました。質的研究法を用いることで先行研究の蓄積に乏しい授業における教師の情動と感情経験の変数を導出できますし、また、特定領域に限定しながらも、そこでの研究調査者と研究協力者による相互作用を重視するGTAによって、授業における教師の情動と感情経験の現象メカニズムを動的に描出できると考えたためです[2]。

　次項から、先行研究の検討を踏まえたデータ収集・分析から現象モデル生成に至る一連の具体的展開を、GTAの分析の流れに沿って紹介していきましょう。教師の情動研究、そしてGTAの採用と、なかなかに「骨の折れる」研究でしたが、その苦労に見合うだけの豊かな発見と学びがありました。

---

2) GTAには、創始者アンセルム・ストラウス（Anselm Strauss）とその弟子ジュリエット・コービン（Juliet Corbin）によるストラウス・コービン版、ストラウスの共同創始者バーニー・グレイザー（Barney Glaser）版、それらの修正版と題した木下康仁版があり、それぞれで研究観や研究の到達目標、データ収集・分析の手続きが異なります。本節で紹介する教師の情動研究では、才木クレイグヒルによって紹介されるストラウス・コービン版を採用しています。

先行研究：タテ糸と他分野研究：ヨコ糸を紡ぎ、問い：ナナメ糸を織りなす

　ここでは、佐伯（2007）が示した「おもしろい研究をする」ための「タテ・ヨコ・ナナメ糸」という考え方を引用して、本研究の問いづくりと方法の設定の過程について紹介します。

　どのような研究でも、まずは検討課題やテーマについて、これまでどのような研究が進められ、そこでどのような知見が蓄積されてきたのか、これら先行研究の歴史的展開である「タテ糸」を明らかにすることが必須です。

　教師の情動を扱った先行研究を探索したところ、欧米では1970年代から教師文化研究分野で教師の情動研究が報告され始め、1990年代以降には学術誌論文が飛躍的に増加します。一方で、日本では2000年代に入って教育心理学・社会学分野で生徒指導場面や職務上のストレスに関する教師の情動が扱われていきました（木村，2020）。この歴史的展開が見えてくると、1990年代以降の欧米における教師の情動研究の隆盛は、認知科学の発展による情動心理学・社会学の理論的前進を背景としていることがわかりました。つまり、教師の情動研究は、「ヨコ糸」である情動心理学・社会学において蓄積された数々の知見の影響を受けながら「タテ糸」を紡いで互いに前進してきたのです。

　そこで筆者は、教師の情動を扱ったおよそ100編を超える学術論文（国際・欧米・日本学術誌論文）と書籍を収集、吟味し、それぞれの研究課題・方法・知見を精査してリスト化してまとめ、その作業と並行して情動心理学・社会学の文献から情動理論の整理と研究手法の検討を行いました。

　こうして文章にしてみると先行研究と他分野研究の検証は4行で済んでしまうのですが、この「タテ糸」と「ヨコ糸」を紡ぐ作業はとても多くの時間を費やすものでした。特に、蔵書が限られ、インターネット上でも閲覧できない欧米学術誌論文を入手するのは困難で、そのために関東近郊の大学図書館をいくつも訪ねるなど、論文を求めて東奔西走したことを今でもよく覚えています。それでも、この一連の文献調査活動によって、教師の情動研究の動向を明確に把握することができましたし、教育研究を推進する上での哲学を多くの論文著者から学び、さらに異領域の情動理論まで教養を広げることができました。筆者にとっては、教師の情動研究を推進し続けていくための基盤を築くことになったのです。

　さて、教師の情動を扱った先行研究：タテ糸と他分野研究：ヨコ糸を紡いでいく

と、意外にも授業中の教師の情動を扱った研究が少ないこと、また、先行研究は怒り、満足感、悩みといった教師が職務上で経験する特定の情動に焦点を絞ったものが多いことが判明しました。そのため、教師の仕事の中核であり、教師の専門性が最も発揮される授業において、情動が授業進行中の教師の認知、動機づけ、行動にどのような影響を及ぼすのか、感情経験が教師の専門性の発達にいかに関与しているのかが明らかになっていないのです。この影響と関与を明らかにすることが研究の問い、すなわち「ナナメ糸」となります。

問いに適した研究方法を定める

研究の問いが明確になると、次に考えることはその問いを追究して明らかにするための研究方法です。先述のとおり、授業における教師の感情経験と専門性の発揮・発達との関連については、先行研究では未開拓の領域でした。そこで、まずは授業における教師の感情経験という現象を構成する変数を把握する必要があるため、それを可能にする、質的研究法を採用することにしました。

次に、教師の主観的経験としての情動を捉えその意味を探究するには、文字通り教師の「主観」に接近するほかに道はありません。ただし、やみくもに教師に授業における感情経験を尋ねることもできません。なぜなら、その教師がどのようなことを大事にして授業をデザインし、いかなる教育方法を好んで用いているのか、また、教師と関わる生徒たちはいかなる特性をもっているのか、これらの情報なくしては教師に具体的な情動を尋ねることはできないためです。

そこで筆者は、質的研究法の GTA に着目しました。GTA では「ある特定の領域で応用しやすい、領域限定型の理論」（才木クレイグヒル，2006, p.12）の生成を目指します。この「領域限定型」という研究方法の特性に鑑みて、本研究では、研究協力者となる教師の属性を「協働学習授業に挑戦している高校社会科教師」に限定しました。そうすることで、高校社会科教師たちが、協働学習という挑戦的な実践の中で主観的に経験する情動の揺れ動き、そして教師たちの情動と認知、動機づけ、行動との関連を示す動的な現象メカニズムを導出可能になると考えたのです。

また、GTA ではデータ収集と分析が交互に行われ、その過程でデータから生成するカテゴリーが洗練されていきます。これを理論的サンプリングといいます。理論的サンプリングによって、調査者の恣意的な研究協力者の選定を回避することが

できますし、また、データに根ざした分析と理論の検証が可能になります。そして、現象を構成するカテゴリーが十分に出そろい、カテゴリー同士の関連が明らかになった段階で理論的飽和に達し、現象モデルの生成が可能となります。この現象モデルから、授業における教師の情動と認知、動機づけ、行動との相互作用を捉え、感情経験が教師にとっていかなる意味をもつのかのメカニズムを動的に示すことが可能になると考えました。

　データ収集方法は面接調査を主としながら、授業の参与観察を面接調査の前提条件としました。この条件は、研究協力者となる教師それぞれの実践の特徴と生徒たちが示す授業参加行動を把握し、教師たちに具体的な状況下でいかなる情動を知覚するのかを尋ねるためです。したがって、分析は面接データに限られるのですが、面接での一部の質問内容とそれに対する教師たちの回答には観察により得られた情報が含まれることになります。このデータの複層性が、「リッチなデータ」（才木クレイグヒル，2006/2016）として教師たちの豊かな語りを引き出し、質的研究における「厚い記述」を可能にしたのです。

　なお、GTA のデータ分析手法は一朝一夕に身につくものではありません。後述しますが、GTA ではデータをじっくり読み込むことから、データが示す現象の正体をあばくコーディングを行なっていきます。データをどこで切るか(切片化)、データにどのような名前をつけるか(ラベリング)、データをどうまとめるか(カテゴリー分け)、現象をどう描くか（関連図示）、これらの作業一つひとつを効率的に行えることで、確かな理論が生成されるのです。筆者は本研究を始める前に、別の調査で採った教師の語りデータを活用して、何度も GTA データ分析の練習を行いました。また、その分析過程を大学院ゼミや仲間との自主研究会で共有し、データ解釈について意見を交わしました。実際のデータ分析に移行してからも、何度もデータを読み直す日々が続きました。恣意的で根拠に乏しい「薄い記述」（佐藤，2008）とならないよう、教師の語りというリッチなデータに真摯に向き合っていったのです。

■ 教師の語りデータの収集と分析を交互に繰り返す

　それでは、授業における教師の感情経験を捉えるための、GTA による具体的なデータ収集と分析の流れを紹介していきましょう。

　まず、授業における感情経験を聴き取らせていただく研究協力者となる教師の属

性として、生徒間の学び合う関係形成を授業目標に掲げ、生徒主体の協働学習や話し合い形式で授業を行う高校・社会科教師に設定しました。これは当時、学力観の転換を背景として高校・社会科では生徒に知識の暗記学習を強いる講義形式から、知識の協働構築とコミュニケーションやメタ認知スキルといった能力を育む協働学習形式の授業スタイルへの転換が起こっており、この授業スタイルの転換に挑戦する高校・社会科教師は、生徒間の学び合う関係を形成する目標指向性が強く、さらに、講義形式に比べると生徒たちとの相互作用機会が多くなり、授業において豊かな感情経験を有していると想定したためです。こうして、「協働学習授業における高校教師の感情経験」という研究領域を特定したのです。

次にデータ収集と分析です。GTA はシンボリック相互作用論[3] に基づく手法で、「データ収集の場では、話し手の考えや行動を聞き手がどう理解するのかという相互作用が重要であり、データ分析においては、データにあらわれている話し手の考えや行動を分析者がどう解釈するのかという相互作用が重要」（才木クレイグヒル, 2006, p.10）になります。

本研究のデータ収集にあたる面接調査では、表1に示した授業目標、授業方略、感情経験に関する6項目の質問を設定しました。項目③と⑤の質問中には、授業の

表1　面接調査における質問項目とその変更点

項目番号	質問内容
①	先生はどのような目標を持って授業に臨んでいますか。
②	その目標を達成するためにどのような方略を授業で用いていますか。
③	授業中，快感情（例えば喜びや楽しさ）をどのような状況で経験しますか。
④	授業中の快感情経験が先生自身にどのような影響を及ぼしますか。 →快感情が先生自身の授業中の認知，行動，思考に何か影響を与える感覚はありますか。 ＋例えば，喜ばしい生徒の行為から力が湧く，励まされるような感覚はありますか。
⑤	授業中，不快感情（例えばいらだちや哀しみ）をどのような状況で経験しますか。
⑥	授業中の不快感情経験が先生自身にどのような影響を及ぼしますか。 →不快感情が先生自身の授業中の認知，行動，思考に何か影響を与える感覚はありますか。 ＋例えば，授業中に不快感情を経験するとき，疲れる感じはありますか。 　また，生徒の状況が見えなくなる，集中力が低下するなどの感覚はありますか。 ＋例えば，苦しみや困惑といった感情を経験したとき，授業中に状況を打開する方法を考え，実行しますか。

注. 質問内容の「→」は調査過程での変更（修正），「＋」は追加（例示）を示す。

---

3) 人の行動とその意味は対象（他者や状況）との相互作用を通して形成・変化していく動的な過程と捉える社会学・社会心理学の観点です（ブルーマー（Blumer, 1969））。この行動と意味の相互作用性と力動性の観点が GTA にもよく反映されています。

参与観察から把握した具体的な教師の実践や生徒の行為を適宜例示し、そこでどのような感情を経験するのかを尋ねました。また、データ収集と分析を繰り返す中で、質問内容の曖昧さや追加すべき質問項目が見出されましたので、途中、項目④の質問内容を修正して例示を1つ加え、項目⑥も項目④に合わせて質問内容を修正して例示を2つ加えました。面接中は教師の回答に応じて発展的な質問を行ったり、質問の順番を変えたりして柔軟に対応しました。このように、GTAによる面接調査では、話し手と聞き手の相互作用によってデータ収集方法をより的確に、柔軟に変化改善していくのです。

この変化改善を可能にするのが、データ収集と分析を交互に繰り返すGTAの特色です。GTAでは、分析者がデータを深く読み込み、データと相互作用することで、データが開示する現象の過程を明らかにしていきます。本研究ではまず、教師の語りを意味内容に応じて切片化し、そこから切片化した個々のデータからプロパティ：視点とディメンション：範囲を抽出してラベリングしていきました。次に、内容が類似するラベルを統合してカテゴリーを生成し、各カテゴリーを「現象の構造とプロセスを把握するための枠組み」である「パラダイム」の3層：状況・行為／相互作用・帰結に分類していったのです。

ここまでの作業から、GTAではラベルが極端に少ないカテゴリーや、プロパティとディメンションから見たときに関連が不明瞭な複数カテゴリーを把握し、データ収集と分析のステップを繰り返してカテゴリーの生成と洗練、カテゴリー同士の関連づけを行います。例えば、先行するステップでラベルが不足するカテゴリーに次のステップで新たなラベルが追加され、カテゴリーの再編成やカテゴリー名の修正が行われます。また、カテゴリー同士を関連づけるプロパティの存在を想定して、それを次のステップで確認して適合データが収集されればカテゴリー同士は関連づけられていきます。本研究では、表2に示した5つのステップを踏んでデータ収集と分析を行なっていきました。

ステップ1では、協働学習授業の実践経験を多く積んできたベテラン男性教師2名を選定し、授業における感情経験を豊かに語っていただきました。ここで生成したカテゴリーを基礎として、ステップ2では、新たなカテゴリーの生成とステップ1で生成したカテゴリーの洗練を目的に、同様に長く協働学習形式の授業経験を多く積んできた中堅男性教師2名を選定しました。

ステップ3では、協働学習授業の経験年数が浅い女性教師2名を選定しました。

表 2　データ収集・分析のステップと研究協力者の特性

ステップ	教師	性別	教職経験年数	担当教科（観察授業）	学校	協働学習授業の経験年数	選定基準
1	菊地先生	男性	23 年	地理	公立高校	4 年	協働学習授業を日常的に行う
	新川先生	男性	40 年	日本史	私立高校	5 年	
2	藤巻先生	男性	19 年	現代社会・世界史	公立高校	3 年	教職歴 15 年以上，協働学習授業の経験 3 年以上
	中山先生	男性	18 年	日本史	公立高校	3 年	
3	小松先生	女性	10 年	日本史	公立高校	1 年	性別，協働学習授業の経験の浅さ
	松山先生	女性	27 年	日本史	私立高校	1 年	
4	田辺先生	男性	37 年	地理	私立高校	1 年	教職歴 15 年以上，協働学習授業の経験の浅さ
	矢崎先生	男性	17 年	世界史	私立高校	1 年	
5	織田先生	男性	9 年	日本史	私立高校	1 年半	教職歴 10 年未満，協働学習授業の経験の浅さ
	若平先生	男性	3 年	政治経済	私立高校	1 年半	

注　教師の名前は仮名。教職経験年数と協働学習形式の授業経験年数は調査時点での記録。

この選定理由は、協働学習授業の経験年数の浅い教師は、その形式に不慣れなため授業中に不快感情を多く経験すると予測し、不快感情経験に関連するカテゴリーを洗練するため、また、性別の相違によって異なるカテゴリーが生成されるのかを検討するためでした。

　ステップ 4 では、教職経験年数による自信や自己効力感の相違を背景とした教師の感情経験の質的な特色を想定し、教職歴 15 年以上のベテラン教師 2 名を選定し、ステップ 5 では、同じ想定で今度は教職歴 10 年未満の若い教師 2 名を選定しました。

　このように、本研究ではステップ 1 から 5 で研究協力者である教師の協働学習授業の経験年数、性別、教職経験年数という各属性を拡大して、教師 10 名のデータ間の比較からカテゴリーを生成し洗練していったのです。

教師の語りのデータとよく対話する

　ここから研究で扱った実際のデータを参照して、教師の語りと実践の物語と対話する分析の具体に迫っていきましょう。表 3 に、研究協力者の一人である K 教諭の語りのデータとその分析を例示しました。

　ここでは、筆者が授業中の快情動について K 教諭に尋ねると、K 教諭は「上手

く授業が展開する」ことで「気持ちがいい[4]」と感じると回答してくださり（データ 106）、そこから授業中の判断の難しさについて例示を含めて詳細に説明してくださいました（データ 107、108）。そこで筆者が、授業中の対応の失敗について質問を切り替えると、K 教諭は授業展開の失敗に対する悔しさの経験を語ってくださいました。さらに K 教諭は、筆者も参与観察した「1 組の授業」で実際に起こった具体的な悔いのエピソードを挙げてくださいました（データ 109、110）。このように、実際の授業を参与観察しておくことで、教師の感情経験を授業の事実に基づいて聴き取ることができ、「厚い記述」を担保していったのです。

　分析ではまず、一連の語りを意味内容に応じて 5 つに切片化しました。次に、記述レベルのデータをよく読み込み、教師の感情経験等に関する要因や程度や対象をプロパティとし、それらのプロパティの範囲であるディメンションを把握してデータの正体を明らかにして「ラベル」にしていきました。表 3 ではすでにカテゴリー名も付与されていますが、実際の分析では他教師の語りデータと比較しながら、1 つひとつのデータのプロパティとディメンションを見直し、似たラベルを統合収集してカテゴリーを生成していったのです。以上の作業はデータ収集と分析を交互に繰り返しながら、現象を構成するカテゴリーとそのプロパティやディメンションが出そろい、カテゴリー同士の関連が詳細に把握できる状態である「理論的飽和」に近づくまで行っていきました。

▌教師の感情経験の物語を関連図から描出する

　分析の結果、本研究の教師たちは授業において、教師自身の行為と生徒たちの行為を介して、喜び、驚き、楽しさ、心地良さ、満足感の少なくとも 5 種の快情動と、哀しみ、不安、退屈感、落胆、苦しみ、困惑、罪悪感、悔しさの少なくとも 9 種の不快情動を主観的に経験していることが分かりました。そして、《快情動の生起》と《不快情動の生起》に分岐する《情動の生起》がコアカテゴリーとして見出され、カテゴリー間の関係をプロパティとディメンションの動きから検討しカテゴリー関連図（図 1）を描いていきました。

---

4) 他教師のデータ比較から、この「気持ちよさ」はリラックスと判断し、対応語として「心地良さ」とコーディングしました。

表3 K教諭データ一部抜粋

データ番号	データ	プロパティ	ディメンション	ラベル名	カテゴリー名
(聴き手)	授業中の瞬間の対応が上手くいくと気持ち良さみたいなものは感じますか？				
106	うん、それはありますよ。上手く授業が展開するとやっぱり気持ちがいいし。	心地良さの要因 心地良さの強さの程度 心地良さの対象	円滑な授業展開 強い 自己（自分の行為）	円滑な授業展開がもたらす心地良さ	快情動の生起
107	ただ僕ら授業者はそれ以外の選択肢があったかどうかっていうのをあんまり考えずに選択しちゃっているから。	授業展開の無意識度 授業展開中選択の熟考度 授業展開の選択肢 他の選択の可能性 即興度	高 低 複数 あり 高（あんまり考えずから）	即興的な授業展開の選択	即興的な授業展開
108	授業を見返すときもABCDEって順番があったとしたら、EDCBAってひっくり返して授業実践記録を作ったりするから、あんまり他の選択肢っていうのが入らないかな。あたかもそうなるかのような感じで辿り直していく。	状況 授業を反省する順序 授業を見返す媒体例 反省した授業展開の意味づけ	授業後 近い過去から実践記録 やや予定調和（あたかもそうなるから）	授業展開に対する反省	授業後の反省
(聴き手)	例えば、「あのBのところがしくじったな」っていうことがありますか？				
109	ありますよ。その時（授業展開に失敗した時）は［顔をゆがめて］「あー失敗したなー」って悔しい思いで帰ってくる。	悔いの要因 悔いの対象 悔いの強さの程度	授業展開の失敗 自己（自分の行為） 強い（顔をゆがめてから）	授業展開への悔い	不快情動の生起
110	1組の授業で言うと決定的だったのは、Kさんたちの班だけは順番違ったでしょ、並び替えの。［顔をゆがめて］あれを取り上げなかったのは決定的な判断ミスだね。悔いが残る。	授業展開の即興度 即興度低の帰結 悔いの要因 悔いの対象 悔いの強さの程度	低い 悔しさ 即興的判断の失敗 自己（自分の行為） 強い（顔をゆがめてから）	即興的判断失敗への悔い	不快情動の生起

　《情動の生起》現象という教師の感情経験の物語がいよいよ明らかになります。授業における感情経験は5つの過程で教師自身の認知、動機づけ、行動に影響を及ぼし、教師の専門性の発揮・発達へと密接に関与していたのです。

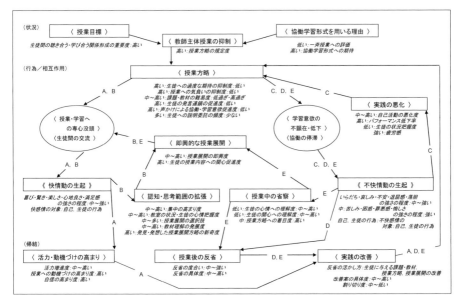

図1　授業における教師の感情経験のカテゴリー関連図

　第一に、授業中の快感情経験が教師の授業への活力と動機づけを高め、実践をより良く改善していこうとする意識をもたらしていました（図中 A）。先行研究では、教師が喜びや誇りを経験する事例として学級全体の成績の向上や卒業生の感謝という授業外の出来事が主に挙げられてきました（ローティ（Lortie, 1975））。しかし本研究では、日常の授業で生徒が示す行為から不断に教師に快情動が生じていて、教師はその快情動を主観的に知覚することで、専門職としての自信と職務継続を支える心的報酬を獲得していることが明らかになりました。

　第二に、教師は快感情経験に伴って授業への集中を高め、生徒と自分自身を含めた教室全体の状況を把握したり、教材理解を発展させて新たな授業展開の方略を発想したりすることが示されました（図中 B）。この結果から、授業中の快感情経験は教師に柔軟な認知と創造的思考をもたらし、教師の意思決定を促し駆動し、即興的な授業展開を可能にしていたのです。

　第三に、授業中の不快感情経験、特にいらだち、哀しみ、落胆が教師の身体的消耗や活動の悪化、生徒の状況が見えなくなるなどの認知能力の低下を引き起こすことが明らかになりました（図中 C）。この不快感情経験がもたらす身体、行動、認

知への否定的影響から教師の授業方略の精度が低下し、結果、生徒は教師の授業目標に不一致な行為を示し続け、教師は授業中に不快感情を繰り返し経験してしまう悪循環が見出されたのです。

第四に、不快感情経験の中でも、苦しみ、困惑、罪悪感、悔しさは教師による授業後の反省を促し、次の授業に向けた実践の改善案の構想を可能にしていました（図中D）。ただし、授業を振り返る際に、生徒の消極的授業参加行動の原因を生徒側の問題と割り切ってしまうと、教師は自らの行為を改善するための意欲が薄れ、授業後の反省は活かされなくなる可能性も示唆されました。

第五に、苦しみ、困惑、罪悪感、悔しさは、授業中では快感情経験が導く過程と同様に、教師による状況打破の思考が働き、生徒の心情や授業方略の問題点が即座に把握できれば、即興的な授業展開を可能にする意思決定を促していました（図中E）。一方で、生徒の心情や授業方略の問題点を教師が十分に理解できない場合には、即興的な授業展開は行われないことも明らかになりました。ただし、授業中に省察した事柄を教師は授業後の反省につなげ、その反省を授業方略などの改善に活かすことは可能でした。

以上、カテゴリー関連図を描いて現象のメカニズムを把握することで、授業における感情経験は教師の認知、動機づけ、行動に密接に関与することが明らかとなりました。そして、情動と感情経験は、授業進行中における教師の専門性の発揮、そして授業中あるいは授業後での実践の改善を通した専門性の発達を促していることも明らかになったのです。

▌まとめ

教職は未来社会を築く子どもたちをより良く育てる、社会の中でもとりわけ重要な使命を担う専門職です。そして、教育の最前線である学校と教室では、教師はときに、あるいは頻繁に悪戦苦闘しながらも、一人ひとり個性をもった子どもたちの学びと育ちを支えています。教師研究者にとって、そのような教師の専門性あふれる実践に伴走させていただき、共に子どもたちの育ちを見取り、実践の語りを拝聴することはとても幸せなことです。なぜなら、教師たちと協働し、共に実践を改善し、そして実践を支える理論を導出し続けることが、教師研究者にとって最も重要な社会的使命だからです。

また、社会的事象としての教育の実践理論は常に学校と教室で創造され続けています。いつも、どこかの学校と教室で、新しい学びと教えの手法が試され、その学びと教えを支える組織づくりが行われているのです。ここから敷衍していえば、教師研究だけにとどまらず、教育学研究すべてが教育の最前線にいる教師たちと子どもたちに直接にかかわり、寄り添い、彼ら／彼女らの「声」に耳を澄ます必要があるといえます。教育理論は決して誰かの想像から生成されるのではなく、実践の中の知から生成されるのです。

　特に、本研究では研究方法にGTAを用いたことで、収集した「リッチなデータ」の吟味によって教師一人ひとりの語りや振る舞いの機微を解釈し、教育実践の深淵さと崇高さを体感することになりました。教師の経験世界に没入できるという意味で、データに寄り添い、データを徹底的に吟味するGTAの手法は教育学研究に適した方法の一つといえるでしょう。あなたもぜひ、GTAを用いて教育研究を推進してみてください。きっと、まだ誰も見たことのない教育実践とその理論が生まれる場に立ち会うことになるでしょう。

引用文献

Blumer, H. (1969). Symbolic Interactionism: Perspective and Method, New Jersey: Prentice-Hall. (後藤将之（訳）『シンボリック相互作用論』勁草書房 1991)

Hargreaves, A. (2000). Mixed emotions: Teachers' perceptions of their interactions with students. *Teaching and Teacher Education*, 16, 811-826.

Kimura, Y. (2011). Expressing emotions in teaching: Inducement, suppression, and disclosure as caring profession, *Educational Studies in Japan: International Yearbook*, 5, 63-78.

木村優（2020）「教師の実践と専門性開発における情動の役割―情動の認知・社会的構成主義に基づく教師の情動研究の概観を通して」『福井大学教育・人文社会系部門紀要』, 4, 209-227.

Lortie, D. C. (1975). *Schoolteacher: A sociological study*. Chicago: The University of Chicago Press.

Noddings, N. (1996). Stories and affect in teacher education. *Cambridge Journal of Education*, 26, 435-447.

佐伯胖（2007）『認知科学の方法』東京大学出版会

戈木クレイグヒル滋子（2006/2016）『グラウンデッド・セオリー・アプローチ改訂版―理

論を生み出すまで』新曜社

佐藤郁哉（2008）『質的データ分析法―原理・方法・実践』新曜社

【書籍紹介】

①木村優（2015）『情動的実践としての教師の専門性―教師が授業中に経験し表出する情動の探究』風間書房
　教師の専門性に情動の視座から接近し、授業における教師の情動的実践の理論モデルを生成しています。教師の情動研究の最新動向レビューに加え、教師の情動をとらえるための実践ベースの観点と手法を提案しています。

②才木クレイグヒル滋子（2016）『グラウンデッド・セオリー・アプローチ改訂版―理論を生み出すまで』新曜社
　2006年出版の旧版で示された GTA の研究方法としての哲学、分析手続き、データとの向き合い方などが、著者の分析経験の蓄積によってさらに分かりやすく説明されています。これから GTA を身につけたい初学者にとっての必読書です。

③藤田和生編（2007）『感情科学』京都大学学術出版会
　感情心理学を中核としながら、脳神経科学や文化人類学などにおける情動研究の蓄積知見を網羅し、これから情動研究を進める方が研究課題を設定する上での道標を提供してくれます。

教師の授業研究への
モチベーション

◉研究者の意図、そしてマルチメソッド・アプローチ

鹿毛雅治

＜参照論文＞
鹿毛雅治・藤本和久・大島崇（2016）「当事者型授業研究」の実践と評価『教育心理学研究』64（4），
583-597.

はじめに

　筆者が研究者として駆け出しの頃の体験です。その学校は授業研究に熱心で、頻繁に行われる校内授業研究会の場には他校の校長先生や大学研究者があわせて4、5名が講師として常時出席しており、私も講師の一人として参加させていただいていました。

　ある日のことでした。研究授業が終わると、講師たちがぞろぞろと教室から控室へと向かうのですが、廊下に出るやいなや、

　「あの子の発言、先生が見逃しちゃったね。」

　と、講師の一人の校長先生が口火を切りました。

　「そうそう、あそこが惜しかった」と、別の校長先生が呼応し、もう一人の校長先生も、苦笑いしながらうなずきます。

　3名の校長先生たちは「あの子の発言」だけで通じ合っていたのです。その場に居合わせた私には何の話題かさっぱりわからず、話の輪に入ることができませんでした。同じ授業を観ていたはずなのに、見えていなかったのです。自分自身の至らなさに気づかされたほろ苦いエピソードです。

　教育とか授業とかにおいては、「見える」ということは、ある意味では「すべ

てだ」といってもよいくらいである[1]。(斎藤, 1969, p.172)

　これは、教育者、教師の指導者、授業研究者として著名な斉藤喜博の言葉です。意識的に見るのではなく、見えると表現しているところが、ポイントでしょう。つまり、ここに表現されているのは「自ずと授業が見える人とそうでない人がいる」ということであり、当時の私は明らかに後者だったわけです。研究授業は授業者が問われる場だと一般に考えられていますが、実は参観者こそが問われているのだということを痛感した次第です。なぜ私がこの論文を形にしようと思ったかという動機について振り返ってみると、このエピソードに行き当たりました。

　教師たちは、授業研究を積み重ねることによって、授業が見えるようになり、ひいてはよりよい授業の実践者へと成長していくのではないでしょうか。また、先生たちが活き活きと授業研究に取り組んでいる学校であるほど、授業で子どもたちが活き活きしているのではないでしょうか。私には教師の授業研究へのモチベーションが授業の質、ひいては教師の成長を左右するのではないかという直観があり、今、思い返せば、その直観が起点となって、この研究プロジェクトへと発展していったのではないかと思えるのです。

　本書には「執筆者が研究実施の過程を物語る」という編集方針があり、「生き生きとした着想や苦労の開示」も目指されています。それを踏まえ、本稿では、研究法としては、談話分析、質問紙調査、インタビュー調査を統合したマルチメソッド・アプローチを取り上げますが、単にそれらを解説するのではなく、論文執筆に至った経緯やその背後にある考え方をむしろ研究の基底と位置づけることによって、論文の固有性やオリジナリティ、さらには教育研究の意義について、この事例を通して描き出せればと思います[2]。

　まず、本研究プロジェクトの背景にある主な二つのテーマ（「授業研究」、「研究者の実践への関わり」）に対する筆者の考え方や研究の意図について紹介した後、研究プロジェクトが具体化していったプロセスを綴りつつ、当該論文の方法論について、苦慮したポイントなども含めて説明していくことにします[3]。

---

1) 斎藤喜博（1969）『教育学のすすめ』 筑摩書房 p.172
2) 原論文は共著によるものだが、本稿は筆者のみに文責がある。本稿の内容については原論文共著者である藤本和久氏、大島崇氏にも確認していただいた。
3) 研究の詳細については紙幅の都合により記述できない。原論文を参照されたい。

あるべき授業研究に気づいていく

授業研究に関わらせていただくようになって、四半世紀以上になりますが、その経験を通じて気づいたことがあります。教師たちが熱心に授業研究に取り組み、かつ子どもたちも活き活きと学んでいる学校、つまり教師のモチベーションが高く、その成果がみえる授業研究には、二つの共通点があると感じるようになりました。

一つは、一人ひとりの子どもの姿に着目しようと努めている点です。その基盤となっているのが「子どもの姿にこそ学びが反映される。だから、彼らの学びをとらえることなしに授業を検討することなどできない」という考え方です。したがって、教師たちは、必然的に授業で起こっている事実に着目することになります（事実の重視）。

もう一つは、授業とは一人ひとりの教師による個性的な実践であると同時に、一人ひとりの子どもたちによる個性的な学びのプロセスだと考え、彼らの考え方や意図について理解しようと努めているという点です。授業について「その教師が、目の前のこの子どもたちと場を共有して営まれる固有な実践」と理解しているのです。このような発想に立つ授業研究では、教師と子どもたちの独自性（ユニークさ）を大切にします（個性の重視）。

授業研究に関わる仕事をしているうちに、全国には、以上の二点に立脚した営為が確実に存在する一方で、必ずしもそれが一般的ではないという実態もわかってきました。むしろ、「事実」と「個性」を重視する授業研究の方が少数派であることを知ったのです。

研究者の役割を問いつづける―コンサルテーションとアクションリサーチ―

一方、授業研究の場で常に直面した切実な課題は、大学研究者としての私の役割についてでした（鹿毛, 2018）[4]。

学校現場では、実践や実践者に対する研究者の向き合い方が必然的に問われます。授業研究に招かれる場合、そのほとんどで「指導・助言者」という役割が求められます。そこに助言者という名称はあるものの、実質的には指導が期待されているわ

---

4) 鹿毛雅治（2018）「教育心理学再考―その「実践性」をめぐって―」『心理学評論』60, 391-403

けです。「そもそも私に先生たちを指導することなどできるのだろうか」という素朴な思いをずっと引きずっていたというのが正直なところです。

　指導者に求められているのは、授業に関する良し悪しの判断やその根拠の指摘、良い実践の実現に向けての具体的なアドバイスでしょう。しかし、大学研究者（以下、研究者）がこの役割をまともに担うことは原理的に不可能です。なぜなら、学校にとって彼らはよそ者（部外者）であり、その教師や子どもたちについて十分に理解しているわけではありません。上述のように「個性」を特徴とする授業に対して部外者が何か指導したつもりになっても、結局それは自己満足にすぎなかったり、実のところ、的外れである場合も多いのです（「指導・助言者」に対するフィードバックはないことが一般的なので、彼らがそれに気づくことは困難です）。

　したがって、「研究者は指導者ではない」というのが私の基本的な認識なのですが、実態は異なります。研究者は実質的な「指導者」として迎え入れられ、教師たちは「指導者」の話を拝聴するという構えで向き合うことになります。それが一回限りであればまだしも、年度単位、複数年度単位で関わることによって、本来サポーターに徹するべき「脇役」の存在であるべき研究者が公開研究会などの場で「主役」に踊り出てしまうという転倒が生じることさえあります。

　そもそも研究者は授業に学ぶ存在なのではないでしょうか。専門として教育を看板に掲げる研究者であれば、教師たちによる授業実践を通して自ずと学問的な探究を深めていくはずであり、その意味ではむしろ恩恵を受ける立場のはずです。それにもかかわらず、指導が求められるというジレンマを抱えながら授業研究に関わるうちに、私はこの活動は専門家同士の協同的な問題解決プロセスなのだということに思い至りました。それは「コンサルテーション」と「アクションリサーチ」という言葉との出会いが契機でした。

　コンサルテーション[5]では、依頼者（コンサルティー）と被依頼者（コンサルタント）が異種の専門家同士としてお互いの専門性を尊重しあうことが重視され、むしろ、両者の見方の違いこそが貴重であるとみなされます。また、あくまでも依頼

---

5) 異なる専門性や役割を持った者（「コンサルタント」と「コンサルティー」）同士が相互に関わりあう過程において、コンサルティーが抱える特定の仕事上の問題を効果的に解決することで、異種の専門家である部外者のコンサルタントがコンサルティーの専門性を尊重しながら援助するような関係。

者のニーズが出発点になります。授業研究に研究者が関わるとは、研究者がコンサルタントで、教師がコンサルティーの「授業コンサルテーション」なのではないかと考えたわけです。つまり、研究者の役割は、教師（あるいは教師集団）との間に信頼関係を築きながら、実践に関する理解を教師（たち）自らが深めていくことを、問題解決のプロセスをともにしながら援助することなのだと気づいたのです。

　また、コンサルテーションとしての授業研究は、教師主体の問題解決的な研究プロセスにほかならず、それはアクションリサーチ[6]そのものでした。学校が取り組んでいる授業研究とは、まさに当事者の問題解決を目的とした検証と改善の活動プロセスだからです。確かに、「リサーチ」と呼ぶには、データを系統的に収集するわけではなく、当事者に「研究」として取り組んでいるという意識もありませんので不十分かもしれません。しかし、教師にとっての研究の目的は実践の改善や教師としての自己成長なので、学術的なリサーチとはそもそも異質だと考えるべきなのです。

　アクションリサーチであるからこそ、そこに研究者が関わる意義が生じます。コンサルテーション活動として関わる研究者は学術的専門性を発揮してアクションリサーチをサポートし、その成果に寄与することができるからです。同時にそれは研究者自身の学習プロセスにほかなりません。そこにこそ研究者と実践者の互恵的な関係を見出すことができるわけです。

▍B小学校に出会う

　以上のような考えが私の中で確信として固まりつつあるとき、A市立B小学校（以下、B小）の校長先生（当時）から、校内授業研究の講師の依頼がありました。以前、A市内の別の小学校で授業研究をご一緒した縁で、私に声がかかったのです。これが、本研究プロジェクトの始まりでした。

　校長先生とは授業研究の方針として、一人ひとりの「子どもの姿」に着目するこ

---

6) 現実の課題や問題に応じて実施され、その成果が当該の状況を改善するために利用されるような、社会的に有益でかつ理論的意義が認められる研究の総称。実践に関する理解を深めつつ、それを改善するとともに、実践をめぐる現状をも変革していくことを目的とする現場重視の実証的な研究手法。

と、一人ひとりの「授業者のねがい」を大切にすることの二点（つまり、「事実」と「個性」の重視）を確認して、年に4回程度、B小を訪問することになりました。当時のB小は必ずしも授業研究に力を入れている学校ではありませんでしたし、上記の方針が教師たちに直ちに理解されたわけでもありませんでしたが、研究主任の先生と意思疎通を密にするとともに、一つひとつの研究授業について、子どもの具体的な姿に着目することや、授業者の意図を参観者が聴いて理解することを重視した協議会になるような努力を私なりに積み重ねました。

　二年目から、B小の授業研究に私の同僚でもある藤本和久さん（当該論文の第二著者）[7]に参加してもらうことになりました。その際には、上記の授業研究の方針を伝え、了解を得ました。

　その後、試行錯誤のプロセスがありつつも、私が関わりを始めてから5年目以降、以下の特徴がみられるB小独自の授業研究のスタイル（当事者型授業研究：以下「当事者型」）が定着しました。すなわち、①当該授業者の独自な思いや考えが尊重されている、②授業中の子どもに関する観察事実に基づいた協議が固有名を用いて行われ、個々の子どもの学習が個性として尊重されている、③研究の運営やテーマの選定が自主的である、④当該学校を基盤とした研究体制である、⑤同僚間で授業づくりをサポートし合う体制であるの5点がその特徴でした。

研究プロジェクトへと発展する

　私のB小との関わりが、学術論文の執筆を目的とした研究プロジェクトへと発展していくとは、当初、全く想定していませんでした。ただ、授業研究と向き合う先生たちの姿の変化を目の当たりにする中で学術的な発想が私たちに芽生えてきました。

　私にとって印象的だったエピソードは、はじめは授業研究自体に懐疑的な態度が顕著だったベテランの先生が「勤務校でこれまで経験してきた授業研究には意義が全く感じられなかったけど、B小のような授業研究であれば子どものためになることが実感できるので積極的になれる」と私に語ってくれたことです。同じように、B小の先生方の姿や授業研究の深化の様子から手ごたえを感じていた藤本さんとと

---

7) 現職は、慶應義塾大学教職課程センター・教授。

もに、B小を事例とした学術研究に取り組むことに意義があるのではないかと考えるようになりました。そこで、校長先生にその旨を相談したところ、校長先生はもとより、B小の先生方からも容易に賛同が得られました。授業研究の場のみならず、その後の懇親を兼ねた意見交流の場にも参加していたため、先生方には私や藤本さんの人となりをすでに知ってもらっていて、一定以上の信頼関係が築けていたことが大きかったのではないかと思います。そこで二人の知り合いでこの研究テーマに関心を持っていた、当時、大学院生の大島崇さん（当該論文の第三著者）[8]にメンバーとして加わってもらい、そこから三年間にわたる研究プロジェクトが始まりました。

　まずわれわれが着目したのは、研究授業の事後協議会でした。そこでの教師たちの談話に「当事者型」の特徴が表れていると直観していたからです。そこで、B小の事後協議会を録音して、当時、私が授業研究に出向いていた他校の様子と比較しようという発想に至りました。

　重要なポイントは、この研究プロジェクトが始まっても先生方の意識はまったく変わらず、以前のままだったという点です。B小にとって、この研究プロジェクト自体に特別な意味はなく、あくまでも研究者サイドの意識の問題にとどまっていたわけです。そのため、「研究のための実践」に陥ることなく、あくまでも日常的で自然な営みを対象にできたという点には、研究上、大きな意義が認められます。

▌ 研究プロジェクトを構想する─「なぜこの研究なのか」を問いつつ

　研究の基盤は理論構築です。関連する概念について先行研究を参照しながらそれらを整理し、統合的に位置づける一方で、研究のユニークさ、オリジナリティを強調する必要があります。それは「この研究をする意義は何か」を問い続ける思考プロセスにほかなりません。さらにいうなら、なぜ、この論文を執筆すべきなのかを問うことでもあります。その「意義」を研究者が十分に認識し、それを自覚していなければ、わざわざ労力をかけて論文を執筆する必要などないでしょう。研究を構想し、活動を進めていくプロセスでは、以上のような思考が研究者に求められるはずです。

　本研究プロジェクトは、B小の授業研究を取り上げて研究する意義があるという

---

8) 現職は、大分大学大学院教育学研究科・准教授。本書第Ⅱ部第4章4の著者。

研究者としての「直観」に基づいて（衝動的に）発足したため、明確な研究計画が最初からあったわけではありません。むしろ、論文化するプロセスにおいて、先行研究の整理による理論化やデータの分析方法などが具体化されていきました。その間、本研究プロジェクトの途中経過について国内外での学会発表を積極的に行ったことも有益でした。

特に当該論文の執筆活動に関しては、「基盤となる学問分野の選択」、「関連する概念・理論の選定」、「オリジナリティの主張」という三点を具体的に考えていくことで研究活動に向かう意識が明確になっていったと思われます。

まず、「基盤となる学問と研究領域の選択」についてですが、メンバーで協議した結果、研究プロジェクトの総括的な論文を教育心理学が専門の私が筆頭著者として執筆することが決定したことから、心理学的アプローチを採用し、モチベーションをメインテーマとすることになり、『教育心理学研究』の「実践研究」カテゴリに投稿することになりました。

この決定に沿って「関連する概念・理論の選定」がなされました。すなわち、モチベーションに関する心理学理論の中から、この論文に相応しい理論として自己決定理論[9]が選ばれ、データの収集や分析をそれに適合させるように努めることになりました。とりわけ、自己決定理論の下位理論である基本的心理欲求理論[10]に基づいて「有能さ」「自律性」「関係性」の各欲求に着目することになりました。

さらに学術論文にはオリジナリティが求められることから、主に下記二点の検討がなされました。まず、「学際性」です。この研究プロジェクトは純粋な教育心理学研究ではなく、授業研究の実践をテーマとしていることや、共同研究者である藤本さんと大島さんの主たる研究分野はともに教育方法学であること自体に独自の意義があると考えました。

そこで、教育心理学と教育方法学の学際的色彩をオリジナリティと位置づけ、問題設定を工夫しました。具体的には、教師教育の研究文脈に即して「日本型授業研究」や「リフレクション」概念に関する先行研究を取り上げることにしました。ま

---

9) 米国ロチェスター大学のディシ（Deci, E. L.）とライアン（Ryan, R. M.）によって提唱されたモチベーション理論。成長と統合へと向かう自己の傾向性および、より統合された自己の感覚を発達させていく傾向性を生得的に備えているとする生命体論的視座に立脚した考え方。

10) 人の成長、統合的な発達、ウェルビーイングのために必要不可欠な三つの生得的な心理的欲求（有能さ、自律性、関係性）の充足を重要視する考え方。

た、教師のモチベーションや信念形成といった心理学的な観点のみならず、むしろ積極的に教育学的な視座に立ち、「専門的な学習共同体の成立」や「エンパワーメント」といった切り口からも考察していくことにしました。

　もう一つは「マルチメソッドによる実践研究」というオリジナリティです。コンサルテーション活動によるアクションリサーチという特徴を踏まえつつ、事例研究ならではの多面的な分析を実現するために、群間の比較や変数間の因果推定、縦断的な時系列比較など、観察法、質問紙、インタビュー法といった複数の手法や、質的と量的なアプローチを組み合わせた統合的な研究アプローチを採用しました。

　以上の理論的検討や論文構想を通じて、「当事者型が教師のモチベーションを高め、彼らの専門的力量を高めるだろう」という仮説を立て、それを検証することに学問的な意義を見出して、論文の作成にとりかかったのです。

▌コーディングシステムを創り出す：談話分析①

　この仮説を実証するには、まずその出発点として、データを通して「当事者型」の実相を事実として提示する必要がありました。なぜなら、様々な指標を比較したり、指標相互の関連を検討したりする上で、そこがいわば座標軸の原点になるからです。原点の性質を明らかにしないことには、分析自体の妥当性が低下し、確かな知見を導くことはできません。

　そこで、教師の談話データから「当事者型」の特徴をどのように描き出すかという点についてまずは知恵を絞ることになりました。それが原論文の分析１です。談話分析の一般的な手法に従い、事後協議会での教師たちの話し合いを録音し、文字として書き起こし、その逐語記録を対象として分析していったわけですが、まず、逐語記録をどのように分節化するかという点が切実な課題でした。カテゴリ分析では生起頻度を数量化していくことになるので、その区切り方自体が結果を左右します。言葉として表現されない間合いやイントネーションといった談話の特徴をどう判断するかも悩ましい問題でした。結果的には、言語的な意味内容のみを取り上げて分析することを決断し、談話を意味解釈が可能な最小単位で区切ると決めて、それを「ユニット」と名付けました。

　最も重要で困難な課題は、談話内容をどのように分類するかという点でした。特に、その分類に用いるコーディングシステムを開発するプロセスは試行錯誤の連続

であり、まさに「生みの苦しみ」だったといえます。当事者型の事後検討会を研究テーマとした先行研究など皆無ですし、参考にできる既存のシステムが見当たらなかったからです。

　コーディングシステムの開発にあたって研究者に求められるのは、カテゴリ分類に対する「見通し」だと思います。それは本研究プロジェクトの場合、「どのような事後協議会の談話がよいのか」という問いに即して談話内容を意味づける観点を指し、その意味でわれわれには少なくとも以下の三つの見通しがあったように思われます。

　第一に「当該授業への話題の限定」です。事後協議会では教師たちの話題が逸れてしまい、別の授業の話になってしまったり、一般化されたテーマに転換してしまったりすることがよくあります。その研究授業から離れた話題だからといって無意味とはいえないのですが、せっかく教師たちが共同で参観した授業について話せる時間なのだから、その授業に関する具体的な出来事に焦点を当てた談話にこそ注目すべきだと考えました。

　第二に「授業者のエンパワーメント」です。研究授業とは、いわば授業者の自己表現です。したがって、授業の背後にある教師としての意図や工夫、子ども理解など、その授業者に関する話題に焦点を当てるべきだと考えました。

　第三に、「詳細で活き活きした語り」という観点です。一般に、授業の参観者が漠然とした印象を語る協議会が多く、そのために議論が深まっていかないという実感がありましたので、授業で生起した個別具体的な事実を詳細な情報として活き活きと語るような談話に着目すべきだと考えました。

　以上の見通しに基づいて時間をかけて検討した結果、表1に示すようなコーディングシステムが仕上がりました。

　表1では通し番号が付されている6つの次元ですが、意味的には第1次元と第2次元が「基礎的な次元」、第3次元から第5次元が「子どもの話題を分析する次元」、第6次元が「教師の話題を分析する次元」と三種類に区別できます。

　まず、当事者を扱った談話の内容か否かを判断することが分析の土台となると考えました。それが「当事者性の次元（第1次元）」（当該の授業者または子どもについて言及されているか否か）です。また、話題をごく大雑把に「教える側の話題（教師、または教師の教授）」と「学ぶ側の話題（子ども、または子どもの学び）」の二つに大別しました。これが「子ども／教師焦点（第2次元）」です。以上の二つの「基

表1 コーディングシステム

＜基礎的な次元＞
第1次元　当事者性：<u>授業の当事者（教師または子ども）に言及しているかどうか</u> 　1. 当事者／2. 非当事者／3. 一般 第2次元　子ども／教師焦点：<u>子どもの話題か教師の話題か</u> 　1. <u>子ども・子どもの学習</u>／2. <u>教師・教師の教授</u>／3. <u>その他</u>
＜子どもの話題を分析する次元＞ 　第1次元が「当事者」かつ第2次元が「子ども・子どもの学習」のユニットのみ
第3次元　エピソード性：<u>特定時点が確定できるエピソードが含まれているか</u> 　1. 有／2. 無 第4次元　再現性（第3次元で「有」のユニットのみコーディング） 　4－1　写実性：<u>エピソードが詳細に描写されているか</u> 　Y. はい／N. いいえ 　4－2　特定人称：<u>特定の当事者についてのエピソードか</u> 　Y. はい／N. いいえ 第5次元　ストーリー性←第4次元4－2で「はい」のユニットのみ 　5－1　固有名詞：<u>固有名詞で語られているか</u> 　Y. はい／N. いいえ 　5－2　複数時点：<u>特定人物について時間的に複数の時点のエピソードが語られているか</u> 　Y. はい／N. いいえ
＜教師の話題を分析する次元＞ 　第1次元が「当事者」かつ第2次元が「教師・教師の教授」のユニットのみ
第6次元　当該授業者への言及：<u>授業者によって表明された意図または授業者の行為に言及しているか</u> 　Y. はい／N. いいえ

礎的な次元」を出発点として、より細かいカテゴリに分類していくことにしました。

　第3次元から第5次元のカテゴリは、一人ひとりの子どもを対象としてどの程度精緻に授業の出来事が語られているのか（談話の具体性）について把握するために設けられたものです（図1参照）。

　当事者（第1次元）かつ子ども・子どもの学習（第2次元）と判断されたユニットに絞り、そこに特定のエピソードが含まれているか否かを判断するのが「エピソード性（第3次元）」です。この次元でエピソードが含まれていると判断されたユニットについては、さらに次の第4次元「再現性」の判断へと進みます。それは、特定のエピソードをどれだけ詳細に活き活きと語っているかを把握しようとするもの

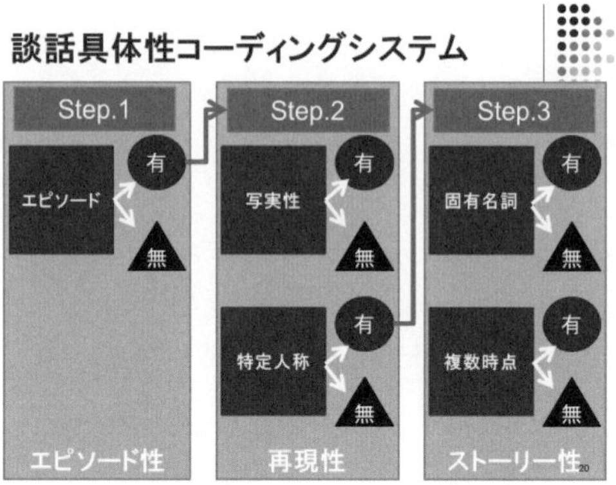

図1　談話具体性コーディングシステム

で、「写実性」（エピソードが詳細に描写されているか）と「特定人称」（特定の当事者についてのエピソードか）という二つのカテゴリによって判断しました。

　特定人称が含まれるユニットについては、さらに第5次元の「ストーリー性」（物語的な語りかどうか）に関して、「固有名詞」（固有名詞で語られているか）と「複数時点」（時間的な推移を語っているか）という二つのカテゴリで判断しました。つまり、特定の個人名（○○さん）を挙げて授業中に起こった特定のエピソードを取り上げ、そのエピソードについて一時点ではなくそのプロセスや推移をも表現した写実的で精緻な語りであるかどうかを判断するようなコーディングシステムを作ったのです。

　一方の当事者である教師に関する語りについては、第6次元「当該授業者への言及」を設定しました。そこでは、当事者（第1次元）かつ教師・教師の教授（第2次元）と判断されたユニットに絞り、授業者の意図や行為に関連した発言になっているか否かを判断しました。発言者が授業者を尊重しながら意見を述べているかという点を把握しようようとしたわけです。

カテゴリに分類する：談話分析②

　筆者と藤本さん、大島さんの3名で、約2900のユニットを一つ一つ内容を吟味しながらカテゴリに分類（コーディング）していきました。

　具体的には、ユニットに区切られた逐語記録にまず3名が個別にコーディングを

して、その後、ミーティングの場にその結果を持ち寄って照合する共同作業を繰り返しました。その場では、ユニットごとに結果を各自が口頭で発表し、3名が一致していればそのコードで決定ですが、一致しない場合、協議を経て最終判断することになります。

この協議による確定は極めて困難な作業でした。最初の段階で一致しなければ一致率が下がり、コーディングシステム自体の信頼性が揺らぎます。そこで、個別にコーディングする際や協議の際には、基準表にあるフレーズ（表1の下線部）をルーブリックのように活用しました。例えば、第2次元について判断する場合、「子ども・子どもの学習」というフレーズ自体が判断の基準になり、判断に迷ったときに、「これは、子ども・子どもの学習に関する発言なのか？」と自問したり、協議の場でも声に出しながら判断の手がかりとしました。

以上の作業を進める中で、ユニットを分析するだけでは談話の意味が十分に把握できないという感触が強まってきました。というのも、ユニットは一人の一連の発言を分割した単位であるため、ひとまとまりの意見として理解するには限界があるからです。そこで以上に記したミクロな分析を「ユニット分析」と位置づけ、同一話者による複数の連続するユニットを一つのまとまり（「発言」）としてとらえる新たな分析を「発言分析」と命名し、「ユニット」と「発言」の二水準で談話分析が行われることになりました。

とりわけ、発言分析では、授業の当事者（教師、一人ひとりの子ども）を踏まえた上で発言しているかという点に着目し、二つの指標を考案しました。すなわち、当事者を尊重したコメントや提案であるかについて数値化するため、第2次元で「教師・教師の教授」と判断された「ユニット」が含まれる「発言」と、提案が含まれている「発言」を取り出し、それぞれそこに当事者性が高いと判断されるユニット（第1次元と第2次元がともに1あるいは、第6次元がY）が含まれている割合を算出することにしたのです。

以上のカテゴリ分類をもとに、分析1では、B小の3年間にわたる計8回の協議会（全教員参加）と、他校（対照校：研究校9小学校）の13回の協議会の談話をデータ化し、両者を「ユニット」と「発言」という二つの水準で比較しました。その結果、他校に比べ、B小の事後検討会で当事者を重視した談話が展開されていたことが示されたわけです。

体験プロセスを数量化する：質問紙調査

　分析２では、授業研究を体験する教師の心理プロセスをテーマとして、教師の持つ信念（授業研究観）が、校内授業研究に対する心理的充足や肯定感を規定するはずだと仮定して、質問紙調査を行いました。特に、「当事者型の実施によって、授業研究に際して授業の当事者（教師と一人ひとりの子ども）を重視すべきだという教師の信念が形成され、その結果として授業研究に対する満足や肯定感が高まるのではないか」という仮説を検証することが目的でした。

　Ｂ小の教員22名（当事者型群）を含む教員312名に対して質問紙調査を実施しました。質問紙項目は、①校内研に関する信念に関する15項目、②校内研による基本的心理欲求充足（有能さ、自律性、関係性への欲求に対するそれぞれの充足）に関する９項目、③校内研に関する肯定感を測定する11項目でした。

　上記①については、因子分析の結果、「一般性」（外的基準の受容、提案性・汎用性といった点を重視すべきだという信念）、「当事者性」（授業研究ではその授業の当事者である授業者と子どもを重視すべきだという信念）、「同僚性」（同僚教師と専門的で協同的な学習を行うことを重視すべきだという信念）、「日常性」（授業研究は特別なものではなく日常的な仕事であるべきだという信念）の４因子が抽出されました。

　②に関しては当初各欲求別の三変数を想定していましたが、項目分析の結果、全項目を一括して一つの変数（以下、基本的心理欲求充足）として扱うことにしました。背景理論である自己決定理論によれば、有能さ、自律性、関係性への欲求は一体として機能すると考えられており、それらを一変数として扱うことに問題はないと判断しました。

　③については「校内研のプロセスに対する積極性の自己認識」（プロセス認識）と「校内研の成果に関するポジティブな認識」（成果認識）の二変数として扱うことにしました。

　検証は二段階でした。まず、当事者型群と対照群とで各変数を比較するため、当事者型群を除く調査協力者を対照群とした t 検定を行いました。その結果、当事者性、同僚性、日常性、基本的心理欲求充足、プロセス認識、成果認識の各得点が対照群に比べ当事者型群で有意に高いことが示されました。

　次に、対照群を教師一般のサンプルとみなして、校内研に対する各信念を予測変

数、基本的心理欲求充足、プロセス認識、成果認識をそれぞれ目的変数とする重回帰分析を実施したところ、当事者性、同僚性、日常性が基本的心理欲求充足、プロセス認識、成果認識のすべてに正の影響、一般性がプロセス認識と成果認識に負の影響をそれぞれ及ぼすことが示されました。

　以上の結果を統合的に解釈することによって、当事者型の実施が教師の諸信念（当事者性、同僚性及び日常性）を高め、さらには授業研究を通しての基本的心理欲求の充足、協議会での積極的な参加プロセスを促し、その成果の認識を高める可能性が示唆されました。

■ 語りを意味づける：インタビュー調査

　分析3では、当事者型の効果についてインタビュー調査に基づいて検討しました。具体的には、当事者型を実施した3年間の毎年度末にB小の全教員を対象として①協議会で最も印象に残っていることは何か、②事前のブロック会（低、中、高学年ごとの教員グループによる授業検討会）で最も印象に残っていることは何か、③研究授業の参観時、何に気をつけて見ているか、④協議会時に何に気をつけて発言しているかを質問項目として設定し、半構造化インタビューを実施しました。インタビューはバイアスを避けるため、私や藤本さんではなく、B小の校内研究に直接関わりのない第三者の大島さん（第三筆者）が行いました。

　実のところ、このインタビュー調査のデータ分析は、分析1と2の結果を踏まえ、論文化する最終段階で行いました。分析2で自己決定理論に基づく分析に成果が認められたため、このインタビュー・データも同理論の観点からカテゴリ分析を行うという方針が決まったのです。

　三年間にわたる縦断的データという性質上、特に3年間継続してB小に在籍していた9名を抽出して、彼らの発話のトランスクリプトを分節化して作成した要約文を分析対象としました。そして、基本的心理欲求の充足という観点から、各要約文について筆者3名が各欲求の定義（デシ＆ライアン（Deci & Ryan, 2000））[11] と照合しながら共同で意味解釈を行い、有能さ、自律性、関係性への欲求のいずれか

---

11) Deci, E. L., & Ryan, R. M. (2000). The "what" and "why" of goal pursuits: Human needs and the self-determination of behavior. *Psychological Inquiry*, 11, 227-268.

あるいは複数の充足を意味する言及か否か、またその欲求充足の言及が肯定的（＋）か否定的（－）かについて協議の上で判断し、カテゴリを確定していきました。その結果について、3年間の総計及び年度ごとに整理し、各欲求における肯定・否定の出現割合について χ^2 検定を行ったところ、すべての欲求で否定的よりも肯定的言及の割合が多く、当事者型の体験を通して教師たちの三つの欲求が総じて充足される傾向性が確認されました。

　一方、インタビュー調査ならでは特質を生かした独自の質的分析もあわせて行いました。特徴的な教師3名のデータから個人内の経年変化が顕著に読み取れる要約文を抜粋して考察したところ、例えば、初任としてB小に着任したばかりの教諭が他の教師の発言に学ぼうとする姿勢が初年度にみられる、専門的かつ協同的な学習環境を体験できたことが推測できる言及が第3年度にみられるなど、当事者型の効果に関する経年変化を裏付ける結果が得られるとともに、研究推進上で葛藤が生じそれを乗り越えていったといったプロセスなども確認できました。

まとめ

　教育研究には、単に事実を明らかにしたり、学問的な検証をしたりする目的だけにとどまらない責務が伴います。教育学は事実の学であると同時に、よりよい実践を探究する学問でもあり、しかも価値を扱う学問でもあるからです。

　本稿を執筆するにあたり、あらためて過去の研究活動を振り返ることになりました。教育研究に際しては、個々の研究者が抱く研究の意図が問われており、あらためて「誰のため、何のための教育研究なのか」という問い[12]を持ち続けることの大切さを再認識した次第です。本節の副題に「研究者の意図」を含めた理由には、以上のような筆者の執筆意図があります。研究方法論について検討する視点の一つとして受け止めていただければ幸いです。

引用文献

Deci, E. L., & Ryan, R. M. (2000). The "what" and "why" of goal pursuits: Human needs and the self-determination of behavior. Psychological Inquiry, 11, 227-268.

---

12) 鹿毛雅治（2009）　誰による、何のための、誰のための実践研究か　臨床心理学, 9(1), 50-55.

鹿毛雅治（2018）「教育心理学再考―その「実践性」をめぐって」『心理学評論』60, 391-
　403.
斎藤喜博（1969）『教育学のすすめ』筑摩書房

 【書籍紹介】

①鹿毛雅治・藤本和久編著（2017）『授業研究を創る―教師が学びあう学校を実現するために』
　教育出版
　授業研究を教師による研究活動として見つめなおし、その価値や課題を描き出すととも
　に、そのあり方を具体的に提案する。また、授業研究の動向について国際的な視野から考
　察し、その意義について再確認している。
② P. W. Richardson, S. A. Karabenick, and H. M. G. Watt（Eds.）（2014）Teacher motivation：
　Theory and practice. New York, NY: Routledge.
　教師のモチベーションをテーマとして編纂された初めての専門書。基礎理論、心理プロセス、
　関連するトピックについて各章で論じられている。
③鹿毛雅治（2019）『授業という営み―子どもとともに「主体的に学ぶ場」を創る』教育出版
　授業という営みを授業の構想、展開、省察という切り口によって位置づけ、それぞれの実
　相について、理論的な背景を説明しつつ、具体的な実践を取り上げて解説する論考集。

第2章
教師としての自己をとらえる

　教師は、学校という場に生き、担任を持ち子どもの発達や学びに関与しながら、その自らのあり方、生き方を振り返ることを通して、教師としてのアイデンティティを構築し、変容熟達しています。第2章では、教師にどのような経験を語ってもらい、教師としてのアイデンティティのどのような面に各研究者がアプローチしていったのか、という研究上のリサーチクエスチョンをもとに章が構成されています。

　第1節角南論文では、教師の関わりの中でも特に子どものトラブル場面に焦点を当て、子どもの肯定的変化がみられる際には教師はどのような関わりをしているのを、多くの教師の語りからその認識をとらえていくアプローチによってとらえ、子どもとの関係の中で指導と受容、教育とケアの関係を問うています。続く第2節藤井論文では、授業後の省察を授業者の教師と別の教師、研究者という3名で対話リフレクションを精緻に行い、そのリフレクションの談話を分析することによって、教師自身がどのようなポジションで授業を振り返るのかというポジショニング概念から、教師の自己省察の構造を描き出しています。第3節伊勢本論文では、教師は「教師である」ことをいかに語るのかという問いをもって半構造化面接をしていくことで、多くの教師の語りが類似しており一元化されがちであるという現象を示し、「子どものため」という物語を用いることで、メタ的に「教師である」ことのアイデンティティ形成の戦略としていることを指摘し、個別の声をとらえることの難しさも論じています。そして第4節有間・植松論文では、セクシュアル・マイノリティと自認する教師たちへの聞き取りを、テーマ的ナラティブ分析をおこなうことにより、社会の差別・偏見を照射し、そうしたマイノリテイ教師が、性の多様性に向けた教育について、自らの実践を創出していることを示しています。

　教師の語りの内容と分析によってみえてくる、教職アイデンティティのプリズムのダイナミズムを読み取っていただければと思います。

1

教師の子どもに対する関わりを探究する

◉修正版グラウンデッド・セオリー・アプローチによる教師の語りの分析

角南なおみ

＜参照論文＞
角南なおみ（2013）「子どもに肯定的変化を促す教師の関わりの特徴」『教育心理学研究』61(3)，323-339.

はじめに

　子どもたちはトラブルや葛藤を体験しながら成長しますが、教師はそのような場面を含め日々子どもといかに関わればよいのか悩みながら模索しています。本節では、子ども同士のトラブル場面における教師の関わりを整理した研究（角南,2013）をもとにその研究方法を検討していきます。具体的には、教育現場から生成されたリサーチクエスチョンに基づき、子どもとの関わりについての教師の語りを質的研究法により分析しました。これにより、教師が日々試行錯誤しながら積み上げている実践の意味を問い直すことができると考えたからです。

　以下では、関わりという曖昧で捉えにくい内容を研究対象とするにあたり、調査手続きや分析方法を含めてどのように進めていったのか、また、教育現場で教師の協力を得て行う研究をどのように実施したのかについて解説します。

リサーチクエスチョンを生成する

　教師研究の中で、なぜ子どもに対する関わりという領域を研究の対象にしたのかをリサーチクエスチョンの生成過程とともに以下に説明します。

(1) 個人の経験からの問題意識

　本研究に先立ち、筆者が教師として働いていた時に疑問に感じていたことがありました。それは、当初関わりが難しいと感じていた子どもの行動が少しずつ変化してきた経験があり、どのような関わりが影響を及ぼしたのだろうかということでした。しかしながら、自身で振り返ってもなにがよかったのか、よくわかりませんでした。教師研究を行うにあたり、最初にこの経験が思い出され、ぜひ検討してみたいと思いました。その内容が少しでも明らかになれば、子どもとの関わりを模索し続ける過程において、何らかの方向性が見いだされ得ると考えたからです。

(2) 教育現場からの問題意識

　教師はうまくいかない状況に対して、なんとか改善しようと日々試行錯誤しながら努力していますが、それでも変化がみられないことも多々あります。その結果、教師はそのような状況に悩むことになります。一方、子どもとの関係性に変化が生じ、少しずつ子どもが変わっていく様子もしばしば耳にしました。そのような話を聴くたび、他教師の同様の経験についてもっと知りたいと思いました。ここで再び上記（1）個人の経験に関連した疑問が生じました。どのように子どもと関われば子どもがよい方向に変わるのだろうか、なにか体系化し明示し得るようなプロセスがあるのだろうか、という問いでした。

(3) 先行研究からの問題意識

　個人の経験と教育現場で生じた疑問を研究テーマとして進める前に、同様のテーマに関連する内容について、これまでどのような研究が行われているのか、同様の研究が既に行われていないかを確認する必要があります。そこで、本研究のテーマである教師の子どもに対する関わりについての先行研究を以下3つの領域から整理しました。

　第1に、授業における子どもとの関わりの研究です。例えば、藤村・太田（2002）では算数授業において、他者との相互作用による解決方略の変容が検討されていました。ただし、この研究は教師の関わりそのものではなく、問題解決変容を促す授業実践における介入方法の検討が中心でした。第2に、子どもとの関わりの量的研究です。西口（1998）は、問題場面における教師の子どもに対する言葉かけを質問紙で尋ねましたが結果はその分類にとどまっており、しかも架空場面を想定した教

育学部の学生に対する調査でした。そのため、実際の教師の実践経験を対象にすることが必要だと考えました。第3に、子どもとの関わりにおける教師の指導行動研究です。三隅・吉崎・篠原（1977）は、リーダーシップ理論に基づき、教師の指導行動を「目標達成行動（P型）」と「集団維持行動（M型）」に分類し、学級連帯性と規律遵守および教師の分類との関係を明らかにしました。この研究は、教師の相反する2つの行動機能について学級を主な単位として、教師が学級全体と教育場面全体を評価していました。今後は、学級への指導をさらに焦点化し個別の関わりに着目した研究を行う必要があると考えました。

　これらを整理すると、授業場面の観察や質問紙調査により教師の子どもに対する関わりは検討されているものの、それらは学習効果や学生の意識、学級集団への指導等に着目しており、個別の関わり自体に焦点化した実践的な研究はこれまで行われていないことがわかりました。以上より、個人の経験による疑問、教育現場のニーズと先行研究の課題を踏まえ、本研究のリサーチクエスチョンを「子どもに肯定的変化[1]を促す教師の関わりにはどのような特徴があるのか」という内容に設定しました。あわせて、教師歴約20年以上の熟練教師に初任時の体験を尋ね、経験年数による対応の差異についても整理することにしました。これらを検討することで、教師が自身でも気づかない実践に埋め込まれた知を明らかにしたいと考えました。

┃ リサーチクエスチョンに基づき方法と手続きを選定する

　このようにしてリサーチクエスチョンが得られた後、調査に進みます。そのために検討したことを、研究方法、場面、研究協力者の3点から概説します。

（1）研究方法の選定

　子どもに肯定的変化を促す教師の関わりの特徴を検討するにあたり、最初に参与観察を考えました。なぜなら、教師の授業や行動を記録して分析することが最も実証的な方法だと思ったからです。一方で、教師の子どもに対する個別の関わりにつ

---

1) 本研究における肯定的変化とは「否定的な行動から適応的で肯定され得る方向に向かう変化」としました。具体的には、一時的な行動変化ではなく、教師の視点から総括的に振り返ったときにそのような変化が持続している状態を示します。

いて一連のプロセスとしての特徴を整理したいと考えていました。それに対し観察法は、実際の対象場面がいつ生じ、いつまで続くのかわからないこと、一人で研究するには事例数が限られてしまうこと等の理由から難しいと思いました。そのため面接法により、教師の"語りから実証的に素材が映し出す現象（ストラウス＆コービン(Strauss & Corbin. 1990/1999))"を検討することにしました。この方法により、観察では得られない一連の変化のプロセスを教師の視点から得ることができると考えました。

(2) 場面の選定

　次に、関わりという内容が比較的大きな枠組みであるため、教師の子どもに対する関わりを研究対象とするには、どのような場面を選べばよいかを検討しました。先行研究では教師の日頃の指導態度について、学級全体や学習場面、および日常生活を含めた学校場面全体を評価対象にしていました（浦野，2001）。実は、本研究の前に仮説生成の試みとして筆者自身の教師経験をもとに、子どもが肯定的に変化した関わりをエピソードとして描写し分類していました。その内容を読み返したところ、授業中よりもそれ以外の休憩や掃除、給食などの時間にトラブルが多く、教師が個別に関わることが多いことがわかりました。そこで対象場面を、学級担任との関わりの多い小学校の中でも、さらに個別の関わりが多くなる授業時間以外のトラブル場面に限定することにしました。そして、教師の関わりにおける子どもの変化を扱うにはトラブル場面での教師の介入から、その後のやり取りを踏まえた一連の流れを語りから得ることで、1事例として分析することにしました。

(3) 研究協力者の選定

　調査を始めるにあたり、各小学校の校長への依頼文を作成しました。内容は、研究の趣旨と協力依頼です。並行して研究協力者である教師への依頼文も作成しました。年齢と学年の比率が著しく偏らないように配慮しながら、同意の得られた7小学校の校長から研究協力者となる教師をご紹介いただくことになりました。

　調査の実施は夏休みに行いました[2]。当初、研究協力者の目標人数は20名でした。

---

2) その理由は、普段業務で忙しい教師に、ご自身のこれまでの経験を丁寧に振り返っていただくには、比較的時間と心の余裕がある期間が適していると考えたからです。

ところが、各小学校の校長が「次に誰か協力してあげて」と職員室にいる教師に声をかけられると、何人もの教師が手を挙げてくださったのです。大変有り難く、挙手してくださった全ての教師にお願いしたところ、結果的に34名の協力が得られました。後でその動機をお聞きすると、研究内容への関心とともに「インタビューに協力して戻ってこられた先生方の顔が清々しかったので、自分も話してみようかなと思って」と言われました。自身の教師経験や考えを否定されることなくじっくりと相手に伝え理解してもらうことは、研究に協力する教師にとっても意味があると感じました。

■ パイロットスタディ実施後に本調査を行う

半構造化面接[3] を実施する前に、何度も質問内容を検討しました。このことはとても重要です。研究協力者から、こちらが聞きたい内容を十分に語っていただける問いとなっているかどうかが豊かな語りに影響を及ぼすからです。本研究では以下の質問内容を設定しました。最初に、授業時間以外で子ども同士のトラブルや問題場面に介入し、その後子どもに肯定的な変化がみられた事例について想起していただき、次にその場面の状況、子どもの特徴、子どもとのやり取り、そのときどのような気持ちや意図で関わっていたか、その後の子どもの変化等を尋ねました。さらに、40代以上の熟練教師には、初任時の関わり経験についての質問も加えました。

上記質問項目の適切さを確認するため、教師2名に事前の調査協力を依頼しました。そのとき、「肯定的変化とはどのようなものかイメージしづらく、答えにくい」との意見があったことから、子どもの肯定的変化の内容項目を作成することにしました。具体的には上記協力者とは別の5名の小学校教師に対して、子どもが肯定的に変化したと思われる行動の列挙を自由記述で依頼し、その後項目を整理・分類しました。これらから全43項目5分類の「肯定的変化シート」を作成しました(表1)。

その後の本調査の最後にこのシートを実施したところ、一教師あたりの平均チェック項目数は3.7でした。なお、全ての項目にチェックのつかなかった2事例は分析対象から除外することになり、このシートは結果的に肯定的変化を測る指標

---

3) あらかじめいくつかの質問を決め、あとは状況に応じて質問を付け足し、研究協力者に比較的自由に語ってもらう方法です。

表1 「肯定的変化チェックシート」の一部

分類	具体的項目	%
先生に対する対応の変化	先生の言葉に以前より耳を傾けるようになった	26.87
	以前よりよく話しかけてくるようになった	25.87
	話しかけた際，先生の目を見るようになった	20.89
日常生活での変化	笑顔が増えた	37.31
	言葉づかいに荒々しさが減った	26.87
	落ち着きが出てきた	26.87

としても機能しました。

データを教師の視点から分析する

こうして得られたデータをどのように分析していったかを以下に説明します。

(1) データの分析方法と視点を示す

　本調査の実施により、34名の教師（男性13名、女性21名、平均年齢36.5歳）から全66事例のデータが得られました。そのうち21名からは複数の事例が語られましたが、対象となる子どもおよび事例内容が異なるため、それぞれ別のデータとして扱うことにしました。

　分析方法は、これまでよく知られていない分野を探索的に研究するのに適しているグラウンデッド・セオリー・アプローチの中でも、修正版グラウンデッド・セオリー・アプローチ（木下，2007）を援用することにしました。この方法は、手続きが明確で、プロセス的・体系的特性を持った対象についての説明概念と結果図を生成できるという点が本研究に適していると判断しました。グラウンデッド・セオリー・アプローチは分析過程において仮説生成が同時に行われることも特徴の一つであり、先入観にとらわれずに分析を進めることが大切です。そのため、論文筆者のこれまでの教育現場での立場を開示し、分析には一定の距離を置くことに留意した点を明示しました。

(2) データを分析する

　分析の具体的な手続きを表2に示しました。Step0 は得られた語りを文字データ化し、Step1 では分析テーマに関連のある発話を抽出し、文字データ化された発話を意味のまとまりで区切り、抽象的な意味内容へと概念化しました。Step2 では、複数の概念を統合してもう一段階抽象度が高いカテゴリーへと統合していきました。分析途中で、Step3 の専門家によるチェックでは教師2名に内容の説明後コメントを求めたところ、カテゴリー名や概念名が教育現場の実態に即していること、また「当時はこのことがきっかけで変わったと実感しているわけではなく、子どもが落ち着いた後で、この関わりがよかったのかなという感覚」であることが語られました。そのため、以降の分析では問題解決の場面だけでなく、その後の解決までの過程を含む教師の関わりも分析対象とすることにしました。

　このように、質的研究における分析では、当初の方向性を修正する場合も多々あります。それは、分析の視点が研究者ではなく研究協力者（教師）であり、その視点に基づいた経験（実践感覚）を重視するためです。分析においては、データに絶えず立ち返りながら分析の視点とともにその実践をいかに明らかにしていくかという意識を持ち続け、柔軟に検討していくことが必要になります。

表2　分析の手続き

STEP	分析	手続き
0	予備的分析	分析視点の意識化，逐語データ化及び分析法のチェック
1	概念化	教師の関わりを意味のまとまりで区切り，抽象的な概念へと変換
2	カテゴリーへの統合	前ステップを踏まえ，概念からカテゴリーへと統合
3	教師による確認	分析の途中経過を教師2名に報告し実践場面との適合からの分析の見直し
4	心理専攻の大学院生と臨床心理士による確認	前チェックを修正後，心理専攻の大学院生3名と臨床心理士2名による定義、発言例を含む概念化、その後のカテゴリー化についての確認作業
5	概念とカテゴリーの修正	確認作業での相違点を踏まえ，相対的見直し
6	確認的分析	新規事例へのカテゴリー適用と最終的なカテゴリーの統合
7	心理専攻の大学院生と臨床心理士による再確認	心理専攻の大学院生3名と臨床心理士2名によるカテゴリーの最終確認

次に、分析過程を例示します。Step1の分析手続きの例として、以下に分析ワークシートの作成と概念化およびカテゴリー化について説明します。分析ワークシートは、1枚のワークシートに1つの概念を抽出して定義を記載し、具体例を集めていきます（表3）。これらの概念のうち類似の内容を集めて、本研究では下位カテゴリーとしました（表4）。例えば、表4の概念に共通した内容として、言葉や態度、家庭環境を含めて、"子どもを受け入れる"とし、存在の肯定の定義を当初の「問題があったとしても大切な存在だと受け入れる」を少し広げて「子どもの存在をそのまま受け入れる」とすることで、下位カテゴリーとしてまとめました。

このように概念が統合されて下位カテゴリー、それらをさらにまとめてカテゴリーを生成しました。その過程で、分析ワークシートに類似データが追加されなかった場合は概念そのものを削除し、残った概念同士を比較・検討しながら各カテゴリーを関連付けていきました。この過程を例示として論文に具体的に示すことで、分析手続きが明らかになります。

表3 分析ワークシートの一部

概念名		子どもの気持ちに寄り添った関わり
定義		子どもの気持ちと立場に立った関わり
具体例	2G先生	多分いろんなことがその子にはたまってたと思うし，いやなことがあったんだろうなって。
	H先生	そういうときには，肩をそっと優しく叩くというか、そんな感じにしてみたりとか。
	2F先生	あなたはイスには座れないけど、ちゃんと畳には座れるねって。

表4 下位カテゴリー生成の一部

下位カテゴリー	概念	定義
存在の肯定	子どもを受け入れていることを伝える	教師が子どもを受け入れていることを言語と態度で表す
	否定しない関わり	子どものすることをとりあえず受け入れる関わり
	子ども自身への理解	子どもの家庭環境を含めたその子全体への理解

(3) 分析の質を担保する

　質的研究法では、分析の質が研究の質に影響を及ぼします。なぜなら、研究者の思いや考えが分析に大きく反映されると偏りが生じるからです。筆者の場合は特に、自身の経験からの視点の偏りに留意する必要がありました。そのため、表2のStep4とStep7で示したように、大学院生と臨床心理士による確認を分析途中と最後に2回行い、分析の質の担保に努めました。このことは、客観的分析（理論）と教師の視点（実践）を調整する場にもなりました。

▌分析により得られた結果を示す

(1) 生成したカテゴリーを整理する

　最終的に得られたカテゴリー[4]は【問題解決】【指導】【受容的関わり】【周囲への協力要請】【居場所と関係作り】の5つでした。例えば、【問題解決】は、トラブル場面で生じた問題を解決するための具体的方法を表し、［状況確認］と［問題解決対応］という下位カテゴリーから構成されました。肯定的変化を促すトラブル場面での教師の関わりの中に、当初想定していなかった【指導】が生成されました。これは、時には厳しく子どもを教え導くための行動の方向付けとして示され、同時に集団活動としてのルールの遵守と問題の予防的視点である子どもの学級での適応も視野に入れた関わりといえます。

　分析過程で示した下位カテゴリーである［存在の肯定］を含むカテゴリーとして【受容的関わり】が導出されました。また、分析Step3の教師のコメントからトラブル場面後の一連の教師の関わりを分析に含めることにしたため、【周囲への協力要請】【居場所と関係作り】の2つのカテゴリーも生成されました。この時点で、トラブル場面において子どもの肯定的変化を促すには、問題解決場面だけでない教師の日常的な関わりも関与していることが示されました。

(2) 教師の初任時と熟練時との経験を比較する

　子どもに肯定的変化を促す教師の関わりの特徴が明らかになるとすれば、その変

4）本稿ではカテゴリーを【　】、下位カテゴリーを［　］、概念を〈　〉で表す。

化は教師経験の中でどのように位置づくのか知りたいと思いました。実際、インタビューでは、40代以降の熟練教師の語りの中で何度も「以前は」という初任の頃を指す言葉が出てきました。分析の結果、初任時は早く問題を解決したいという思いが優先して子どもの気持ちが後回しになっており、そのような経験を「失敗」と語る教師もいました。一方、同じ教師が現在の関わりについて、「まずは"そうだよね"って」というように、【受容的関わり】に比重が移行していることが示されました。これにより、教師経験に伴い問題解決関与にも変化がみられることが見い出されました。

得られた結果を多角的に検討し考察する

得られた結果を、今度は仮説モデルとして視覚化することを試みました。その過程で、教師の複雑な経験を多角的に検討しました。

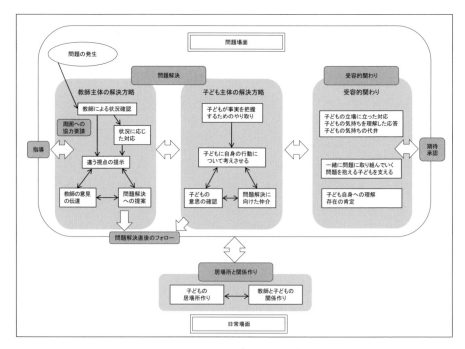

図1　問題解決プロセスモデル

(1) 問題解決プロセスモデル（図1）

　カテゴリーが生成されると、今度は仮説図を作ります。具体的には、上記で生成された各カテゴリーが教師の語りによりどのようなプロセスを辿るのかを再編成し視覚化していきます。その検討中に、本研究では、【問題解決】カテゴリーを解決の主体という別の視点で分析したところ、異なる2つの枠組みが示されました。それは、「教師主体の問題解決方略」と「子ども主体の問題解決方略」です。教師は、【問題解決】に際し暗黙的に、解決の主体を変えることで状況に応じた対応を行っていることが示唆されました。そして、【問題解決】に加え【受容的関わり】を行うことで、子どもに肯定的変化を促すことが見い出されました。その流れは図1で示すように、「教師主体の問題解決方略」から「子ども主体の問題解決方略」へ、それでも解決に向かわない場合、【受容的関わり】により子どもの存在肯定と気持ちの理解がなされていました。並行して、【指導】や【期待・承認】を行いながら、さらにその後の子どもの様子を観察しさりげなく声をかける【問題解決後のフォロー】と、日常場面では【居場所と関係作り】にも配慮していることが示されました。

(2) 時間の経過と問題の程度の関連モデル（図2）

　教師の語りから、当事者の子どもに何度も問題が生じる場合、教師はその場で問題を解決するのではなく、【居場所と関係作り】や【期待・承認】を行いながら、子どもの学級での居場所に配慮しながら関わっていることが示されました。それでは、このようなカテゴリー間の行き来はどのように規定されているのでしょうか。

　問題解決における教師の関わりの場面は、上述のように問題場面と日常場面に分けられました。一方、データをさらに時間的経過と問題の程度という別の観点から分析すると、以下のような緩やかな関連がみられました。具体的には、「問題が小さい場合には、その場ですぐ対応したらいい」というN先生の発言のように教師主体の問題解決方略のみで迅速に対応する場合と、「手ごわい、なんかちょっとこれは大変なことなのに、すぐ（子どもを）呼んですぐ話したって、逆にきちんとした適切な対応ができないわけですよね。だから、そのへんは時間をかけて（O先生）」という場合です。すなわち、教師は図2で示されるように、トラブル場面での対応を問題の程度と子どもの状況に応じて判断し、その場の【指導】で解決が難しい場合には時間をかけて〈一緒に問題に取り組んでいく〉等臨機応変に変えていること

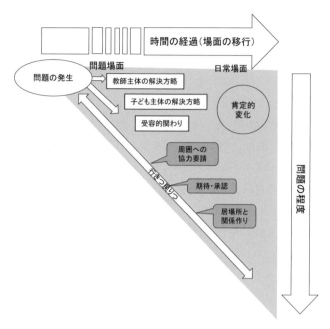

図2　時間の経過と問題の程度の関連

が示唆されました。

　以上から、同じデータを多角的に検討することで新たな知見が見い出されました。このようにデータを多角的に検討することも教師の複雑な実践をより理解するのに役立つでしょう。

総合考察で研究の意義を見出す

　以上の結果と考察を踏まえて、これまで相反すると考えられていた指導と受容の関係、子どもに肯定的変化を促す要因について整理しました。

（1）問題解決における指導と受容の関係

　従来、教育実践では指導と受容は相反するものであり（近藤，1997）、教師の指導行動研究でも「目標達成行動（P型）」と「集団維持行動（M型）」（三隅・吉崎・篠原，1977）といった2種に分類されていました。本研究により、同一場面におい

てその統合的関与の可能性が示されました。すなわち、問題場面での子どもの行動結果に対する指導とともに、同じ場面状況において行動結果と感情を区別したうえで受容的関わりを相補的に行うことで、2つの相反する関わりの実践が可能になるというものです。

(2) 子どもに肯定的変化を促す要因

本研究により得られた知見を以下3点から示します。第1に、問題解決場面における教師の関わりは「教師主体の問題解決方略」「子ども主体の問題解決方略」「受容的関わり」の3種に整理できること、第2に、問題解決の方向に進まない場合は「受容的関わり」を相補的に行い、存在の肯定や気持ちを理解しながら自己洞察や自己肯定感を促していくこと、第3に、問題の程度に応じて関わりの方略と日常場面への時間的移行等を臨機応変に判断することが明らかになりました。そして、このプロセスを視覚化し一連の流れを明示しました。

以上より、問題場面であっても子どもの状況に応じた教師の関わりが、子どもの肯定的変化を促す要因の一つになり得ることが示唆されました。従来から教師と子どもの関係作りの重要性（バーチ＆ラッド（Birch & Ladd, 1997））について指摘されていますが、本研究では関係形成に必要な受容的関わりを問題場面のプロセスで捉え直したともいえるでしょう。これらの知見は、子どもとの関わりに悩む教師にとって新たな視座を提示し得ると考えられます。

■ まとめ

本研究は、これまで曖昧であった教師の子どもに対する関わりを、トラブル場面に限定し教師の語りからその特徴と実践的意味を整理しました。教育実践を読み解くことで得られた知は、"教師が無自覚的に行ってきた「技」であり顕在的に示すことにより改めて再自覚化され（米澤，2015）"、実践の手かがりとなるでしょう。そのために使用した方法が、質的研究法です。

教師へのインタビューは、私の最も好きな研究過程の1つです。教師の語りの1つひとつに、これまでの経験が凝縮され物語として紡がれます。そのため、経験をお聞きするときだけでなく、その後の分析において文字データを読み返すときにも何度も涙がこみ上げてきました。そのような深く貴重な経験に基づいて研究を進め

られることは質的研究法の醍醐味だと感じています。一方、語りの内容は、教師と
インタビュアーとの相互作用により影響を受けます。豊かな語りを得られるかどう
かは、その限られた空間における関わりに関連すると考えられます。研究者自身が
調査前からの関わりを大切にしていくことが、研究の質にも影響を与える非常に繊
細な研究方法ともいえるでしょう。

　本研究は教師と共に作り上げた研究ともいえ、その後も継続して研究に協力して
いただいています。教師研究を深めるためには、たとえ一期一会であっても研究者
が教師との関わりを大切に積み重ねていくことが重要だとあらためて感じます。

引用文献

藤村宣之・太田慶司（2002）「算数授業は児童の方略をどのように変化させるか─数学的
　　概念に関する方略変化のプロセス」『教育心理学研究』50，33-42.

木下康仁（2007）『ライブ講義 M-GTA 実質的質的研究法─修正版グラウンデッド・セオ
　　リー・アプローチのすべて』弘文堂

近藤邦夫（1997）「クライエント中心療法と教育臨床」『こころの科学』74，64-68.

Birch, S. H., & Ladd, G. W. (1997). The teacher-child relationship and children's early
　　school adjustment. *Journal of school psychology*, 35, 61-79.

三隅二不二・吉岡静夫・篠原しのぶ（1977）「教師のリーダーシップ行動測定尺度の作成
　　とその妥当性の研究」『教育心理学研究』25，157-166.

西口利文（1998）「問題場面の児童に対する教師による言葉かけの分類─大学生の回答を
　　もとにして」『名古屋大学大学院教育学研究紀要』45，141-160.

Strauss, A., & Corbin, J. (1990). Basics of qualitative research: Grounded theory proce-
　　dures and techniques. New York: Sage Publication.（ストラウス，A・コービン，J. 南
　　裕子（監訳）（1999）『質的研究の基礎─グラウンデッド・セオリーの技法と手順』医学
　　書院）

浦野裕司（2001）「学級の荒れへの支援の在り方に関する事例研究─ TT による指導体制
　　とコンサルテーションによる教師と子どものこじれた関係の改善」『教育心理学研究』
　　49，112-122.

米澤好史（2015）「学校現場における学校心理学研究の動向と課題」『教育心理学年報』
　　54，112-125.

 【書籍紹介】

①木下康仁（2007）『ライブ講義 M-GTA　実践的質的研究法―修正版グラウンデッド・セオリー・アプローチのすべて』弘文堂
修正版グラウンデッド・セオリー・アプローチの分析方法について、理論とともに事例を通して実際に理解しながら分析できるように書かれています。類似した他の分析方法と比較しながら読むことでより理解が深まるでしょう。

② Schön, D.（1983）. The reflective practitioner: How professional think in action. Basic books.（佐藤　学・秋田喜代美（訳）（2001）『専門家の知恵―反省的実践家は行為しながら考える』ゆみる出版）
教師の専門性について、これまでの知識重視型から行為や実践の省察への移行による反省的実践家という新たな専門家像が解説されています。教師の専門性を考えるとき、視点の変換に伴い新たな視座が得られる書籍です。

③金井壽宏・楠見　孝（編）（2012）『実践知―エキスパートの知性』有斐閣
言語化しにくい実践知や熟達化の形成過程について、事例の分析に基づいて体系的に解説されています。教師だけでなくその他の専門職の専門性と実践知について多角的に学ぶことができるよう構成されています。

第2章 教師の自己内対話

●授業省察における教師の自己内対話

藤井佑介

<参照論文>
藤井佑介（2018）「授業省察における教師の自己内対話—ハーマンスの対話的自己論をてがかりとして—」『教育方法学研究』43, 25-36.

はじめに

　教師の最も重要な仕事の一つとして授業があります。授業では教師と学習者と教材が複雑かつ相互に関連することで学びが紡がれていきます。基本的な授業デザインは、教師が自身の授業観や学習観、児童生徒観、教材観などに基づいて授業を構想し、実践し、省察するといった主に3つのプロセスを経る中で、状況に応じて進められます。特に実践において教師は、不確実な状況との対話の中で、即興的な思考や多くの意思決定を行います。また、タクト[1]の振り方次第で授業が生き物のように変容していくといった複雑な問題状況の中に身を置くこととなります。ここで浮かび上がってくるのが、そのような複雑な様相を持つ授業を教師はどのように省察しているのかという問いです。ショーン（Schön, 1983）による「省察的実践家（reflective practitioner）」の提唱以来、専門職における省察の重要性は教師研究分野においても通説となってきました。また、教師の専門家像が「教える専門家」から「学びの専門家」へとパラダイムシフトしている昨今においては、授業の省察はこれまで以上に専門性発達の重要な要素として着目されています。そこで本節では、

---

1) 指揮棒を振って指揮することを「タクトを振る」と表現しますが、臨機応変の対応や機転を意味します。教育学研究においてはヘルバルトによって「教育的タクト」の概念が示され、熟達した教師の暗黙知や判断力として捉えられています。

授業省察[2] における教師の内面に着目し、自己内対話の観点から分析した藤井（2018）の研究を具体例として、研究の進め方や分析方法を紹介していきます。

■ リサーチクエスチョンを生成する

　ここでは、筆者によるフィールドでの経験がもたらした問いやそれに基づく先行研究の調査から、どのようにリサーチクエスチョンを生成したのかを整理していきます。

（1）フィールドにおける授業省察の経験
　筆者はこれまで多くの学校を訪問させていただき、授業を参観し研究会へ参加してきました。経験した多くの授業研究会が校内研修として教員組織を対象に取り組まれたものでしたが、時折、授業者を含めた少人数で行う研究会に参加する機会も経験してきました。大人数による授業研究会は多様な意見や検討ができる一方で、時間などの様々な制約により授業者とより詳細な対話や議論ができないことも事実です。しかし、少人数で行う授業研究会は主に授業者との対話を通して展開されるため、授業者が授業に込めた願いや想い、さらには判断や意思決定の捉え直しなどが検討の中心となります。このような少人数での授業研究会を経験していく中で、授業者による授業の省察が多様な立場によって語られていることに気づき、さらには授業省察の中で教師としての自己を形成しているものは何なのか、という問いをもつようになりました。

（2）先行研究の調査
　授業省察における教師の自己形成に関心を持つ中で、まずは、教師の省察に関する先行研究を調査しました。主に、秋田（1996）によるイメージスキーマによる省察の研究や佐藤ら（1991）による熟練教師の実践的思考様式の研究がそれに該当し、

---

2) 授業省察とは、実践された授業実践に関する様々な記録（例えば、筆記記録やビデオなど）をもとに、授業の在り方の検討を行い、実践的知見を生み出す営みのことです。授業者本人によるものに加え、授業参観者など、様々なメンバーで行う場合もあり、その方法や規模は多岐に渡ります。特に複数名で行う場合は、授業カンファレンスと表現される場合もあります。

ショーンによる省察的実践の概念を基に、教師の意思決定や実践的知識の特徴の在り方が明らかにされていました。しかし、これらの研究は省察の視点が「子ども」と「教師」といった物理的な存在で認識されており、省察において教師の内面に存在する複数の役割の動きやその構造をとらえた研究は少ないことが調査を通して把握できました。

　次に、授業省察に関する先行研究を調査しました。授業省察に関する研究は手法の開発をしているものが多く見られ、例えば井上・藤岡（1993）による「カード構造化法」や吉崎（1995）による「再生刺激法」、または澤本（1996）による「授業リフレクション」などが代表的な研究として挙げられます。これらの研究は、様々な媒介や道具を用いて授業者の授業改善や再構成を目的とされている点が共通しており、授業省察の具体的な手法を提供している点では優れた研究です。しかしながら、これらの研究は授業者自身のアウェアネス（気づき）や意思決定の自覚を促すために有効な研究であり、省察そのものの特徴や無意識な部分には焦点が当てられていないことが調査を通して明らかとなりました。

　また、先行研究を整理していく中で、佐久間（2014）が省察の仕方を省察することが日本の教師の専門性を形成する方法であると述べているように、省察の重要性を説く研究は多いが、授業省察を実証的に検討した研究は少ないことが次第に見えてきました。

　先行研究の調査では、研究がもたらす知見や示唆を明確にするとともに、どのような課題を有しているかを整理することが大切です。ここから新しい研究の視点が導き出されることになります。

　以上を踏まえ、この研究ではリサーチクエスチョンを「教師は授業省察の中で、どのように専門職としての自己を形成しているのか」とし、それらを構造的に捉えることを研究の目的としました。

新たな分析観点への着目

　先行研究を調査し整理を進める中で、「授業省察における教師の内面を構造的に捉えるために必要な観点や方法は何か」という課題が見えてきました。基本的に人間の内面や思考は真正には明らかにできないので、まずはそれを少しでも可視化す

るための方法を模索しました。解決の糸口を見つける際に参考にしたのが、先行研究です。先行研究で扱われていた授業者や教師の発話に着目することで可視化の可能性を検討しました。そして、発話や自己形成に関する様々な文献や論文を読み進めていく中で、ハーマンス（Hermans, 1993）による「対話的自己論」[3] が分析観点として有効であるという発想に至りました。このように先行研究で扱われた方法や分析対象は新たな観点をみつけ出す際の有効な手がかりとなります。また、一見すると自分の研究テーマと関係がみえないような文献や論文の中からも発想や見方の転換によって、新たな研究の種となり得るものがみつかることがあります。様々な知見に触れる中でセレンディピティ[4] を発揮することが研究を進めるための一歩になると言えます。どのような事象や出来事も自分の研究と関連づけて考えようとする姿勢が大切です。研究として、先行研究でこれまでなされていない観点からの分析は非常に有効な視座となります。今回の事例で挙げている「対話的自己論」による授業省察の分析もこれまでなされていなかったため、授業省察研究における新たな分析観点となりました。また、萌芽的な研究としてハーマンスの「対話的自己論」が授業省察研究においてどのような知見を提供し得るのか、といった新たな目的も加わりました。なお、ここでの研究目的は研究手法としての検討を意味します。

研究対象を選定する

研究目的が決まると、次は目的に合わせて研究対象を選定しなければなりません。この研究の場合は、授業省察が主な目的なので、研究対象者の選定に加え、省察対象となる授業実践の概要も記述する必要があります。研究目的に応じて、データ収集や分析の対象に何が該当するのかを判断しなければなりません。対象としては、物理的な物や人物だけでなく実践や語りも含まれることとなります。

---

3) 対話的自己論とは心理臨床の分野から生み出された理論であり、自己を単一の物体的存在ではなく、内在する複数の「ポジション」とその間の対話を通して形成されているものだととらえる考え方です。主にカウンセリングにおける語りを対象として研究が進められてきました。
4) セレンディピティとは偶然の発見や意図せぬところから価値を見出すことを意味します。

(1) 研究協力者の選定

　教師を対象とした研究の場合、主に学校種、教職経験年数、サンプル数、の設定理由を明示する必要があります。この研究では、授業者として小学校教職経験 30 年の山辺教諭（仮名）、授業の対話リフレクション[5]のメンバーとして実務経験（小学校教職経験 30 年）のある大学教員の大林教諭（仮名）に研究協力をお願いしました。本研究の場合、普段から 3 名で一緒に授業の参観や研究会を行う機会が多かったので、本研究の依頼をした際にも滞りなく快諾していただけました。

　授業者として山辺教諭を対象とした理由は大きく 3 点あります。

　まず、この研究が萌芽的な研究であり、一人の教師の語りを細かく検討することで、ポジションのあり方を丁寧に検討しようとしたものだからです。研究の目的に従って、サンプル数を設定することが重要となります。

　次に、山辺教諭は所属自治体より授業力や学級経営力を評価されており、他の教師の模範となるような優れた実績を残している熟達した教師だからです。経験の浅い教師ではなく、特定の児童と関わる授業機会が多い小学校の熟達した教師を対象とした方が、より多様なポジションを明らかにすることができると考えました。経験年数によって教師の経験の質や量は変わりますが、経験を重ねたから熟達しているとも限りません。熟達した教員を選定する場合は、経験年数に加えて、外部による評価を用いることも一つの指標になります。また、学校種によって文化や教育体系が異なるので、研究の目的に応じて学校種を選ぶ必要があります。特に学級担任制である小学校と教科担任制である中学校、高校では児童や生徒との関わりの時間において違いがあることを考慮しなければなりません。

　さらに、山辺教諭は大林教諭との関係が長く、信頼関係が築けていたからです。大林教諭は研究当時において筆者の同僚であり、大林教諭と筆者の間においても信頼関係が築けている状況でした。山辺教諭の授業にかんして対話リフレクションを行う場合に、すでに山辺教諭と信頼関係が築けている大林教諭にも協力いただいた方がより深い省察を促せると考えたのです。このように、インタビューなどを伴う質的な研究の場合は対象者とのラポール（信頼関係）を築くことが重要となります。

---

5) 対話リフレクションとは少人数による授業の省察のことを意味します。他に一人で行うセルフリフレクションや大人数で行う全体リフレクションがあります。詳しくは澤本（1996）を参照ください。

特にこの研究のように教師の内面を追究しようとする場合は、インタビュアーとインタビュイーの関係性が教師の自己開示のあり方へ影響することになるので、留意が必要です。

(2) 対象授業の概要

　授業実践を研究の対象とした場合、学校種、対象学年、教科や単元名、実施日程、授業内容や展開を明示する必要があります。

　山辺教諭が実践したのは公立小学校6年生を対象とした道徳の授業でした。単元名は「いのちの授業」で実施された日時は2014年3月末です。山辺教諭は「いのちの教育」のカリキュラム開発を長年行っており、児童の小学校生活最後の授業として特別な想いを持って実践を行いました。また、授業展開として価値葛藤の場面があり、児童が多様な判断を行うことから授業省察においても山辺教諭が様々なポジションに立つことが想定されたので、この授業を対象として選定しました。

対象授業を記録する

　データを収集する上で熟慮したことは対象授業をどのような方法で記録するかということです。授業の対話リフレクションを行うにあって、どのような資料や記録を提示すれば、授業者の省察を深めることができるのかを意識しました。

　この研究では、授業の全体と教師の動きを記録するために教室の後方にビデオカメラを一台設置しました。さらに、授業者との打ち合わせの中でグループでの活動があることが事前に把握できていたため、全6グループの発話をICレコーダー6台で録音しました。これは授業者が授業中に把握できていないグループ活動時の児童の姿を記録するためです。しかし、児童の発話をICレコーダーで記録する場合は、児童への心理的影響も考慮する必要があります。児童にとっては見慣れない機材が目の前に置かれることで、緊張したり、思うように発言できない場合があります。そのため、授業の開始時に信頼関係が築けている授業者から、ICレコーダーは研究（このときは山辺教諭自身が勉強させてもらうためと説明）で使うこと、評価には使用しないこと、気になるけれども普段通りに発話してほしいこと、といった旨を児童と共通理解していただきました。また、ICレコーダーを同時に使用する場合は録音のタイミングが重要となります。参観者が授業中に一人で録音ボタンを押

して周ることは、授業への影響もさる事ながら、時間的なログが生まれてしまい、データとして不十分なものとなってしまいます。児童自身に録音を開始する指示を授業者から出していただくことも一つの方法ですし、近年ではリモートでコントロールできる機材[6] も多く存在します。データ収集をする上で、いかに授業のありのままを保持し、少しでも影響を無くすよう努力することが大切な姿勢となります。これはより厳密な研究データを収集するという研究上の理由もありますが、何よりも第一に授業や学びの妨げにならないようにすることが最優先されることになります。なお、この研究においては、大林先生を含めて一緒に授業を参観した同僚や学生が多くいましたので、タイミングを指示し、録音ボタンを押すことを手伝ってもらいました。筆者はそれぞれの IC レコーダーがしっかりと起動しているかを確認することに注力し、データの取りこぼしが無いように配慮しました。

記録を資料として対話リフレクションを行う

　対象授業で収集した筆者の授業参観記録、映像記録、各グループの逐語記録を資料とし、山辺教諭、大林教諭、筆者の 3 名で対話リフレクションを行いました。各グループの逐語記録を作成することに時間を要したので、対話リフレクションは授業直後ではなく、後日日程を調整して行いました。ここで、授業省察の方法を対話リフレクションとした理由は稲垣（2007）もカンファレンスの意義として「1つの実践事例を共同で振り返りながら、学び合っていくことを通して、お互いの成長を育みあう」と述べている通り、省察が自己に閉ざされたものではなく、他者に開かれたものとして展開されることで、その効果が高まると考えたからです。本研究において、対話リフレクションを行う際には、山辺先生に出来るだけ多くの自己開示をしていただけるように意識してかかわりました。対話リフレクションは約 2 時間に及びましたが、その発話を IC レコーダーによって記録し、山辺先生の自己内対話を構造的にとらえるための資料として逐語記録を作成しました。

---

6) 児童生徒のグループでの様子を記録するために近年では IC レコーダーだけでなく全天球カメラや小型カメラも積極的に研究で使用されるようになってきました。タブレットやスマートフォンで操作できる機材も増えており、遠隔で設定が行えるため、これまでよりも授業への影響を減らすことが可能になっています。

カテゴリーの生成と発話の分類を行う

　この研究ではハーマンスの対話的自己論を分析の観点としているため、授業省察における山辺教諭の発話がそれぞれどのようなポジション（立場）で語られているかを整理する必要がありました。

　分析手順として、まず、対話リフレクション時の逐語記録を熟読した上で、山辺教諭の発話のみを取り出しました。次に、発話の意味が取れるまとまりで区切り、ポジションの観点からカテゴリーを付与していきました。カテゴリーの洗練と修正については、筆者と学校現場での実務経験を有する大学教員の2名で行いました。ここで実務経験を有する大学教員を分析の協力者として選定した理由は、「教師がどのポジションから語っているか」といったこの研究の分析に必要な観点を提供していただけることと、それに伴って、カテゴリーの妥当性を高めるためです。研究の内容や手法によっては、同じ属性の研究者同士で行うこともありますし、一人で行う場合もあります。この研究の場合は、研究対象者と同じ教育現場の経験が、発話の意図を汲み取りやすくするという理由から学校現場を経験している大学教員が適切だと判断しました。

　カテゴリー分類に関しては、2名で2者間評定を行い、一致率は77.1%（182/236）でした。このように2者間で評定を行うことでカテゴリー分類の妥当性を担保していきます。具体的には2者それぞれが発話に対してカテゴリーを付与し、そこで一致したカテゴリーの発話数を発話総数で割り、百分率で表すことで、どの程度一致したかを示します。一致しなかった部分は2者で協議をして決定していくことになります。その結果として見出されたカテゴリーと分類は表1の通りです。

　表1に示している通り、山辺教諭は授業省察をする際に「授業者としての私」、「担任としての私」、「省察をする私」、「成長したい私」、「理想の教師としての私」、「児童理解者としての私」、「教師一般を批評する私」といった7つのポジションから語っていることが明らかになりました。研究を進めていく上では、カテゴリーをどのような基準で分類したのか（分類基準）、またその分類の理解度を高めるために発話の具体的な事例（発話例）を示す必要があります。このような情報を提示することで分類の手続きが明示化され、分析の妥当性を担保することに繋がります。この研究の場合は、加えてカテゴリーの分類数も示しています。数値を示すことで、どのようなポジションからの語りが多かったのかが見えやすくなります。

表1　見出されたポジションのカテゴリーと発話例及び数

カテゴリー	分類基準	発話例	数
授業者としての私	授業の狙いや方略等，授業の内容に関する語り	誰がどんな意見をもってるんかな？ってのはきっと授業に反映させようと思って聞いてるんやと思うんやけど，普段喋らない子がグループ活動の中で何を言ってるんかな？っていうのは耳をそば立てているんやけど…	61
担任としての私	児童に対する担任としての認識の語りや担任としての実践に関する語り	だからよくわからんのやけど、うーん。自分的にはうちのクラスややこしい子がいたで、1人でなんとか問題を解決しながら、よりよく生きる方に進んで欲しいなぁと思ったんやって。	59
省察をする私	メタポジションとして、省察の方法や意義、感想に関する語り	やっぱ指導者としては責任もって、こうやって振りかえる機会がないとあかんなって。やっぱした以上の責任っていうかの。	33
成長したい私	教師が成長するために必要な要素に関する語り	私としては、ほんとに、そうやって私の授業見てくれる人がいるっていうことが，一番嬉しいことなんやって。で、それをなんか分析して新しい、の、それこそ何かが見つかるんなら、私としてはそんなありがたいことはないで、だから見に来てほしいんやって。自分が、やってる方は記録は取れんで、常に見に来てほしいんやって、私は。	17
理想の教師としての私	理想とする教師の姿や指導の在り方に関する語り	本当にその、短絡的なことで言うと、あの、指導者自身が正直であるということだから失敗したときにはごめん、失敗したーとか、忘れてたーとか。どうする？って。子どもにもう聞くってすると子どもが、先生そんないいがーっ、こうすれば。って、そうそう成熟してるっていうか。	18
児童理解者としての私	授業中の特定の児童の立場での話りや心の動きを動きを推測した語り	えっと、だから、子どもとしたら生々しい大人の現実を見ましたー、みたいな。	25
教師一般を批評する私	自分以外の教師の実践に関する批評や教師全般の現状についての語り	なんかそういうマニュアルがあるといいんじゃないかとか、すぐそういう話になるで、	23

教師の自己内対話を読み解く

　この研究の目的は教師の授業省察の内面を構造的にとらえることでした。目的を達成するためには、明確な可視化が難しい教師の内面をどのように分析していくのかという課題と向き合わなければなりません。ここで重要な観点となってくるのが自己内対話の考え方です。授業者は授業省察や対話リフレクションを通して、どのような自己内対話を展開しているでしょうか。ここでは、データとしての発話から自己内対話を顕在化させることが分析のポイントとなります。この研究で拠り所と

している対話的自己論は、バフチンによる多声性という概念を自己の領域へと発展させ、自己を単一の物体的存在ではなく、内在する複数の「ポジション」とその間の対話を通して形成されているものだととらえる方法です。ハーマンス（1992）は自分という「私」は状況と時間の変化に応じて、あるポジションから他のポジションへと空間を移動することが可能であり、様々かつ、時には相反するポジションの間を行ったり来たりするものであると示しています。このような発話におけるポジションの「非対称性（葛藤）」と「支配性（ドミナンス）」の移動をもって対話と見なします（Hermans, 1993, 溝上ら, 2006）。例えば、放課後に学校に残って仕事をしないといけない「教師としての私」と早く家に帰らないといけない「親としての私」といったような自己内における違うポジション同士の非対称性（葛藤）や、対話の中心的な話題や強い発言権、発話量といったポジション同士の支配性（ドミナンス）が自己内対話と判断する要素となるのです。

　山辺先生の場合も授業省察の中で多くの自己内対話が見られました。特に対話がわかりやすいのは「授業者の私」と「担任としての私」による対話関係です。以下のような発話場面がありました。

うん，なんかその短絡的なものではないかなとは思ってはいたんやっての。それはその、あくまで考えさせるきっかけで、結果、命ってどうよ？みたいなところが、話にでればいいんかな？と思ったんやけど。（中略）そこで、なんかこのすごいあの、価値論争みたいなんじゃなくてもいいかなっていう思いはあって

　（中略）

でも、この子らこう考えてみると面白かったなと思う。感動したなー、

　（中略）

1人でなんとか問題を解決しながら、よりよく生きる方に進んで欲しいなぁと思ったんやって。（中略）なんとか自分の力で、今まで習ったこととか努力してきたことを思い出しながら、いい方に進んで欲しいなと思ったんやっての。

　（中略）

で、今回はだからその3年間担任したで、その想いの中でのこの授業やったで。難しかったの、だからこの授業考えてみれば。これ別に入れなくてもよかったんかな？と後から思ったりもしたんやけど。そう、変な価値判断も交じってい

　語りの最初は「命」や「価値論争」といったキーワードからもわかるように授業の内容に関する発言をしており、「授業者としての私（下線）」のポジションに立っていると判断できます。しかし、中盤になると「よりよく生きる」や「今まで習ったこととか努力してきたこと」といった発言からもわかるように「担任としての私（二重下線）」によるポジションから語られていることが判断できます。さらに、終盤では「3年間担任した」という「担任としての私」の語りから、「授業に入れなくても良かったのではないか」という「授業者としての私」のポジションからの語りへ変わっています。これらは「授業者としての私」と「担任としての私」のポジションの支配性の移動を示しており、それぞれのポジションが相互往還的に展開することで、自己内対話が生起していると言えます。また、語られている内容からは、ポジション同士の葛藤があることも見えてきます。「授業者としての私」は、子ども達に命に関する考えるきっかけを与えたいと発言しているのに対し、「担任としての私」は3年間の担任経験から、授業で伝える必要はなかったのではないかと判断しています。「授業者としての私」が願いと必然性を持って実践した授業に対し、「担任としての私」はその必然性を否定しているのです。

　山辺教諭の授業省察では上記の他にも、「担任としての私」と「省察をする私」の関係、「成長したい私」と「教師一般を批評する私」の関係、「授業者としての私」と「児童理解者としての私」の関係、「担任としての私」と「児童理解者としての私」の関係、という様々なポジション関係の中での自己内対話がみられました。このような多様な自己内対話が行われていることは、山辺教諭による授業省察の思考プロセスが7つのポジションの語りによって展開されており、それが常に自問自答しながら進められているという特徴を示すことになり、従来から授業づくりに必要な要素とされてきた学級経営や児童理解の重要性を裏付ける結果となりました。また、これらの結果からは30年間という長い実践経験を積み、熟達した山辺教諭であっても常に葛藤や自問自答を繰り返しながら省察を進めていることが明らかとなり、熟達した教師は常に自分を問い直していることが示唆されました。

　このように、この研究では授業者による語りの中でのポジション間の葛藤や移動から自己内対話を読み取っていきました。授業者の内面で起きている出来事を明確

に可視化することは困難ですが、発話のような見える部分を着眼点や材料とし、分析していくことは可能です。今回は発話に着目しましたが、どのような観点で分析を行うかによって、教師の内面の見え方やとらえ方も変わってくると考えられます。

研究の学術的な意義を明示する

　研究の結果と考察がまとまると、最終的に研究の学術的な意義を示さなければなりません。その際には、先行研究を踏まえた上で、自身の研究の布置を明確にする必要があります。

　この研究の場合は授業省察を対話的自己論という新たな枠組みで分析しました。対話的自己論による分析は授業省察研究において新たな視点を提供することになり、これまで、授業省察の重要性とその効果を高めるための方法論的研究が進められてきた中で、授業省察における熟達した教師の専門職としての自己形成を可視化した点に学術的な意義を見出すことができます。また、ある教師のライフヒストリーによる実践的知識のモデル化の研究は藤原ら（2006）によってなされていますが、この研究では、異なるポジション同士の対話から授業省察における自己内対話の構造を明らかにした点において、教師の力量形成についてこれまでにない新たな示唆を与えるものとして位置づけることができます。

　このように、研究の独自性を主張するとともに、自身の研究が学術的かつ実践的にどう貢献し得るのかを明示することがポイントとなります。

まとめ

　本節では授業省察を通した教師の自己内対話の研究について事例を示しながら解説してきました。教師の自己内対話という外部からは見えにくい事象に対して、この研究では対話的自己論の観点から分析を進め、発話におけるポジションの移動や葛藤から自己内対話を可視化することで、ある熟達した教師の授業省察の特徴を明らかにしました。これは専門職としての教師の熟達化を追究していく上で、新たな分析視点を提供するとともに、教師教育研究に対しても示唆を与えたといえます。

　学び続ける教員像を背景として、教師の専門性に迫る研究はこれからも発展が求められます。ここで重要となってくるのは教師の自己内対話をどのような観点で分

析するかということです。対話的自己論だけでなく、多様な理論や観点による研究が進められることによって、より教師の内面に接近していくことになります。現場との関わりの中で「問い」と出会い、文献や論文の中で「新たな観点」と出会い、分析を通して「新たな理論」と出会う。研究はこのように多くの出会いを通して成熟していくものであり、日常的な何気ない物事にもアンテナを張ることで、出会いを増やしていけるでしょう。

引用文献

秋田喜代美 (1996)「教える経験に伴う授業イメージの変容—比喩生成課題による検討」『教育心理学研究』44(2), 176-186.

D. A. Schön (1983) *The Reflective Practitioner: How Professionals Think in Action*, Basic Books.

藤原顕・遠藤瑛子・松崎正治 (2006)『国語教師の実践的知識へのライフヒストリー・アプローチ』渓水社

H. Hermans & H. Kempen (1993) *The Dialogical Self* Elsevier.(溝上慎一・水間玲子・森岡正芳訳 (2006)『対話的自己 デカルト/ジェームズ/ミードを超えて』新曜社)

H. Hermans, H. Kenpen & Van Loon (1992) The dialogical self: Beyond individualism and rationalism. *American Psychologist*, 47, 23-33.

稲垣忠彦 (2007)「教師が成長する学校づくり—実践研究に基づいた成長への学びを」『悠+ (はるかプラス)』ぎょうせい, 25.

井上裕光・藤岡完治 (1993)「教師教育のための授業分析法の開発」『横浜国立大学教育実践研究指導センター紀要』9, 75-88.

佐久間亜紀 (2014)「教師教育の方法—省察的思考による教師の力量形成とは」岩川直樹編『教育の方法・技術』学文社, 148.

佐藤学・岩川直樹・秋田喜代美 (1991)「教師の実践的思考様式に関する研究—熟練教師と初任教師のモニタリングの比較を中心に」『東京大学教育学部紀要』30, 88-98.

澤本和子 (1996)『わかる・楽しい説明文授業の創造—授業リフレクション研究のススメ』東洋館出版社

吉崎静夫 (1995)「授業における子どもの内面過程の把握と授業改善」水越敏行監修『授業研究の新しい展開』明治図書, 68-80.

【書籍紹介】

①木村優・岸野麻衣（2019）『授業研究―実践を変え、理論を革新する』新曜社
　授業研究における視座や方法など、理論と実践に関して整理されています。授業の見方や記録の取り方などに加え、実際の見取りの事例も掲載されています。

②金井壽宏・楠見孝（2012）『実践知―エキスパートの知性』有斐閣
　専門職における実践知と熟達化のメカニズムについて知ることができます。教師のみでなく、様々な専門職における事例が紹介されています。

③無藤隆（2007）『現場と学問のふれあうところ―教育実践の現場から立ち上がる心理学』新曜社
　現場と研究の関係性や研究者と実践者の繋がりなど、教育実践をどのようなスタンスで捉えていくかが示されています。全体のまとめでは。初めて現場に関わる研究者を想定したアドバイスが記されています。

教師の〈語り〉を読み解く

● 「教師である」とはいかに語られるか、を語る

伊勢本　大

<参照論文>
伊勢本　大（2018）「一元化される教師の〈語り〉―『教師である』とはいかに語られるか」『教育社会学研究』102, 259-279.

はじめに

　本節では、質的調査におけるインタビューという手法から得られた教師の〈語り〉をいかに読み解くことができるのか、について検討します。

　そのための資料として、『教育社会学研究』に掲載された論文「一元化される教師の〈語り〉―『教師である』とはいかに語られるか」（以下、伊勢本（2018））を取り上げます。この論文を執筆した当時の私の経験や苦悩等も振り返りながら、本節に与えられた課題である、教師の〈語り〉を読み解く研究を実施する過程について解説していきます。

研究を始める、研究テーマを（暫定的に）決める

　研究を始める大前提として、まず自分が何に興味や関心をもっていて、これからどのような研究がしたいのか、といったテーマを決めなければなりません。しかし、いきなりそう言われても、すぐには思いつかないのも事実でしょう。

　そこで重要となるのが、自分が興味をもてそうな先行研究について片っ端から読んでみることです。しかしただ単に「読む」だけではいけません。そこで書かれていることに関して、批判的なまなざしを向けることが大切です。そうすればきっと、読んでいて疑問に思うことや、納得のいかない部分が少なからずみえてきます。

「完璧な研究」というものはありませんから、そうした先行研究が抱えている問題点や課題を、あなたならどうやって乗り越えるのか、そしてそのためにはなにが／どんな方法が必要となるのか、をあわせて考えてみてください。そうしたトレーニングを積み重ねることは、あなた自身のオリジナリティ溢れる研究テーマの構築に寄与するはずです。

　ただし、研究を進めていく過程では最初に掲げたテーマや問いが大きく変わってしまうことも珍しくはありません。なにを隠そう、伊勢本（2018）自体が元々意図して書き上げたものでは全くないからです。そのため、最初に定めるのはあくまでも研究の方向性（「こんな研究がしたい（！）」）で構いません。

　ちなみに、本書の射程として想定される教師の研究は、教育に関する研究のなかでも最重要な領域の1つといえます。周知のとおり、2020年にはコロナ禍での学校の役割や多忙をめぐる働き方等、あらためて教師という職業に対して、多くの、そして大きな注目が集まりました。これまで以上に、教師を対象にした研究が担う社会的な意義は大きくなっています。

　にもかかわらず、実は教育学のなかで教師の研究はマイノリティであるともいわれています（高井良，2007）。高井良が10年以上前に指摘したこの状況は今も大きく変わっていません。もちろん、これまでにも様々な蓄積がなされ、重要な論点や学術的・実践的・政策的示唆がいくつも提出されてきました。ただしそれらは、研究をはじめたばかりの私自身の知的な関心や疑問に直接応えてくれるものではありませんでした。学生時代、教育学部にいた私が関わらせていただいた先生たちの姿と、研究のなかで語られる「教師像」が大きく乖離していた（と感じてしまった）ことがその大きな原因なのだと思います。

　だからこそ、もっと教師のことを知るためには「教師である」方々に直接話を聞きにいき、そこでの語りを丁寧に考察する、という方法を選択したのは自分のなかで自然なことでした。また、そうした質的な研究が重要であると自信がもてたのには、研究をはじめた初期に紹介され、今でも私にとって非常に重要な先行研究の1つとなっているグッドソン（Goodson, 2001/2001）との出会いがありました。

〈語り〉は引き出すのではなく、共につくり上げる（？）

　教師に話を聞くという調査法として真っ先に挙がるのはインタビューでしょう。

インタビューとは回答者に質問することを通して、その回答に関する〈語り〉を得るための方法である、とひとまずはいえます。他の方法と合わせて使用されることも多いため、インタビューそのものについてはある程度の共通理解が得られているように思います。

しかし、インタビューを行うことで得られる研究協力者の〈語り〉をいかに扱うか。具体的には〈語り〉をどのように解釈するのか、をめぐっては様々な立場があり意見が分かれるところです。誰でもアクセスがしやすい、一見敷居の低い調査法であるからこそ、実は奥が深いのです。そのため、インタビューの方法についてきちんと学ぶことも大切になります。

ちなみに自分がいかにインタビューをとらえ、実践するのか。これについて考えるには、どのような分析に「おもしろさ」を感じるか、という視点から、この調査法を用いた研究を実際にいくつも読んでみるといいでしょう。

私の場合は、主観主義的・相対主義的な認識論にもとづく社会構成主義の考え方に依拠し、インタビューをとらえています[1]。それはそうした認識論に立った経験的なフィールド調査を行う研究に触れるなかで（例えば白松（2004）など）、質的な研究におもしろさを感じたからです。対象となった方々の生の声やその場のリアリティが、読み進めていくことで自分の前に表れるような気がしました。それは本当に魅力的でした。当時（今もですが）、「固い」文章を読むのが苦手だった私も、こうしたアプローチから教師の研究をしてみたいと思いました。そうした初期衝動はいまも研究を行う原動力となっています。

しかし、私が魅力を感じた質的研究の枠組みで教師を対象にしているものは多くありません。ほとんどないとすらいえます。それはおそらく、そうした発想からデザインされる多くの関心が、教師自身の〈語り〉そのものではなく、新聞記事等を代表としたマスメディアが発する教師へ向けた〈語り〉の構築過程にあった、ということと無関係ではないはずです（例えば油布（2004）等）。

さて、インタビューを社会構成主義の立場から考えるということは、その行為を調査者と研究協力者の相互行為を通したアクティブな実践として理解をすることを意味します（ホルスタイン＆グブリアム（Holstein & Gubrium, 1995/2004））。そ

1）社会構成主義に関する考え方について知るためには例えばガーゲン（Gergen, 1999/2004）などがある。

れは語り手である研究協力者を単なる受動的な「回答の容器」(p.29) として扱わないという表明でもあります。つまり、インタビューを通して得られる〈語り〉とは、一方的に研究協力者の「心」のなかから引き出されるわけではなく、調査者である私と研究協力者双方の協同によって、はじめて構成されるものなのです。別の言い方をすれば、私のインタビューで明らかになる知見とは、私の調査だからこそ、もっといえば、他の誰でもない私にしか描くことができないものである、と言い換えることもできるでしょう。

　自分だけに示すことができる知見として、日本の教師研究に向けなにがいえるか、なにをいうべきか。伊勢本（2018）にはそんな想いを込めました。

■〈語り〉を聞くための準備をする

　研究の問いやテーマが決まったら、いよいよ調査をはじめる段階へ移ります。当然のことですが、インタビューは自分一人で完結しません。貴重な時間を割き、調査へ協力してくださる研究協力者の存在があってはじめて成りたちます。

　そのため、インタビューを実施するためには、研究協力者を探す作業をどう進めるのか、についても具体的に考える必要があります。その方法については様々ですが、複数名へのインタビューを想定する場合、代表的な例の1つにスノーボール（雪だるま式）・サンプリングという考え方があります。すなわち、最初の研究協力者に、他の調査協力を依頼できる方を紹介してもらいながら、徐々にその輪を広げていくという方法です（フリック（Flick, 1995/2011, p.132））。私もインタビューをはじめた初期はまず、これまでお世話になったお声がけしやすい先生に調査協力を依頼するところからはじめました。そしてそこから少しずつ紹介してもらえる方を増やしていくことで研究協力者の確保に努めました。

　このとき、研究協力者は何人が妥当であるか。何名に話を聞く必要があるのか、という疑問が出てきます。こうした研究協力者の「数」に対する基準についても、インタビューという調査から明らかになる結果をどう理解するのか、という考え方によって回答が分かれます。私の調査では、何名にインタビューを行ったのかという「数」はそこまで大きな意味をもちません。それよりも、なぜこの研究協力者を取り上げるのか、なぜこのメンバーたちを選んだのか、という自分の研究文脈に沿った独自の「妥当」な理由を説明できることが重要です。

ここで、書いた論文をどう読んでもらうかという少しテクニック的な話になりますが、例えば伊勢本（2018）では研究協力者の数が30名であるということを打ち出しています。今だからこそいえますがこれは正直ハッタリです。もちろん、30名の方へインタビューを行ったことはウソではありません。しかし、論文が本来目指していた意図に徹するなら、人数を絞り、そのなかでもっと精選した〈語り〉を検討した方が、分析の趣旨には合致していたはずです。実際、そうした迷いは書いている当時からもあったわけですが、それでも本文で「30名」と記したのは、社会構成主義に批判的な立場から論文を査読する方にも「これだけの数調査をした」ということに対して、一定の評価を得たいという下心がありました。後述しますが、それくらい、別の方法論における基準からでは私のような研究はなかなか理解されづらい状況があります。

　この他、研究協力者をみつける以外にも、インタビューを行う準備として進めなければならない事項がいくつもあります。調査を行う上で、所属機関に求められる研究倫理の審査等に関する手続きもその1つです。所属機関によっては、こうした過程を適切に経ていないと調査そのものが開始できません。また、何度も修正を求められるなど、それが思いのほか時間を要することもあります。ゆえに調査を行うために事前にわかっている必要な手続きについては、前もって計画的に動いておくことをお勧めします。

　インタビューへ臨むまえには質問項目を精選することも重要です。答える相手がいることなので、事前に想定した通りのやりとりが実際に展開することはほとんどありません。しかしそうだとしても、どのように質問をしたら相手が理解してくれるのか、どの視点から聞くと相手は答えやすいのか等、内容そのものだけではなく質問の仕方等についても予め十分に検討しておくことは、そのインタビューを実りあるものにするための欠かせない準備といえます。

　また、一見調査そのものとは関係ないようにも思えますが、調査協力のお礼として「おみやげ」を用意する／しない、ということについても考えてみてください。岸（2016, p.203）では調査の際に用意するおみやげは700～1000円ほどが妥当であり、しかし学生は生意気に思われるため不要である、との指摘がされています。私の経験では、おみやげを持っていくと「気を遣わないで。大丈夫だから」と遠慮される先生がおられる一方で「嬉しい！　いただきます！」と喜んでくださる先生もいたり、それぞれでした。院生時代は本当にお金がなかったので、調査が重なる

とその用意も大変でした…。もちろん、あくまでもおみやげは1つの例ですが、研究協力者の方も貴重な時間を割いてインタビューを引き受けてくださっているわけですから、あなたの感謝の気持ちが相手にきちんと伝わるようにするための努力は大切なことだと思います。

■〈語り〉を聞く

　実際のインタビューは私の場合、半構造化形式で行います。それは文字通り、一問一答のように標準化されたインタビューや質問表を用いるのではなく、比較的オープンに組み立てられた（＝回答の自由度が高い）インタビューのことです（フリック（Flick, 1995/2011, p.180））。事前に「絶対にこれだけは聞く」という質問をいくつか決めておき、それ以外はフリートークのように自由なやりとりをしていきます。そのため、話が本筋から脱線することもしょっちゅうです。

　ただし「半構造化」というこの比較的自由なやりとりも、とくに私の研究は、その大きな目的がライフヒストリーに関する聞き取りを行うということにあります。そのため研究協力者の方が、教師になるまでの生い立ちから現在に至るまでの過程や，学校現場の状況・教育の動向等を含めた幅広いトピックについて聞く、という大きな枠組みは全ての調査で共通しています。

　伊勢本（2018）では教師が「教師である」ことをどのように語るのか、ということについて分析をしました。しかしこれも、最初からこの内容についてだけ質問していたわけではありません。研究協力者たちのライフヒストリーにおけるやりとりの一部を抜粋しているだけで、その他にも本当に多くのやりとりをしました。

　このような形でインタビューを行うのは、予めその焦点を絞り込みすぎると、やりとりに広がりや奥行きがでてこないのではと考えるからです。もちろんあちこちに話題が及んでしまうことで、結局何の聞き取りだったのかわからない、なんてことにならないよう注意は必要ですが。可能な範囲で色んなことを聞いておいた方が後に予想外のひらめきや発想に繋がることもあります。

　すなわち、半構造化形式のインタビューを行う利点は、事前の予想や想定を超えた〈語り〉に出会う可能性があることだと思っています。したがってインタビューでは、調査者（私）が予め用意している枠組みや仮説を研究協力者へ無理に押しつけるのではなく、「感受概念」（ブルマー（Bulumer, 1969/1991））とよばれるよう

な「ゆるやかな問い」にもとづきながらやりとりすることを心がけてみてくださ
い[2]。

　一方で、事前に想定していなかったやりとりになる可能性がある、ということは
調査をする側として「怖い」ことのように思えるかもしれません。「これを言って
ほしいな」と思っていることと真逆の内容である〈語り〉が返ってきたり、調査者
の問題意識をそもそも研究協力者が問題とすら思っていないということもあるわけ
ですから。しかし質的調査は、用意した枠組みを機械的に確認するための作業では
ありません。そしておそらく、そのことこそがインタビューによって研究協力者の
〈語り〉を聞き取るという行為の1番の魅力であり、醍醐味なのではないかと思う
のです。期待や予想を大きく裏切られるような〈語り〉と出会い、自分の狭い窓か
らみている現実とは違う世界がある、ということを知れることが少なくとも私に
とってのインタビューを行う「おもしろさ」です。

　またそれは、アンケートなどの量的調査では絶対に表現することができない、個々
人の矛盾した意識を「分厚い記述」によって描くことを可能にする、独自の強みで
もあります（山田，2006）。例えば、伊勢本（2018）では以下のやりとりについて
考察しました。研究協力者の1人であるオオシマ先生（仮名）は、教師という職業
が「子どものため」という論理から「丸投げ」されてしまうことになる職務への「不
満」を次のように語っています。

オオシマ：地域の行事、例えばお祭り。それに子どもが出るでしょ？その時に、やっ
　　ぱり教員が行かないといけないっていう話になるんよね。そうなるともう、何も
　　言い返せないんだけど。（中略）全部学校に丸投げするのは確かに都合はいいだ
　　ろうけど。全部教員の仕事になるじゃん？って。そうなると、これ何のためにやっ
　　ているんだろうって思うこともあるよね。

　では、そうした「不満」を抱えながらも、この仕事を続けられるのはなぜでしょ
うか。私が感じた疑問にオオシマ先生は、上記の〈語り〉を構成した際と同様の方
法（ロジック）を用いて、つまり「子どものため」という理由から紡がれる論理を

2）調査者の有する枠組みを研究協力者に押し付けてしまった場合、どのようになってしまうのか、
　については例えば桜井（2002, pp.162-171）等が参考になる。

自ら引き受けることで、先に提示していた「不満」とは簡単に相いれない（はずの）「やりがい」を主張していきます。

I：でも、少なからずこれからもそういう生活が続くわけじゃないですか？ それはもうある程度自分の中で納得していることなんですか？

オオシマ：ただ、<u>今のがマイナスの部分としたら</u>、もちろんプラスもあって、やっぱり一緒にいたら楽しいし、<u>子どもの成長が見れるのは嬉しい。去年みてた子たちが今年すごい成長している一面なんか見ると教師冥利に尽きる</u>というか、そこはなんとも言い表せないやりがいがある。

　このように、やりとりのなかでは、調査者からすると一見矛盾していたり、前後でつじつまが合ってない（ように感じられる）〈語り〉に少なからず出くわします。そうした「齟齬」に着目し、その理由や方法を深く掘り下げることができるインタビューは、教師に限らず、人間の「非合理、不条理のかたまりである生そのものを、何とか御していこうとする」（倉石 2017, p.106）研究という、端から限界（人間の生そのものの直接的把握はできない（！）という諦観）を抱えた営為に少しでも抗うための努力であるといえます。

　と、まあいろいろ書いていますが、まずはやってみないことには始まりません。当然ですが、インタビューの経験を積むなかで学ぶこと、感じることはここに書いていること以上に多いはずです。私も勉強の途中です。できる範囲で最大の準備をし、あとは思いきってフィールドに飛び込んでみるのも大事なことです。

■ 〈語り〉を解釈する

　インタビューが終わったら次に行うのは、IC レコーダー等で録音したやりとりを文字に起こす作業、トランスクリプトです。これはかなり時間も根気もいる作業になりますが、可能な限り自分の力で行うことが成果を上げる近道だと思います。文字情報では伝わらない、やりとりにおける研究協力者の声色や話すスピード、沈黙や話の間等、さまざまな音声情報に触れることで解釈の幅が広がるからです。

　加えて、インタビューを文字に起こしていく作業は、必然的に改めて自分のインタビューを何度も聞き返すことを要求します。すると、最中には気がつかなかった

「何故そこをもっと突っ込んで聞かなかったんだ…」という後悔や反省も含めた発見がいくつもあります。それらはときに、もともと想定していたテーマとは異なる視点を手に入れる契機となり得ます。

　文字起こしが終われば次に、いよいよインタビュー・データを解釈・分析する段階です（実際、トランスクリプトの最中にインタビューにおけるやりとりの解釈作業は既に始まってはいますが）。結論から先に述べれば、残念なことにこれに関する唯一絶対の「正しい」方法というものは存在しません。例え同じインタビュー・データだとしても、読み手によってその解釈は多様です。

　したがって、調査者は自身の解釈が「よりまし」で「妥当」なものである、ということを研究や論文のなかで戦略的に伝えていく努力が必要になります。このとき、私のように社会構成主義的な立場からインタビューの〈語り〉を読み解く場合、意識しなければならないのは、どういうやりとりのなかでその〈語り〉が示されているのか、を考える視点です。すなわち語り方＝「方法（how）」にも目を向けることで、語られた「内容（what）」の理解を目指します。

　他者との相互行為秩序がどのようにして維持されているのか、について重要な論点を提起したゴフマン（Goffman, 1959/1974）は「人に抱かせた印象と、パフォーマーがオーディエンスにもたせないように努力している印象のいずれがよりいっそう真かを決定することは必要ですらない」（p.76、強調は筆者）と主張しています。彼はむしろ、そのなかでパフォーマー（インタビューに置き換えれば、語り手である研究協力者）がどのように相互行為秩序を構成・達成していくのか。その方法を明らかにすることで浮かび上がる現実に注視します。

　このことは教師の〈語り〉について考える際にも有効です。やりとりのなかで示される教師の〈語り〉がどのようにして語られているのか、について考えることで、なぜ彼／女はその〈語り〉を語ったのか、を考える契機となるからです。もちろんその「正しい」答えはわかりません。しかし、そうした背景情報にも目を向けることで、教師である個々人が置かれる現実や状況について意識することが可能になります。そしてそれは教師という職業に対する多元的な理解を目指すうえで必要な視点となり得るのです。

　具体的に考えてみましょう。伊勢本（2018）では研究協力者たちが共通して「子どものため」という物語論理を用いていたと指摘しました。では、そこにいかなる含意があるのでしょうか。以下は研究協力者であるタダ先生（仮名）の〈語り〉です。

タダ：途中から何か「先生には期待してません」みたいな、そんな空気を感じるようになって。（中略）そうなるとやっぱり、まず保護者の関係をつくる所からがスタートになるわけですよ。（中略）だから、親を先に味方にして巻き込んで、うちの子どものために先生はこんなにがんばってくれるんだっていうのが一番に伝わるようにしてます。どんなに忙しくても家庭訪問に何回も行くようにしたり。…

　あなたはこれを読んでどう思いましたか。私はこの〈語り〉を「子どものため」に働く献身的な教師によって語られるものだとは理解しませんでした（もちろんその可能性も否定はしませんが）。そうではなく、ここでは「子どものため」という〈語り〉を用いることで、かえって自らの職務を円滑に行うためのしたたかな戦略が示されているのではないか。しかもそれは翻って「教師の研究」という目的から聞き取りを行う私に向けても効果を発揮しているのではないかと、この職業が置かれてきた歴史的文脈から考えたのです。

　なぜなら、結果的にここでのやりとりは（当人が意図しているかは別として）、「子どものため」という〈語り〉を活用することで、メタ的に「教師である」自分を売り込むための政治的な交渉実践としての機能も果たしているからです。

　こうした解釈はあくまでもその可能性の１つです。しかし、やりとりをめぐって無数に散りばめられたいくつもの文脈（例えば、調査者の立ち場、調査者−被調査者の関係性、社会的状況、調査依頼の仕方や学校の地域性等）をふまえることで、どのようにしてその〈語り〉が語られたのか、という意味を多層的に読み解くことが可能になるのです。

研究をアピールする

　以上、教師の〈語り〉を読み解く研究の大きな流れを解説してきました。しかし最後に「規範的言説に満ち満ちた」と評される教育学の研究のなかでは（中村, 2012）、ここまで説明した社会構成主義を掲げる試みがその研究的な意味・意義をなかなか理解してもらえない、ということも知っておいてください。私の専門は教育社会学ですが、そのなかでも、そして他の学会ではもっと。伊勢本（2018）のような話をすると「で、この研究は結局なんなのか？」という疑問や批判を受けるこ

とも少なくありません。「規範的」な議論が量産される教育学の研究において求められるのは、より具体的で実践的・政策的なインプリケーションであり、それらと距離を置いて、教師の〈語り〉の構成過程を追う私のような試みの重要性は、悲しいかな思いのほか伝わりません。

　ゆえに自分の研究がどういった意味をもち、先行研究、ひいては日本の教師研究に対してどのようなインパクトを与えることができるのかを説得的にアピールをする努力は必要です。そしてそのためには、インタビューの〈語り〉と、自身の問いやそれに付随する先行研究と真摯に向き合わなければいけません。

　「この研究になにの意味があるのか」。「この研究はなんの役に立つのか」。これについては、多様な視点からいくつもの回答が想定できると思います。しかし私の場合、納得のいく自分なりの答えを説明できるようになるまでにはかなりの時間を要しました。研究をはじめた数年で一番苦労したのはこの点にあったともいえます。やりたいことが明確だった一方で、先行研究との対話から自分の研究を位置付けることはなかなかうまくできませんでした。

　伊勢本（2018）をまだ構想している段階において、インタビューを何度も読み返しながら、個別の過程は多様であるにもかかわらず、教職をめぐる〈語り〉に話題が及ぶとその「語られ方」が一つへ収斂していることに気がつきました。このことを、どのような文脈にひきつけて論じれば研究の意義を主張できるか。

　そこで着目したのが「教職アイデンティティ」の議論でした。正直、社会学の領域では「アイデンティティ」という概念そのものを種々の方法で脱構築してみせる試みはすでに手垢のついた感があり、当時目新しいものではありませんでした。ところが、教育社会学における教師研究では、未だ教師のアイデンティティを明らかにすることが重要な議論であるかのように語られていました。その代表的なものに久冨善之の議論があります（最新のものでは久冨ほか編（2018））。「献身性」が日本の教職アイデンティティの源泉であったという彼の指摘は，教職を論じるうえで今も欠かせない知見となっています。

　こうした研究上の前提を仮想敵として捉え、教師たちの〈語り〉に着目すれば、先行研究で所与のものとして扱われていた「アイデンティティ」が、実は教師たちの本来「もっている」ものではなく、そのように一方的に研究者が「実証」して見せているだけのものでしかない、というカラクリを暴き出せるのではないか、と考えたのです。

伊勢本（2018）の意義はここにあります。すなわち、一見同じように語られている（と思えるような）内容も、やりとりの文脈においてその用語法に揺れや差異があり、個人の「教師である」という物語はそれぞれ異なる形で紡がれたものである、という開かれた可能性を示しました。それは、これまで一枚岩でスタティックなものとして語られてきた「教職アイデンティティ」を捉え直す視座を提起し、改めて教師一人ひとりの生（ライフ）を丁寧に見ていくことの重要性を示しています。

　ちなみに、ぼんやりと教師の〈語り〉がなぜ似かよってしまうのか、ということに抱いていた疑問と「教職アイデンティティ」の研究を結びつけるというこの発想は、ソレイド（Søreide, 2006）と出会ったときにひらめいたものでした。このことが経験的に教えてくれているように、インタビューのやりとりを読み込む努力と同様、そこで明らかになった知見を先行研究のなかにどのように位置づけるのか、またそれは先行研究に対してどのような意味をもつのか、を考えることは、自分の研究を価値あるものにしたり、あるいは投稿論文の採択可能性を高めていくためにも絶対に必要な作業だといえます。

■ まとめ

　教師という職業は多くの研究のなかでつい一括りして語られてしまいがちです。もちろん、だからこそ示すことができる重要な論点や主張があります[3]。しかしながら、一人ひとりの〈語り〉を丁寧に読み解けば読み解くほど、彼／女たちが他との交換可能性や不変性を備えた「一般化可能なカテゴリー」としての「教師」という、ステレオタイプのように理解することはできない（すべきでない）存在だということがわかります（グッドソン（Goodson, 2001/2001））。

　伊勢本（2018）、そして本節で示してきたのは、まさにそのための方法です。組合への加入率低下が問題視され、教師たち一人ひとりの声がなかなか届きにくい状況があるなかで、私が行っている教師個別の〈語り〉にこそ着目する研究は、例えそれが断片的なものであったとしても、彼／女たちが直面している複雑な多面的で多元的な現実を、教師ではない私たちが理解するための資源を提示する、という重要な役割を担っているだと信じています。

---

3) 例えばその代表として近年注目を集める教職の多忙化をめぐる議論がある。

その一方で、近い将来、本節への批判的検討を行うことで、教師研究の新たな議論を拓く「誰か」が出てくるのなら、これ以上嬉しいことはありません。

引用文献

Bulumer, H. G. (1969). *Symbolic Interactionism*, Prentice Hall（ブルーマー，H.G. 後藤 将之（訳）(1991)『シンボリック相互作用論』勁草書房）

Flick, U. (1995). *Qualitative Sozialforschung*, Rowohlt Verlag GmbH（フリック，U. 小田 博志ほか（訳）(2011)『新版 質的研究入門』春秋社）

Gergen, K, J. (1999). *An Invitation to Social Construction*, Sage（ガーゲン，K.J. 東村 知子（2004)『あなたへの社会構成主義』ナカニシヤ出版）

Goffman, E. (1959). *The Presentation of Self in Everyday Life*, New York：Doubleday（ゴフマン，E. 石黒毅（訳）(1974)『行為と演技』誠信書房）

Goodson, I. F. (2001). Life History of Teachers（グッドソン，I. F. 藤井 泰・山田 浩之（編訳）(2001)『教師のライフヒストリー』晃洋書房).

Holstein, J. A. & Gubrium, J. F. (1995). *The Active Interview*, Sage Publications（ホルスタイン，J. A. & グブリアム，J. F. 山田 富秋ほか（訳）(2004)『アクティブ・インタビュー』せりか書房）

久冨 善之・長谷川 裕・福島 裕敏（編）『教師の責任と教職倫理』勁草書房

岸 政彦（2016）．生活史 岸政彦・石岡丈昇・丸山里美（著）『質的社会調査の方法』pp.155-240，有斐閣

倉石 一郎（2017）「蟷螂の斧をふりかざす」『現代思想』2017年3月号，100-111.

中村 高康（2012）「テーマ別研究動向（教育）」『社会学評論』63(3)，439-451.

桜井 厚（2002）『インタビューの社会学』せりか書房

白松 賢（2004）「マジックマッシュルームとは何か」『教育社会学研究』74，189-207.

Søreide, G. E. (2006). Narrative Construction of Teacher Identity, *Teachers and Teaching*, Vol. 12, No. 5, 527-547.

高井良 健一（2007）「教師研究の現在」『教育学研究』74，251-260.

山田 浩之（2006）「子ども社会研究におけるライフヒストリーの可能性」『子ども社会研究』12，124-141.

油布 佐和子（1999）「教師は何を期待されてきたか」油布佐和子（編）『教師の現在・教職の未来』138-157，教育出版

【書籍紹介】

① Goodson, I. F.（2001）. Life History of Teachers（グッドソン，I. F. 藤井 泰・山田 浩之（編訳）（2001）『教師のライフヒストリー』晃洋書房）.
ライフヒストリーの方法を紹介するために用いられることが多い本書ですが、実は Goodson の主張はその方法論に関わる議論以上に、教師を個別具体的な存在として「知る」ことの意味を示していることにあります。

② 油布佐和子編（2009）『リーディングス日本の教育と社会 第 15 巻 教師という仕事』日本図書センター
議論が少し古くなっている部分もありますが、教師研究の流れや発展の過程、そしてその成果や限界等を網羅的に把握する上で非常に重要な論集です。

【付記】
本研究は JSPS 科研費（科研番号：20K13922）の助成を受けたものです。

有間梨絵、植松千喜

<参照論文>
有間梨絵・植松千喜・石塚悠・志津田萌（2019）「性の多様性に向けた教育実践の諸相―セクシュアル・マイノリティの教師の語りの分析」『日本教師教育学会年報』28, 84-95.

はじめに

　本節では、教師のジェンダーやセクシュアリティについて焦点を当てたナラティヴ分析について紹介します。最初の項では、学校教育における性の多様性の課題と、これまでの主な研究を概観した上で、本研究の視座が教育学研究に対してもつ意義を示します。続いて実際の調査の経過に沿うかたちで、調査に至るまでの手続きと調査のプロセスの中でどのように問いや分析視点が定まっていったのかを紹介します。後半は調査を終えて論文を執筆する段階について、分析方法の選定について簡潔に述べた上で、インタビューデータから分析視点にしたがって抽出し記述するとはどういうことか、実際の事例を用いて示します。最後に本研究の結論から得られた示唆についてごく簡単にふれて節を結びます。

セクシュアル・マイノリティを変革の主体としてみる視座を定める

　学校教育における性の多様性の課題については、主に学校教育に求められる支援のあり方の研究がなされてきたほか、当事者教師の語りをまとめた書籍の中で描かれてきました。これらの中では、学校文化において性別二元論や異性愛主義が強固な前提とされていること、それを打破するような教育実践・支援のかたちが明らかにされてきました。

また近年では、2015年に文部科学省から「性同一性障害に係る児童生徒に対するきめ細やかな対応の実施等について」という通知（以下、2015年文科省通知）が出されたことが1つの画期となっています。通知のタイトルこそ「性同一性障害」のみを対象としているようにも見えますが、実際に内容をみると広く「性的マイノリティ」の児童生徒に対する個別的支援や、学級における人権教育の必要性が明示されています。また、国際的な動きとしては、ユネスコから『国際セクシュアリティ教育ガイダンス（*International technical guidance on sexuality education*)』が出され、日本でもこの紹介が徐々に進んできています。

　さて、本研究はセクシュアル・マイノリティと自認する教師を対象に聞き取りを行ったものですが、同様の形式をとった研究に佐藤卓（佐藤, 2016）の研究があります。この研究では、非異性愛教師に対する聞き取りの中で浮かびあがった生きづらさの様子から、教師文化の中に潜む性別二元論や異性愛主義の様相を明らかにしており、未公刊ながら非常に重要なテーマの研究といえます。

　しかし他方で、佐藤の研究では非異性愛教師は生きづらさを抱える存在として描かれているため、どうしても受動的な存在として位置づけられてしまっていることは否定できません。土肥いつき（土肥, 2015）は、セクシュアル・マイノリティ当事者の児童・生徒をめぐって、支援されるだけの存在ではなく「学校の性別分化を顕在化させ、学校の性別分化そのものを問う存在である」ことを指摘しています。この指摘を踏まえると、当事者の教師についても支援されるだけの存在ではなく、学校で前提とされている性のあり方を問い直し、変革する存在として位置づけられる必要性が浮かび上がってくるのです。

　少し抽象的な話になりますが、例えば片田孫朝日の社会学の研究では、子どものジェンダーを〈主体の位置〉というポスト構造主義的な視点からとらえることで、子どもを受動的な存在としてとらえたり、ジェンダーを本質主義[1]的なものとしてしまったりする回路を退け、むしろ日々の言説実践から絶えず構築される動的なものとしてジェンダーをみています。あるいは教育学の分野でも、外国につながる子どもたちを単に日本の学校に適応できない、排除されている存在としてのみ描くも

---

1) 本質主義とは、「男子」や「女子」といったカテゴリーを規定し、対象の本質的特徴の存在を前提として議論する立場を指し、ポスト構造主義はこれを批判する立場（反本質主義）にあります。

のとは異なり、例えば学校などでの逸脱行動で抵抗のストラテジーを編みだす、対抗的アイデンティティを構築する存在としてとらえた研究があります（山ノ内，1999）。本研究のセクシュアル・マイノリティを受動的で固定したアイデンティティをもつ存在としてみるのではない、変革の主体としてみる視座は、このような日々の行為の中で構築されるダイナミクスをもった存在としてマイノリティをとらえる研究に連なるものといえます。

　以下の項では、この研究がどのような方法のもとで進められたのかを、可能な限り時系列に沿って示します。

■ インタビューを進めながら問いを定める

　研究のそもそもの始まりは、所属機関附属のセンターのプロジェクトに共同研究のかたちで応募したことでした。同じ研究室のメンバー4人でなにについて研究するかを検討した結果、学校におけるジェンダー、セクシュアリティの問題やそれに関わる教師の経験に関してメンバーの多くの関心が重なることが分かりました。その中でひとまずは、セクシュアル・マイノリティを自認する教師に実際にインタビューをするという方法論を打ち出して、先生たちが学校現場で困っていることを調査することで、学校の課題を明らかにするというかたちで研究計画書を作成しました。しかし、この時点ではあくまで個々の先生たちにとっての学校の障害という視点でしか着想を得られず、最終的に子どもたちの教育へと還元されるような問いはうまく立ちませんでした。

　応募したプロジェクトは無事に採択され、早速実際にインタビューをして研究を開始しようということになりました。しかしインタビューにあたっては、さまざまな準備が必要です。当然ですがインタビュイーとして協力してくださる先生を探すこと、そしてインタビューする項目や手続きについて決め、その手続きが倫理的に問題ないかどうかを第三者の審査によって検討する必要があります。

　まずは、インタビュイーとなってくださる先生にアプローチすることになりますが、セクシュアル・マイノリティの方にアプローチするのは、それ自体が非常にセンシティブなことでもあります。なぜなら、職場や身近な人に自らのジェンダー・アイデンティティやセクシュアリティについてカミングアウトしているとは限らず、アプローチの仕方によっては重大な人権問題となるからです。したがって、ま

ずは自らのジェンダー・アイデンティティやセクシュアリティについて公表している現職の教師にアプローチを試み、その先生のネットワークを通じてさらなる協力者を探すという方法をとることにしました。性の教育や文化について扱っている雑誌をいくつかあたる中で、そこで精力的に自らの経験も交えた論考を書いている佐々木陽介先生（仮名）にメールで連絡を取ったところ、インタビューに協力していただけることになりました。

次に、インタビューする項目や手続きについてですが、事前に所属機関の倫理審査委員会での承認を得る必要がありました。前述の通り、この時点ではまだわれわれの問いは完全には焦点化されていませんでした。そのため、インタビュイーの基本的な情報、学校での教師としての経験、学校の制度や文化についての意見をおおまかに聞くかたちでのインタビューガイドを作成しました。その他に、研究についての説明文書、同意書、同意撤回書を作成し、これに研究計画書を添付して所属機関の倫理委員会に提出しました。倫理委員会の審査はおよそ2か月に1回だったため、提出スケジュールには細心の注意を払いました。ここで作成した書類をもとに、実際のインタビューでは、聞き取りに先立って研究の説明を行い、同意撤回の自由を前提に同意をいただきました。

無事に倫理審査を通過し、佐々木先生と日程の調整もつき、いよいよインタビューとなりました。インタビューにあたっては、多くの場合大学の教室や外部の会議室を我々で借り切って先生に来ていただき、2時間ほど行いました。すると、学校教育が抱える課題についてももちろん話題が及んだのですが、それとは別に我々があまり予想していなかった視点の語りと出会ったのです。その語りとは、教師としてそして同時に佐々木陽介という一人の人間として、どう学校で性教育に関わるのかという点について、佐々木先生がかつて感じていた葛藤に関するものであり、その当時の思いから現在講演活動に力を入れているという語りでした。私たちはそれまで漠然と、セクシュアル・マイノリティの人々が学校生活の中でどのような生きづらさを感じているのかという問いをもっており、いわば学校教育が抱える課題に対して支援を必要としている存在としてセクシュアル・マイノリティの人々を見ていました。しかし、実際に当事者の人々はそのような課題の多い学校の中でただ生きているというわけではなく、教師として教育実践を行ったり、あるいは学校以外の場での運動に参加したりすることなどを通して、社会を変革している能動的な存在でもあるということに、私たちは佐々木先生との対話で気づかされたのです。

佐々木先生との対話の中で得られたこの気づきから私たちは、セクシュアル・マイノリティと自認する教師が、学校内の教育実践や学校外での運動などで、どのように変革の主体として実践を行っているのかということを、中心的な問いに設定することに決めました。その後、佐々木先生のご紹介などを経て、最終的には全部で以下の表1の4名にインタビューに協力をいただくことができました。

表1　研究協力者のプロフィール（氏名はいずれも仮名）

氏名	校種	勤務年数	ジェンダー・アイデンティティ／セクシュアリティ
佐々木陽介先生	小学校（非常勤）	16 年	ゲイ
折居寛先生	小学校（常勤）	10 年	ゲイ
田所蓮先生	高等学校（常勤）	15 年	ゲイ
水野かおる先生	高等学校（常勤）	32 年	MtF トランスジェンダー

分析視点が見えてくる

　こうして4名の教師にインタビューをした中で見えてきたことがいくつかありました。いずれの先生も性の多様性に関して言及はもちろんしており、それに関してなんらかの実践はしていました。しかし同時に、4人とも性の多様性以外のイシューも教育実践の射程に入れていたのです。すなわち、セクシュアル・マイノリティはさまざまなマイノリティのうちの1つであり、例えば経済的な貧困、身体の障害などと同じく人権教育の1つの入り口であるという考えを共通して示していました。

　さて、4名の語りの差異をとらえるために、どのような視点で分析するべきかが問題になりました。しかしこれはなかなか容易に決まるものではなく、しかも視点を変えれば論文全体の書き方も変わってしまうという非常に骨の折れるプロセスでした。このプロセスそのものの詳細は後の項に譲りますが、この4名の学校や学校外での実践の違いを、どのような軸に基づいて意味づけたらよいのか、試行錯誤が続きました。性の多様性という観点からみて、学校教育が問題を抱えた場であるという認識は全員に共通していたにもかかわらず、学校で性の多様性に関する教育を実践できた先生とそうでない先生がいました。果たしてこの違いを分けている要因はなにかという問いが生まれました。また、学校で性の多様性に関する実践ができ

なくとも、学校の外での運動をしている先生たちもいました。2015 年文科省通知が示しているような、セクシュアル・マイノリティ当事者に対する「支援・配慮」以外のアプローチがさまざまに存在することは早い段階で明らかになったものの、そのように行動を分けた要因はなにかということと、このさまざまなアプローチをどのように腑分けして意味づけるのかは、なかなか出口の見えてこない問いでした。

　先生たちの語りと学校内での実践をつぶさに検討していくと、次のような違いが見えてきました。例えば佐々木先生は、小学校教員だった当時は周りに迷惑がかかることを恐れてカミングアウトができなかったのですが、カミングアウトをせずに性の多様性の教育をすることにかなりの困難を感じ、実際には行うことができませんでした。他方で、佐々木先生は、常勤としての小学校教員の退職後現在に至るまで、さまざまな雑誌や講演会などにおいて自らの経験も踏まえながら精力的に性の多様性について語っています。折居先生も職員室の同僚の性差別的な様子から学校でのカミングアウトはできなかったのですが、「普通」を疑うような子どもにしたいという願いをもって実践を行っていました。また、カミングアウトはするかしないかの 2 択というわけではなく、水野先生のようにカミングアウトもしなければ、女性トイレを利用するなどの自らのジェンダーの主体としての実践を隠しもしない先生もいました。そのような水野先生のあり方が、関わった生徒の考えを少しずつ変えていったという出来事もありました。田所先生は、理解ある校長に背中を押されたことに加えて、「生徒にカミングアウトされる予行練習」として聞いてもらおうと思い、調査の数年前に教職員に自身のセクシュアリティをカミングアウトしていたのですが、これをきっかけに「もう僕は知られても別になにも困ることはない」と考え、東京レインボープライド[2]に参加するようになりました。

　このように、学校という実践の場をどうとらえるのかは、自らのセクシュアリティのカミングアウトと大きな関わりがあることが見いだせました。また、カミングアウトをしていないという点で共通する 2 人の先生の間でも、性の多様性に向けた教育実践には違いがあり、学校だけが実践の場ではないことがわかります。さらに、

---

2) 東京レインボープライドとは、代々木公園周辺で毎年ゴールデンウィークに開催されている、「LGBT をはじめとするセクシュアル・マイノリティの存在を社会に広め、"性" と "生" の多様性」を祝福するイベント」です。
　（引用部分は、東京レインボープライド公式ウェブサイトより https://tokyorainbowpride.com/about2020/、2020 年 7 月 6 日情報確認）

性の多様性の教育をめぐっては、セクシュアル・マイノリティの声の存在感は大きいように思われがちですが、佐々木先生が抱えた困難はこういった固定観念を覆すものでした。以上のことから、カミングアウトを中心概念として設定し、職場である学校でカミングアウトをしているかどうかが、各先生の学校内外の実践にどのようなバリエーションをもたらしているのかを示す記述をめざすことにしました。

分析方法を選定する

　それでは、どのような分析方法を用いたらインタビュイーの想いや教育実践を描き出すことができるのでしょうか。私たちはインタビュー調査の前から分析方法を定めていたわけではありません。ですが、例えばグラウンデッド・セオリーのように、インタビューデータを個々の文脈から切り離す手法ではなく、それぞれのインタビュイーのストーリーを保持することのできるナラティヴ分析を志向していました。

　その際に、私たちはリースマン（Riessman, 2008/2014）『人間科学のためのナラティヴ研究法』から研究法を学び、テーマ的ナラティヴ分析を採用しました。それでは、リースマンの解説からテーマ的ナラティヴ分析の特徴を概観し、この方法を採用した理由をみていきましょう。

　テーマ的ナラティヴ分析は、言葉で示された出来事や認識の内容に焦点を当てます。分析されるデータは、インタビューの語りに限らず、書かれた記録やエスノグラフィー的観察など多様なテクストが対象になります。これらのデータが研究者の探究するテーマに照らされて分析されます。分析過程では、テーマ的な意味と要点に着目します。私たちの研究であれば、カミングアウトという軸から学校内外の性の多様性に向けた実践にどのように向き合っていたのかというテーマに関わる構造を示す文脈だけが読者に提示されます。テーマ的ナラティヴ分析では、既存の理論や政治的立場の影響を受けている聴き手の特徴、語りが引き出される状況には殆ど関心を払いません。したがって、読者に提示される語りも、方言や言いよどみ、インタビュアーとの相互作用などが捨象されます。ただし、この際に、私たちはテーマに沿って整理したストーリーをインタビュイーに確認してもらい、必要な修正を行うという作業を通して語りについての解釈の妥当性を担保しました。

　テーマ的ナラティヴ分析は、一つの事例から理論化することによって事例のス

トーリーを保ちます。それによって個々のインタビュイーの主体性や意図を尊重することができます。この点で複数事例を横断して要素を切片化するグラウンデッド・セオリーに対して、他にも理論が研究を導いたりデータから新しい理論的な見識を探究したりする点で違いがあります。またテーマ的ナラティヴ分析は、事例のストーリーを保ち、語りが引き出されるローカルな文脈をある程度捨象することにより、インタビュイーの語りを社会構造や権力関係、隠された不平等といったより大きな文脈と結びつけて考えることを重視します。私たちは、それぞれのインタビュイーの原体験や性の多様性に向けた教育実践の想いや葛藤などの個人的な語りを、現在の日本の学校教育における性の多様性の教育の課題と結びつけて検討することができると考えて、テーマ的ナラティヴ分析を採用しました。

■ 分析視点に沿ってインタビューデータを記述する

　いよいよ教師の語りを具体的に検討していきます。前述したように、私たちはカミングアウトという中心概念を軸にして、学校内・学校外でどのような実践を行っていたのかという視点に沿って語りを抽出していきます。事例の提示は、カミングアウトのあり方による4人の実践の違いに注目して、学校内でカミングアウトを行っていない佐々木先生と折居先生、学校内で教職員に向けてカミングアウトを行った田所先生、カミングアウトをしないがセクシュアル・マイノリティとしてのあり方を隠すこともしない水野先生の順序で示しました。本稿では水野先生の事例を取り上げて、インタビューで得られた語りがテーマに沿ってどのように整理されたのかを確認しましょう。

　水野かおる先生は約30年の教職経験をもつ高校教師で、男性から女性へのトランスジェンダーを自認しています。水野先生は、マイノリティや人権についての知識や教育実践の経験が豊富で、学校内外で精力的に活動しています。水野先生は、セクシュアル・マイノリティの問題も他のマイノリティの問題と同じように、あるべき個人の「自由」が社会によって制約されている状態だと考えています。水野先生は、学校の価値観や規範の画一性などに疑問をもち、学校内に「流動性」を生み出すための「突破口」を探り、実践に移しています。例えば、人権教育として多様なゲストスピーカーを招いたり、カミングアウトをしないトランスジェンダーのあり方を示したりしてきました。ほかにも、2015年文科省通知で挙げられた配慮事

例を、そのまま実行してしまい、それで問題が解決されたとしてしまう学校がありうることに懸念を示しています。

表2　水野先生の事例の一部抜粋

【当事者の側方支援とコミュニティづくり】

　水野先生は、マイノリティ当事者への特別措置として行われる「配慮」を「上から目線」ととらえる。当事者を苦しめている「制約」の存在自体が不当なものであるという非当事者の気づきなしには、配慮をしてあげる・してもらうという不均衡な関係を免れることはできない。これを打破するためには、当事者が動き周囲と関係を築いていく時間をかけたプロセスが必要だと考える。水野先生が、職場での女性トイレやロッカールームの使用をめぐり、他の教師の納得と協力を「獲得」できたと実感するまでには数年を要した。また数学科の教師として、「困ってる子がそこにある課題を一番知ってる子なんです。だから、その子から教えてもらう以外ない」との信念ももつ。当事者が自力で問題と向き合うことに社会を変えていく力を見出し、それを「側方支援」していくことに意義を感じている。

　この当事者の力に関して「学校の中でできないこと」として、水野先生はコミュニティづくりに力を入れる。コミュニティの種類は様々だが、意識しているのは「方向性をもたないコミュニティ」ということである。方向性を決めたりムーブメントが起こることを期待したりすると、必ず何らかの排除が発生する。そうではなく、「集まる中で出てくる何かを見てるだけ」なのだ。交流する中で自然と生徒同士で相談したり助け合ったり、時に異なるマイノリティさをもつ人々の交流から生まれてくる気づきがあるという。このような「雑多さ」の中で子どもたちの「選択肢」が広がり、教師以外の「多種多様な大人たち」に子どもが見守られ、「エンパワー」されていく。学校という「シングルイシュー」の場、縛りや責任が発生する場では難しいコミュニティがここでは実現しているのだ。水野先生にとって、見えない「ベスト」との整合性を測りながら、今できる「最善のベター」を模索する実践がこれらのコミュニティづくりである。

　表2は、水野先生の語りを研究者がテーマに沿って整理した記述です。実際の論文から抜粋しています。先述したように、テーマ的ナラティヴ分析では、テーマに関わる構造を示す文脈だけが読者に提示されます。表2のように、私たちは、インタビュイーの言葉や言い回しを引用しながら、テーマに沿ってインタビューデータを抽出しました。私たちは、水野先生の語りの内容を3つのまとまりに整理し、それぞれのまとまりに語られた内容が端的にわかるような見出しを設定しました。表2で取り上げた内容には【当事者の側方支援とコミュニティづくり】という実践の特徴を示す見出しをつけました。他のインタビュイーの場合も同様に、3つのまとまりに分けて整理し、それぞれのまとまりに見出しをつけて記述しました。

教師の知識や思考をとらえる

　さて、本稿では水野先生の語りの一部しか紹介していませんが、実際の研究論文では、カミングアウトという中心概念を軸にして、学校内・学校外でどのような実践を行っているかという視点で4名のセクシュアル・マイノリティを自認する教師の語りを検討してきました。「分析視点が見えてくる」の項で述べたように、4人の教師の実践は、学校内と学校外という場で展開されていました。さらにセクシュアル・マイノリティの児童生徒のみを対象とした実践は少なく、クラスや社会全体に向けた働きかけを行っているという特徴がみえてきました。そこで4人の実践を実践場所と対象者（学校内／外と、セクシュアル・マイノリティ／セクシュアル・マイノリティ以外も含めた全体）で分類すると、表3のような4つの類型に整理することができました。

表3　性の多様性に向けた実践の4類型

実践場所　＼　対象者	セクシュアル・マイノリティ	すべての人々
学校内	当事者への「支援・配慮」(e.g.2015 年文科省通知)	人権教育
学校外	当事者コミュニティづくり	一般向け講演活動 社会イベントへの参加

　4人の教師の実践は、佐々木先生の学校外での講演活動や折居先生の「普通」を疑うような子どもにしたいという願いをもった学校内での実践、水野先生の学校内での人権教育や学校外でのセクシュアル・マイノリティの子どものコミュニティづくり、田所先生の学校内での人権教育と東京レインボープライドという社会イベントへの参加であり、いずれも学校内で当事者の児童生徒のみを対象とした実践は行っていませんでした。

　この4人の教師の実践にみられなかった類型（学校内・当事者）は、2015年文科省通知のような、当事者個人に対する支援や配慮があてはまります。しかしながら、このような支援や配慮の実践は、実践場所・対象者を軸とした類型でみると、4つのうちの1類型に過ぎないという限界があるといえます。セクシュアル・マイ

ノリティの児童生徒が困っている事柄に対して、個別具体的な対応を行うことは必須であり重要です。ですが、そのような当事者に対する支援や配慮のみならず、すべての児童生徒を対象にした教育を行ったり、すべての児童生徒に対して学校外のイベントや勉強会を紹介したりするなど、多様な実践の展開を想定する必要があるといえるでしょう。

■ まとめ

　本節では、セクシュアル・マイノリティを自認する4名の教師の語りの分析を通して、性の多様性に向けた教育実践の新たな枠組みを描出する研究のプロセスとその内容を紹介しました。私たちがインタビューをした4名の教師は、自らのアイデンティティや社会の差別・偏見と向き合い、性の多様性に向けた教育について、苦悩し、葛藤し、考え抜き、自分らしいやり方で実践を積み重ねていました。この研究では、当事者である教師を支援・配慮を受ける受動的な存在としてではなく、むしろ性の多様性に向けた変革の主体としてみる視点も示されたといえるでしょう。

　これまでの教師研究や授業研究の分野において、ジェンダーの視点から検討された研究は一定の蓄積があるものの、セクシュアリティに着目した研究はほとんどありません。ですが本研究が示したように、4人のセクシュアル・マイノリティの教師の語りは、ジェンダーやセクシュアリティに関わる問題に留まらず、隠れたカリキュラムや権力構造、人権問題など学校教育の諸問題を浮き彫りにしました。このような四者四様の教師の姿は、一人ひとりのストーリーを保持するナラティヴ分析だからこそ描き出すことができたといえるでしょう。

　振り返ると、私たちは、インタビュイーとの出会いや分析視点の設定、分析方法の決定など紆余曲折しながら歩んできましたが、その道中ですっかり4人の教師のファンになっていました。魅了される教師との出会いが研究を突き動かすのだと思います。

引用文献

土肥いつき（2015）「トランスジェンダー生徒の学校経験—学校の中の性別分化とジェンダー葛藤」『教育社会学研究』97, 47-66.
片田孫朝日（2006）「ジェンダー化された主体の位置—子どものジェンダーへのポスト構

造主義的なアプローチの展開」『ソシオロジ』50(3)，109-125.

文部科学省（2015）「性同一性障害に係る児童生徒に対するきめ細やかな対応の実施等について」

佐藤卓（2016）「セクシュアリティの差異の視点による教師文化論の再検討―非異性愛教師の生きづらさの実態調査から」千葉大学修士学位論文（未公刊）

キャサリン・コーラー リースマン（2014）『人間科学のためのナラティヴ研究法』（大久保功子、宮坂道夫監訳）東京：クオリティケア（Catherine Kohler Riessman（2008）. Narrative Methods for the Human Sciences. California: Sage Publications）

UNESCO（2018）. *International technical guidance on sexuality education: An evidence-informed approach*. Revised Ed.

山ノ内裕子（1999）「在日日系ブラジル人ティーンエイジャーの「抵抗」―文化人類学と批判的教育学の視点から」『異文化間教育』13，89-103.

 【書籍紹介】

①森山 至貴（2017）『LGBT を読みとく―クィア・スタディーズ入門』筑摩書房
「LGBT」というくくられ方のもつ問題性を手がかりに、性の多様性について検討しています。差別の解消に知識が不可欠であることも教えてくれます。

②加藤 慶・渡辺 大輔（編著）（2012）『セクシュアルマイノリティをめぐる学校教育と支援―エンパワメントにつながるネットワークの構築にむけて―増補版』開成出版
教師や研究者、セクシュアル・マイノリティを自認する学生など幅広い著者によって、性の多様性をめぐる学校教育の諸課題がセクシュアル・マイノリティの経験や視点に着目して指摘されています。

第3章
教師の経験をとらえる

　教師は、その職業生活をどのように経験しているのでしょうか。同じ制度の下で養成され採用され仕事を遂行していたとしても、それぞれの経験は異なっています。その異なりは信念や職場での関係性、自身のライフストーリーに応じて多様です。個々に異なる教師の多様な経験について知ることは、それぞれの教師のそれぞれに異なる職業経験から、教師という職業と信念、それまでの来歴、所属している組織文化のあり方について知ることでもあります。

　第1節曽山論文では、経時的なインタビューをもとに、新任の小学校教師の「経験過程の語り」を丁寧にミクロに分析して、夏休みを契機として自分なりの子どもをとらえる感覚をつかむことができるようになること、教師としてのあり方と自分らしいあり方との間でゆれながらアイデンティティを模索することなど、1年間という短期間の変容を明らかにしています。第2節町支論文では、はじめての異動を経験した中学校教師の語りの質的データ分析から、異動のネガティブな影響として、自己評価に反して周囲から一人前とみられること、初任校で培われたあるべき学校像や教師像と、異動先の学校や教師集団の状況とのズレなどに基づく困難があることを明らかにしています。第3節滝川論文では、昭和20年代に小学校の教壇に立った11名の元教師の女性への聞き取りに基づく語りのスタイルとライフヒストリーとの関連の分析から、初任期の経験の頑強性、異動を節目としたライフストーリー形成、成長する者としての自己定位、といった教職の特徴を明らかにしています。そして、第4章松嶋論文では、スクールカウンセラー（SC）の立場で関与している中学校におけるエスノグラフィから、SCと教師との協働のプロセスにおいて、子どもを語る多様なジャンルが輻輳する異種混交な状態が生まれ、SCによることばのジャンルや問題構造の提示が教師に収奪されることで状況が変容したことを明らかにしています。

　教師の語りをとらえる枠組みがうまく設定できることで、個別の事例を超えた教師の新たな姿がみえてくるのです。

新任小学校教師の経験過程

●インタビューと分析を重ねる中でみえてきたもの

曽山いづみ

<参照論文>
曽山いづみ（2014）「新任小学校教師の経験過程」『教育心理学研究』62(4), 305-321.

はじめに

　初めての経験は、多くの場合特別な意味をもちます。教師にとってもそれは同様です。初めて教師として子どもたちと向き合う経験、教師として苦悩する経験、教師として認められる経験…こういった経験がその後の教師人生の土台となっていくことは、多くの研究で指摘されています。そのような初期の大切な経験を、できるだけ生き生きとした形で描き出したい…そのためにはどうしたらいいか、試行錯誤をくりかえしながら、本研究（曽山, 2014）は生まれました。

　本節では、新任小学校教師9名を対象に1年間計4回にわたる経時的インタビューを実施した研究（曽山, 2014）を題材に、経時的インタビューという方法論や、リサーチクエスチョンの練り直し、どのように分析しまとめていったか、といった道筋をふり返って考えていきます。

　この研究は筆者にとって初めて本格的に取り組んだ研究となりました。それゆえのわからなさ・先の見通せなさ・混乱も多くあったように思います。ふりかえると、筆者の本研究をめぐる経験は、新任教師たちの経験過程（わからなさや混乱を抱えながらも経験を積むことで徐々にみえることが増えてくる、同時に自身のアイデンティティを問い直しが行われる）と重なるものがあったのかもしれません。

問題意識をもつ

研究は、何かしらの問題意識をもつところからスタートします。当時大学院生だった筆者は、漠然と「教師の大変さ」が気になっていました。すでに教師の多忙や困難、バーンアウト[1]については様々な指摘がなされていた頃でもありました。当時の筆者と同年代の若い教師たちが頑張っている様子を聞く機会もあり、だんだんと「大変な職業だけれども、一生懸命頑張っている若い先生たちもたくさんいるんだ」「大変なこともたくさんあるだろうに、なんでそんなに頑張れるんだろう？」「頑張ってそれが報われる人と、そうではない人がいるのだろうか？」という問題意識を抱くようになりました。

研究法の授業で「興味のあるテーマについてインタビューをする」という課題が出され、上記の問題意識をもとに、若手小学校教師にインタビューする機会を得ました。そのインタビューを通して、小学校教師たちは筆者が思うよりもはるかに忙しい毎日を送っていること、子どもたちとの関係、保護者や同僚教師たちとの関係には大変なこともたくさんあるけれども、同時に「やりがい」を感じられるような出来事もたくさんあることを知りました。教師という職業の奥深さや魅力をひしひしと感じると同時に、先の問題意識の1つ、「頑張ってそれが報われる人、やりがいを感じられる人と、そうでない人の間には何か違いがあるのだろうか？あるとしたらどんな違いなのだろうか？」がさらに大きくなっていきました。

調査方法を定める

教師のうつやバーンアウト、専門性発達といった分野を中心に先行研究を調べる中で、新任・若手の時期の大切さをあらためて実感し、修士論文では新任小学校教師に焦点をあてることにしました。その中で、指導教員から「新任期の経験を、そ

---

1) バーンアウト（日本語では燃え尽き症候群とも呼ばれる）という概念を最初に提唱したのはフロイデンバーガー（Freudenger, 1974）です。過度な仕事によって精神的・身体的に疲弊し、消耗した状態を「バーンアウト」と呼びました（落合，2003）。その後、マスラーク＆ジャクソン（Maslach & Jackson, 1981）がバーンアウト傾向を測定する尺度（Maslach Burnout Inventory）を開発し、情緒的消耗・脱人格化・個人的達成の3因子がバーンアウトにかかわっているとしました。

の折々で聞いていけると面白いのではないか」という助言を受け、小学校教師になった最初の1年間に、何回かにわたってインタビューを行う、という研究の基本方針が決まりました。新任期の大切さは多くの研究で指摘されていましたが、多くの研究が回顧的な調査方法であったこと、新任期の1年間を追った研究はほとんど見られなかったことからも、このような経時的インタビュー（当時は縦断的インタビューと呼んでいました）は、学術的な意味があるのではと考えました。インタビューの時期は、学期や季節の区切りなども考え、1年間に4回（1学期中、夏休み中、2学期中、年度末（春休み）以降）とすることにしました。新任教師の多忙さを考えても、年間4回程度のインタビューが最大限であるように思われました。

　リサーチクエスチョンは、「新任教師はどのような経験を経て変容（発達）していくのか」「やりがいや困難はどのようなものか」「困難な出来事があってもそれを乗り越えて行ける場合とそうでない場合には何か違いがあるのか」といったものでした。しかし、インタビューを重ねる中で、分析を進める中で、リサーチクエスチョンは色々と変わっていきました。それに伴い、分析方法も紆余曲折をくりかえしました。それらについては後述します。

インタビューを始める

　調査方法が定まり、次の大きな仕事は研究協力者を募ることでした。ただでさえ忙しい新任期に、年間4回のインタビュー調査に協力してくださる方がどれだけいるのか…という不安を抱えながらの協力依頼でしたが、知人を通しての雪だるま式サンプリング[2)]を行い、7名の協力者を得ることができました。まずは教師をしている知人に研究目的を説明・協力者の紹介をお願いし、自分の周囲にいる人たちにもこれから教師になる人がいないかどうか、聞いてお願いに回っていました。1人協力してくださる方が現れると、その方が友人知人に声をかけてくれるという形で少しずつ輪が広がっていきました。大学院生という立場の人間（筆者）が、同年代

---

2) インタビュー調査などに協力してくださる方を募集することをサンプリングと言います。その募集の仕方や理論によって、サンプリングの種類もいろいろありますが、ここではつてをたどったり、協力者の方に新たな協力者を紹介してもらうという形で輪を広げていく、雪だるま式（スノーボール式）サンプリングを行いました。

の教師たちに対して個人的に依頼を行っていくという形だったため、協力者の方たちも堅苦しくなく依頼に応じてくださったのかもしれません。調査協力に対する所属学校長への許可については、協力者や紹介者の要望・学校の雰囲気に合わせる形で、個別に対応していました。あらかじめ筆者から所属学校長へ許可をいただく場合もあれば、所属学校長向けの説明文書を協力者の方づてでお渡しいただく場合もありました。

　前方視的な研究のため、インタビューをしてみないと、1年間が終わってみないとどのような結果になるかわからない、という不安もありました。ですが、調査を始めてみると、それぞれのインタビューでは、日々の大変さ、戸惑い、悩み、子どもたちとの生き生きとした関係…などが率直に語られているように筆者には感じられ、そのリアリティに圧倒されると同時に、きれいにまとまりきらない「今、ここで」の語り（このインタビューも、厳密には短期的な出来事をふりかえっている回顧的インタビューということになりますが、ふりかえる期間が短いこと、経験を重ねると語られなくなるような「混沌」が混沌のまま語られていたような実感があるため、「今、ここで」の語りと表現しています）の面白さを実感しました。そして、なんとかこの語りを研究としてまとめたいという思いを、インタビューの度に強くもちました。

　研究協力依頼の承諾が得られ、インタビュー調査の日程調整ができた方から順次インタビューを開始していったため、実際のインタビュー実施時期には2ヶ月程度の幅がありました。また、1回目のインタビューはできたが2回目のお願いをしてもなかなか連絡が取れない、といったことも経験しました。教師たちの多忙さはわかっていたのでどの程度しつこく連絡すべきか迷いましたが、時をおいて何度か連絡した結果、だいぶ期間があいてから再度インタビューをできることもありました。不安もありつつ、計画通りのペースでインタビューを重ねられている方もいるから大丈夫、と自分に言い聞かせていました。当初は修士論文執筆という目的のもとで研究を行っていたため、時間的にも余裕がなく、走りながら考える、という感じでインタビューを重ね、分析を進めていました。

研究者－協力者の関係性ができてくる・問題意識が変化する

　インタビューを始めた当初は筆者もかなり緊張していて「お忙しいときに貴重な

時間を頂いて申し訳ない」という気持ちが強くありました。協力者の先生方からも「こんな話で役に立ちますか？」などの疑問を投げかけられることが多かったのですが、そのような問いかけにもうまく答えられていない感じを持っていました。

　ですが、3～4回目のインタビューになると、協力者の先生方ともだいぶリラックスしてお話ができるようになり、筆者側から「さっきおっしゃっていた○○は、～ということですか？」などと質問を投げかけることも自然にできるようになりました。筆者（研究者）－協力者の関係性ができてきたことで、語りの内容も変化し、初期はあまり葛藤を語らなかった先生が、徐々にインタビューの場で葛藤を語るようになったと思われる場面にも遭遇しました。また、協力者の先生方が「この（インタビューの）時間を使って自分がやってきたことをふり返ることができました」と言ってくださることもたびたびあり、インタビューの時間がそれなりに互恵的なものになっているのかも、という手ごたえも感じられるようになりました。特に年度末（春休み）以降のインタビューでは、「1年が終わったらあっという間に新しい1年が始まった」「1年目をふり返る機会がほとんどなかった」という声が多く聞かれ、学校現場の忙しさ、目まぐるしさを実感するとともに、じっくりと経験をふり返り語ることのできる時間と場の重要性を感じました。

　インタビューを重ねるにつれて、筆者の問題意識も徐々に変化していきました。経時的インタビューの面白さを実感し、時期による経験の変化、語りの変化をきちんと描きたいと思うようになりました。協力者たちの語りは、大きく2種類にわけられるように思われました。1つは、「教師としての自分」、「なりたい・目指す教師像」などについて考える、いわば教師としてのアイデンティティについての語りです。もう1つは、子どもとのかかわり、同僚教師や保護者とのかかわりなど、日々の経験についての語りです。教師としてのアイデンティティと日々の経験は密接に結びついているものでもありましたが、ひとまず研究1としてアイデンティティとその発達の観点から分析し、研究2として経験過程に焦点を当てて分析していくことにしました。

　修士論文の時点では、アイデンティティ発達の部分は TEM（Trajectory Equifinality Model：複線径路等至性モデル）（サトウら，2012）を用いて分析し、色々な出来事を経験し、悩みながらも「教師を続けていこうと思う」という等至点に至る径路を描き出しました。TEM を用いたのは、アイデンティティ発達を検討するにあたっては、非可逆的な時間の流れを分析に盛り込むことが重要だと考えたため

です。また、それぞれの経験が行動レベル・記号レベル・信念レベル（現在この考え方は、「発生の三層モデル」、「TLMG（Three Layers Model of Genesis）」としてまとめられています）のどこに位置するのか考えることで、新任教師の「変化」のきっかけとなる経験がどのようなものかを明らかにすることも目的としていました。

そして、経験過程の部分はグラウンデッド・セオリー・アプローチ（以下 GTA）を援用する形で分析しました。GTA を選択したのは、新任教師の「経験」には多様なものが含まれていますが、その内実、構造を明らかにしたいと考えたからでした。研究1の方は時間の流れを強く意識していましたが、研究2では「経験」に関する語りを抽出し、カテゴリーにまとめていきました。その結果、「子どもとのかかわり」が新任教師の経験の中核として重要であること、「子どもとのかかわり」を積み重ねることでだんだんと「教師らしく」なっていく過程が明らかになりました。子どもとのかかわりを中心とした経験の積み重ねは、研究1のアイデンティティ発達と同時に進んでいくものであり、互いに影響を及ぼし合っているものでした。

■ 論文を投稿する

修士論文としては、3回目（2学期中）のインタビューを終えたところでまとめましたが、研究としては1年間のインタビューを終えてからが本番だ、という気持ちがありました。1年間を通して、5人の先生には当初の予定通り4回インタビューをすることができました。2人の先生は、それぞれお忙しい・連絡がつかないなどの理由により、2回ずつのインタビューとなりました。この7名の協力者、計24回分のインタビューデータを投稿論文にまとめようというところから、新たな試行錯誤と紆余曲折がスタートしました。

まずは、修士論文でまとめたものに4回目（年度末（春休み）以降）インタビューのデータを追加するかたちで分析を進めました。そして、それぞれの研究を学会誌に投稿しましたが、結果は芳しくありませんでした。査読者の先生方からは厳しくも的確なコメントをたくさんいただきましたが、共通していた内容は大きく2つです。1つは、少人数のデータであり、これが本当に新任教師の経験を表しているといえるのかどうか、ということ。もう1つは、この研究の新奇性、オリジナリティはなにか、ということでした。

協力者の人数が少ない（特に、1年間4回インタビューを実施できたのが5人で

あった）点は、筆者もどうしようかと悩んでいた部分でした。少人数だが丁寧に経過を追っている研究なのだ、ということをアピールしたつもりでしたが、論の運び、分析の視点やデータの提示方法に甘い点が多かったのだろうと思います。その甘さは、2つ目の「本研究ならではのオリジナリティがない」という指摘につながっていたようです。査読者の先生方から頂いたコメントに沿って改稿を試みましたが、筆者も修論の枠組みを壊すことができず、結局その論文はリジェクトとなってしまいました。

　さて、どうするか…悩んでいた筆者に、指導教員から「時間をかけて練り直した方がいいかもしれない。もう1年かけて協力者を追加してはどうか」というアドバイスがありました。「また1年かけてインタビューをするの？本当に？」という戸惑いと後ろ向きな気持ちも正直わきあがりましたが、「協力者が増えることでこの研究の意義がわかってもらえるならばやろう！」という気持ちが打ち勝ち、慌てて2回目の協力者募集を行うことになりました。そして、新たに2名の先生に協力いただけることになりました。幸いなことに、2名の先生には1年間計4回のインタビューを行うことができ、さらに今までの協力者たちとは異なる経験、語りを聴くこともできました。協力者の多様性（性別、小学校教師になるまでの経験、学校規模や同僚教師とのかかわり方など）も増し、修士論文のときよりもさらにデータが豊かになったと感じられました。

データの面白さを活かす方法を考える

　とはいえ、この豊かなデータをどうまとめたらいいのか、本研究のオリジナリティをどう表現するのか、何よりも協力くださった先生方の生き生きとした語りを活かすためにはどうしたらいいのか…、筆者の試行錯誤は続いていました。この膠着状態を打破するきっかけとなったのが、同じゼミの仲間たちと開いていた勉強会でした。少人数かつゆるやかで自由な集まりでしたが、折々で一緒に作業をしたり、各自の研究の進捗状況を報告しあったり、悩んでいることを相談しあったりしていました。自分1人で作業をしていると悩みすぎてまとまらなかったことが、他の人の目を通すと面白いポイントや独自性が見えてきたり、新たな着想を得られるということを何度も経験しました。

　当時の筆者は、小学校教師の経験過程を修正版グラウンデッド・アプローチ（以

下 M-GTA）（木下，2003）で分析していました。修士論文ではアイデンティティ的な側面と経験的な側面を分けて分析していましたが、やはり両者は切り離せないもので、その相互作用も合わせて分析することが必要だと考え、教師としてのアイデンティティについての語り（「自分は教師としてやっていけるのだろうか」といった葛藤や、自分らしい教師像を探求していこうとする動き）と、教師としての経験についての語り（子どもや保護者、同僚教師とのかかわりやその難しさ、悩み、それらを通してわかってきたことなど）を合わせて「教師の経験過程」と位置づけることにしました。

　そこで悩んでいたのが、時間の流れをどのように分析に組み込むか、でした。M-GTAを用いることで、新任教師にとって重要な経験はなにか、概念として抽出してまとめることができ、それらがどのように影響しあっているのかわかりやすく図示できるという利点がありました。一方で、1回目のインタビューから作成された概念も、3回目のインタビューから作成された概念も最終的に同じ図の中で表現することになってしまい、時間の経過による（経験を積むことによる）変化を表すことが難しいという実感がありました。

　新任教師たちの語りは、インタビュー回数を経るごとにどんどんと変化していました。例えば、最初（1回目インタビュー時）は「子どものことも学校の流れやルールもわからない、難しい」といった混乱や、自分が先生と呼ばれることへの戸惑いや葛藤が多く語られ、それでも日々奮闘することで「子どもの色々な姿が見える」ようになり、少し「自分の言葉が子どもに通じた感覚」をもてるようになっているようでした。それが、夏休みになると1学期の経験のふりかえり・省察が進み、他の誰でもない、自分なりの「先生としてこうありたい」という感覚が確かなものになりつつあることが感じられました。3回目（2学期中）インタビューでは、さらに子ども一人ひとりの性格や状況を見極める目が育っていることが窺われ、無理せずとも先生として子どもたちの前にいられるようになったという語りも出てきていました。年度末には、この1年間で自分がしてきたことをふり返り、「他の人から見たら大したことはできなかったかもしれないが、自分なりにやれることはやったと思う」と意味づける語りが多くみられました。

　このような変化（他にもたくさんの変化がありましたが）をみせることこそが本研究の意義であると思いつつ、その表現方法に悩んでいたとき、勉強会に参加していたメンバーから、「インタビューを4回しているのだから、結果、図も4つつくっ

たらいいのでは？」というアドバイスを受けました。M-GTA を用いる＝結果図は
１つである、という思い込みにとらわれていた筆者にとって、そのアドバイスは大
きな転機となりました。各インタビュー時期の図をつくることで、時期を経ること
で新しく得られた概念が何なのか、わかりやすく表現することができます。そして
分析を精緻化するうえでも、このアドバイスは役に立ちました。具体的には、協力
者ごとに分析するという作業の後に、インタビュー時期ごとに分析するという２段
階で分析を行うことにしました。それにより、各概念の特徴（どの協力者たちがど
の時期に語った内容なのか）が明確になっていきました。特に時期別の変化がみえ
やすくなり、1 学期、夏休みの頃は【わからなさ／難しさに直面する】語りが多かっ
たものが、2 学期頃には減っていき、【自分なりの感覚をつかむ】語りが多く得ら
れるようになっていたこと、【自分なりの感覚をつかむ】については夏休み時のイ
ンタビューで最も概念数が増えており、夏休みという時間的にも精神的にもゆとり
のある期間が新任教師の省察やアイデンティティ形成にとって重要であることが示
唆されました。

　インタビュー協力者を２名追加したとはいえ、少数事例の研究であることには変
わりなく、理論的サンプリングや理論的飽和ができていない、という点をどう説明
すべきかは、ずっと悩んでいたところでした。しかし、2 段階の分析を経て概念の
明確化が図れたことで、厳密な意味での理論的飽和とはいえないまでも、それなり
に説得力のあるかたちで結果を示せるようになったと感じました。

■ 再び投稿する

　上述のような大幅な練り直しを経て、できた論文を再び学会誌に投稿しました。
結果は修正再投稿でしたが、査読コメントの内容は前回投稿時と比べるとびっくり
するほど温かいものでした。前回投稿時は、論文の至らない点が主に指摘されてい
た（ような印象を受けた）のですが、今回の投稿では、査読者の先生方からも本研
究ならではの面白さや価値がある旨のコメントを頂きました。そのうえで、論文と
してもっと質を上げるためにはどうしたらいいか（具体的には概念のさらなる精緻
化や、細かな言葉の使い方など）といったご指摘がありました。

　査読のプロセスを通して、分析の中ではなんとなくあいまいにしてしまっていた
部分や論立ての甘さなどに気付くことができ、論文全体をブラッシュアップするこ

とができました。深く考えずに使っていた言葉（用語）が、読者からはどう受け取られるのかといったところにも意識をめぐらせること、筆者のいいたいことを過不足なく伝えるためにはどうしたらいいか考えること、の重要性を学びました。学会誌に投稿することは大変な作業ですが、研究をステップアップさせるためにはとても大切なことであると実感しました。

　また、査読プロセスの中で、ある査読者の先生から「筆者がこの結果を通して現場に伝えたいことは何か。本研究の実践的な意義も書けるといいのではないか」というご指摘をいただきました。それまで「いかに結果を丁寧に記述し考察するか」といった視点にとらわれていた筆者にとって、「この研究結果が現場でもきちんと役に立つものになりうる」と思えたことは、この研究をしていてよかったという実感につながりました。

　このようなプロセスを経て、最終的に論文が採択されました。

■ あらためて本研究の意義を考える

　ではあらためて、曽山（2014）の研究の意義はどのような点にあったのか、なぜここまで紆余曲折が必要だったのか、考えてみたいと思います。

　新任教師たちがどのように発達していくか、どのように教師になっていくのかは、教師研究の中では古典的なテーマです。古典的テーマだからこそ、学術的に価値あるものにするためには、なにかしらの工夫が必要でした。ですが、この研究はもともと筆者の素朴な疑問からスタートしたため、そこから学術的に価値のある問いに練り上げる・問いを精緻化する作業が足りないまま、走り出してしまったという点が反省点として挙げられます。筆者は臨床心理学専攻だったため、臨床心理学分野の教師研究はそれなりに調べていたつもりでしたが、それ以外の膨大な教師研究については、修士論文やその後の論文をまとめながらあわてて調べるということをくりかえしていました。そのため、「筆者がやろうとしていたことはすでに先達が行っているのではないか」という疑問・心配を常に抱えながら、何とかこの研究の独自性を見いださねば、それをきちんと説明せねば、というところで焦っていました。

　一方で古典的テーマであるということは、昔も今も大事なテーマである、ということを意味します。また、質的研究においては、同じような手法を使ったとしても全く同じ結果になることなどあるはずもなく、焦点のあて方次第でオリジナリティ

を見いだすことは可能である、ということにも徐々に気づいていきました。

　本研究の意義は、何度もくりかえしてきた通り、新任教師の経験過程を経時的インタビューによって明らかにした点にあると考えます。回顧的な調査ではそぎ落とされがちだった混沌とした語り、時を経ると（経験を積むと）語られなくなるような語りを、その折々で記録できたことに意味がありました。それによって、新任期におけるアイデンティティの揺らぎと時間・経験を重ねることの変化を描くことができました。インタビューの場で語ることを通してもまたふりかえりや省察が進むこと、新任期の教師にとっては実践をしながらの省察だけでなく、少し距離を置いてからの省察も必要であることも新たに示唆されました。また、従来「新任教師の発達ってこんな感じだよね」と経験的に共有されていた事柄を、データによる裏付けを伴うかたちで示したこと、それが多くの人にとって「ああ、わかる」と納得してもらえるかたちで提示できたことも、本研究が学会誌に採択された理由であったように思います。さらに、インタビューをしていた当時の筆者が若く、研究協力者であった新任の先生方と同年代であったこと、異なる専門性をもちながらもともに専門職としてのアイデンティティを構築しようとしていたという、研究者（筆者）と協力者の関係性にも意味があったように思われます。同年代で、しかも仕事とは異なる関係性だからこそ、聞けた語りが多くあったように思います。特に学校内での複雑で微妙な人間関係（教師間や保護者との関係など）や、所属校の文化や雰囲気に対する葛藤など、相手や場を選ぶような話題は吐露しやすかったようです。当時はそこまで理論立てて考えていませんでしたが、筆者の調査方法は、新任教師の感情体験や傷つきやすさについての率直な語りも促進しやすい構造であったと考えられます。感情体験や傷つきやすさはアイデンティティ形成と密接に関連しており、同じ言葉や経験であっても状況や文脈によって新任教師側としての意味づけは大きく変わりうることを示せたことも、本研究の強みであったといえるでしょう。今からふりかえると至らない点ばかりが目につきますし、もう少し効果的なやり方があったのではとも思いますが、一生懸命に先生方の話を聞こうとし、それぞれのインタビューデータを丸暗記できるほどに読み込んでいたがむしゃらさは、今の筆者も見習わなければならないところです。

　前述の通り、本研究では筆者の関心、リサーチクエスチョン、分析方法も紆余曲折をたどりました。その紆余曲折は、うまく論文のレベルアップにつながった部分もあれば、そうではない部分もありましたが、一度つくりあげた研究（修士論文）

を壊して、もう一度新たな論文としてつくりなおすという作業には大きな意味がありました。それは、自分のせまい興味関心を脱していく作業であり、かつ自分の「これが面白い！」と思う感覚と社会からの評価（学術的な意義）との接点を探す作業でした。

　分析方法について述べると、修士論文では重要な位置づけだった TEM という方法論は、本論文をまとめる際には使用しませんでした。ですが、TEM 的な視点・考え方は、筆者が分析を進める上で大いに役に立ちました。具体的には、本研究では「子どもへの理解とかかわり」「先生としての自分のあり方」という経験過程を促進する要因・阻害する要因を描き出しました。この促進要因・阻害要因は、TEM でいうところの SD（社会的抑制）、SG（社会的促進）という概念をもとに着想したものです。TEM では「丁寧にデータを分析する」ことが求められますが、まず TEM という方法論を用いて分析したことで、その後 GTA や M-GTA を用いて分析したことで、このデータの特徴を最大限活かす方法、面白さをわかりやすく表現する方法はどんなものがあるのか、一歩引いた視点で考え直すことができました。ですので、分析方法に迷ったときは、そこで立ち止まるのではなく、なんでもいいからまずは分析を始めてみる、ということをお勧めします。論文執筆にあたっては、「この面白さを伝えたい！」という情熱と、学術的な価値や研究のオリジナリティを表現するためにどうしたらいいか工夫を凝らす冷静さの両方が必要だと感じています。

まとめ

　最後に、「語り」から新任教師の発達に迫る意義についても述べたいと思います。「語る」ことは経験を意味づけることでもあります。新任教師たちにとって、自身の経験を借り物ではない自分の言葉で語り意味づけることは、そのまま自分はどのような教師になりたいか、教師としてのアイデンティティを模索し、構築する過程につながっていました。外側から見えていることと新任教師の内部で起こっていること：経験の意味づけの過程をつないでいくことは「語り」研究だからできることであり、教師の発達研究においても重要であると考えます。

　研究を立ち上げ、データを収集し、分析しまとめる…言葉にすると簡単ですが、その奥にはたくさんの悩みや迷い、試行錯誤が詰まっています。苦労した分だけ必

ず報われる、とはいかないところが研究の厳しい・難しいところですが、エネルギーをかける方向を間違えなければ、その苦労が報われることも多いように思います。また、当初の計画からだいぶ違ったところに研究が着地した、というのは、研究を通して自身の現場を見る目、データを見る目が育ったからかもしれません。

　「オリジナリティ」、「意義」だけを探そうとすると苦しくなることも多いですが、情熱と冷静さを上手に行き来しながら研究をまとめていく、周囲の人の意見にも真摯に耳を傾ける、そんなしなやかな姿勢も大切なのでしょう。

引用文献

Freudenger, H. J. (1974). Staff burnout. Journal of Social Issues, 30, 159-165.

落合美貴子（2003）「教師バーンアウト研究の展望」『教育心理学研究』51, 351-364.

Maslach, C., &Jackson, S. E. (1981).The measurement of experienced burnout. Journal of Occupational Behaviour, 2, 99-113.

安田裕子・サトウタツヤ（2012）『TEM でわかる人生の径路—質的研究の新展開』新潮社

木下康仁（2003）『グラウンデッド・セオリー・アプローチの実践—質的研究への誘い』弘文堂

 【書籍紹介】

①山崎準二（2012）『教師の発達と力量形成—続・教師のライフコース研究』創風社
　膨大な教師のライフコース研究をもとに、教師の発達の道筋が丁寧に記述・考察されています。コーホート間の比較や事例ごとの分析も行われていて、教師のライフコース全体を見渡すことができます。従来の発達観＝「垂直的」発達モデルではなく、「水平的、ないしはオルターナティブな（巣選択的変容型）」発達モデルの必要性が示されています。

②ドナルド・A・ショーン，柳沢昌一・三輪建二（監訳）（2007）『省察的実践とは何か—プロフェッショナルの行為と思考』鳳書房
　省察的実践家（反省的実践家）というプロフェッショナルのあり方を提示した、いわずとしれた古典的名著です。なぜ行為の中の省察や実践の中の省察が大切なのか、その提言には歴史的にどのような意味があったのか、理論的基盤を確かなものにするためにも一読されることをお勧めします。

③グループディダクティカ（2012）『教師になること、教師であり続けること—困難の中の希望』勁草書房
　新任・若手教師たちを取り巻く人間関係や力関係がわかりやすく生き生きと描写されています。

第3章 2

異動という経験

◉異動が教師に与えるネガティブな影響 ◀◀

町支大祐

＜参照論文＞
町支大祐（2019）「中学校教員の異動後の困難に関する研究─初めての異動に着目して」『教師学研究』22(1)，37-45.

はじめに

　異動は、我が国の公教育で働く全ての教師にとって、避けては通れない出来事です。それどころか、数年おきに繰り返し訪れる出来事でもあります。加えて、ライフコース研究などでも明らかにされている通り、異動は、教師としてのキャリア（ライフ）において重要な転機となる出来事であるといわれています（山崎，2002）。誰もが避けられず、何度も訪れ、そして、転機にもなりうる出来事、それが異動であるといえます。

　筆者は、研究の世界に入る前に、中学校教師として勤務していましたが、その頃から異動の影響の大きさを感じていました。例えば、前任校で様々な活躍をして（という噂で）鳴り物入りで異動してきた人が、新しい学校に適応できずに苦しむ姿も見ました。逆に、異動をしたことで水を得たように活躍する人もいました。こうした出来事であることから、異動を『分水嶺』であると表現する論もあります（中島，2006）。その後の教員の行く末を大きく左右する出来事である、ということを意味しています。

　これほどインパクトのある出来事ですから、異動を関心の対象とする研究も様々に行われてきました。本章でとりあげる研究（町支，2019）もその一つに位置します。教師が共通して経験する異動という出来事が、教師にどのような影響を与えるか、特にネガティブな影響に着目して分析したものです。直接的な分析手法として

は、インタビューを行い、その内容をカテゴリー化したもので、比較的シンプルな手法であるといえます。以後、この研究に至る経緯や研究を進めていく上での試行錯誤などについて述べるとともに、教師研究について考えていきたいと思います。

異動について視野を広げる

筆者は、学校を退職し研究の道に入りましたが、研究を始めるにあたって、最初の問題関心は漠然としたものでした。前節で述べたような、異動をきっかけに変化していった何人もの教師たちの姿を見て、異動がそもそも何のために行われているのか、どうすればより良い（「良い」の意味も漠然としていましたが）異動が実現されるのか、といった素朴な疑問をもっていました。

その頃に出会ったのが教師のライフコース研究です。特に、長年に渡って多数の教師のキャリアや人生を描いてきた山崎の研究（2002）は示唆深いものでした。各個人のライフコースを質的に描いた部分においても、異動はたびたび転機として現れ、また、量的な分析の中でも、多くの教師が異動を転機の一つとして認識していることが示されていました。異動が与えるインパクトの大きさに肯首するとともに、多様な異動経験について触れれば触れるほど（当たり前ではあるのですが）自分の見てきた異動が、自分の属する自治体でのものに限られて来たことに気づきました。まずは幅広く異動について知ることが必要であると考えました。

そこで手にしたものの一つが、各自治体の異動要項や異動方針などです。様々な自治体の行政文書に目を通し、例えば、異動の範囲（自治体内で異動するのを基本とするか、それに限らず都道府県全体どこにでも異動しうるのか）や異動スパン（異動から異動までの年数）などが自治体によって大きく異なることを知りました。同時期に目を通したのが、川上（2005, 2011）です。川上の研究では、都道府県や政令市を対象として、異動の範囲やスパン、そして、異動の決定プロセスなどについて量的な調査を行っています。これらを読むことを通じて、異動の多様性の全体像を把握することができました。これらの知見は、後にとりあげる筆者の研究においても、調査対象の自治体を絞っていく際に参考としました。実際の論文内でも、対象選定の理由を述べる際に川上研究に言及しています。

こうした異動の多様性を知る活動は、教師の異動に限らず行いました。ホワイトカラーや看護師を中心とした、他職も含めた異動一般に関する書籍や論文も読み

ました。例えば、企業人事を主な対象としたテキスト（今野・佐藤，2002）からは、企業における異動では、異動に伴って職能が変わるケースが多いことを知りました。営業部から企画部への異動などです。この知見と比較すると、教師の異動は、専門職として基本的には職能を変えないまま職場が変わっていく、という特徴をもつと考えることができます。

　同時に、教員と同じような特徴の異動を経験せざるを得ない職種として、看護師があるということも知りました。看護師研究には、「配置転換」（病院内で担当する部署がかわること）に関わる研究群があります。後述しますが、この研究群の知見は、本章で取り上げる研究のアイデアを得るうえで大いに役立つことになりました。

　こうした視野を広げる活動は、私のように教師経験を持ったうえで教師の研究をする人にとって重要なステップであると考えます。問題意識の根本には自分自身のなんらかの経験（私の場合でいえば、異動をきっかけに活躍できた人や、苦しい状況になってしまった人との出会い）がある場合が多いと思われますが、その経験を相対化し、俯瞰してその問題を捉えることにつながると思います。

研究動向を整理し、テーマを絞る

　同時期に始めたのが、それまでの異動研究の動向を追うことです。

　教員の異動に関しては、長い間、異動パターンから異動の決定プロセスにおける力学を推察する研究が繰り返し行われてきました。例年3月末に公表される、全教職員の人事異動の情報を丁寧に分析し、そこから異動の「パターン（例えば、高校において偏差値の高い学校ばかりを渡り歩くパターンがある、など）」を析出し、そうしたパターンが行われる理由を類推する（例えば、上記の異動パターンを経験する教員に、特定の大学の卒業生が多いことから学閥の存在を類推する、など）、という方法で行われてきました。これらは、学閥や、教育委員会（以下、教委）の政治的意図が、異動の決定プロセスに影響しているのではないか、と問題提起するものでした。というのも、背景には、文部省・教委と教職員団体との政治対立がありました。教委に同調的な者ほど条件の良い学校に配置され、敵対的な政治活動に熱心な者ほど不条理な異動を命ぜられるのではないか、といった問題意識（倉持，1965）が存在していたからです。よって、教委によって行われた決定プロセスが公正であるかどうかを問いただすことを目的に、多くの研究が行われていました。

しかし、決定プロセスに求められるのは、当然、公正さのみではありません。徐々に、異動を通してどんな効果が得られ、どんな影響が生じるのか、という点とセットで議論されるようになってきました（例えば、佐藤ら，1991）。異動の決定プロセスの自治体間での相違が明らかになってきた（川上，2005）こともあって、「どんな決定プロセスで異動を行うことが、より良い効果を生じさせるか」といった、異動の決定プロセスを独立変数とする研究が行われるようになりました（川上，2011）。こうした研究の従属変数として、異動による教師個人への影響が議論の俎上にのるようになってきました。

　こうした動向をふまえた時、筆者には「影響や効果」そのものについての議論が、より充実して行われる必要があるように感じられました。というのも、異動によって生じる効果や影響の全体像が分かっていなければ、「どのような決定プロセスが良いか」と議論をしても、その「良さ」を評価する観点が十分に同定できないからです。こうした考えから、筆者は異動が教師に与える影響について研究していくこととしました。

問いを焦点化する

　あらためて、異動が教師に与える影響という視点に立ってこれまでの言説や研究を整理し、違和感や不十分な点を感じないか、過去の研究を見つめなおしてみました。

　すると、その内容が、異動のポジティブな影響に偏りがちであることが分かってきました。例えば、同じ経験年数で比べると、異動の経験回数の多い教師の方が、自己効力感が高いことを示した川上・妹尾（2011）や、異動が力量形成のきっかけとなった事例を紹介している岸野・無藤（2006）、「異動は最大の研修である」とする小林（2011）などです。一方で、これらに比して、ネガティブな影響を描いた研究が圧倒的に少ないことを感じました。

　確かに、多くの自治体は、異動の目的の一つとして、教師の力量形成、つまりポジティブな効果を挙げています。経験の幅を広げることによって、力量を高める、ということを意図していると思われます。異動が、この意図通りに実現されているのか、という視点からの検証を行うためにも、こうしたポジティブな効果に関する分析は確かに必要です。

しかし、一方で、それだけでは不十分であり、異動のネガティブな面にも目を向ける必要があるのではないか、とも感じていました。自分自身が学校現場でみてきたなかにはそういった事例があったためです。実際、2010年前後から、異動がネガティブな影響をも生じさせている、との報告が一部なされるようになってきていました。例えば、2012年に示された文科省のワーキングチームのまとめでは、精神疾患による休職者のうち、約45%が異動後2年以内の者であると指摘されていました。

　しかし、こうした報告があるにとどまり、研究や分析が十分に行われている、とは言い難い状況でした。そもそも、より良い異動のあり方を考えるには、異動の影響をポジティブ面に限って捉えることでは不十分なはずです。ポジティブ・ネガティブの両面を捉えられるようになってこそ、初めてそういった議論を総合的に行うことが可能になります。その意味で、ポジティブ面に比べて圧倒的に遅れていたネガティブ面の知見を補っていくことが必要だと考えました。当初は一つの研究で両面を同時に捉えることも考えていましたが、そもそも、ネガティブ面については、どのような要因や影響がありうるのか、という整理もまだ十分には行われてはいない状況でした。そこで、1）まずはネガティブ面を探索的に分析し、ネガティブ面を整理したうえで、2）ポジティブ・ネガティブ両面を統合的に捉えていく研究を行う、というように段階的に進めていくことに決めました。

　そこで、少ないながらも行われている、異動のネガティブな影響についての研究をさらに重点的にレビューしました。異動後にメンタル面の不調に陥る教員が多いことの報告は前述したようにありましたが、そうした不調に陥るきっかけ（異動後の困難）についての研究が十分には行われていませんでした。先行研究では、異動後の困難は、基本的には、それまで接したことのないタイプの子どもたち、保護者や同僚と仕事をすることの難しさであり、それまでに勤めてきた仕事と異なるやり方で仕事を進めなければならない、といったことを理由に生じていると描かれていました（例えば保坂，2009）。

　一方、整理を重ねるにつれて、先行研究で描けていない部分もあると感じるようになりました。ヒントになったのは、前述した看護師の「配置転換」研究（例えば、長山ら，2011）です。それらによれば、例えば配置転換後の看護師は、【経験がある事への重圧】を感じるとのことでした。これは、配置転換後の看護師が、すでにいずれかの病棟を経験してきた経験者として扱われる一方で、新たな病棟で求めら

れる看護ができず、申し訳なさを感じたり遠慮が生じてしまうということを指していました。こうした困難は、ホワイトカラーの異動ではあまり報告されていません。異動に伴って職能が変わるため、異動先では0からのスタートになることが当然として受け止められやすいからではないでしょうか。逆に、同じ職能のまま異動する看護師の場合は、次の職場でもすでに経験のある一人前として見られる一方、自己認識としてはそれには見合わず、ギャップのある中で苦悩してしまうという状況だと考えられます。看護師同様、同じ職能のまま異動を強いられる教員にも、こうした困難が発生している可能性があると考えました。しかし、教師についての先行研究ではこうした点に触れられていませんでした。このあたりに新規性の可能性を感じながら、調査を開始することにしました。

方法を絞る

　まず、前述の新規性の可能性をふまえ、これまで研究されている以外の、異動後の困難を探るという、探索的な研究として本研究を位置づけ、量的な研究よりも質的な研究が適していると判断しました。

　質的な研究の中でいえば、例えばライフヒストリー研究のような個人の声に寄り添った形での研究もあり得たとは思うのですが、本研究は、個別性よりも網羅性と類型化を重視しました。理由は2つあります。1つには、すでにそうした事例に寄り添った記述が幾つか行われていたことがあります（例えば保坂，2009）。もう1つは、論文の中では直接触れてはいないのですが、将来的には、研究の「宛て先」として教育行政への示唆も視野に入れていたからです。これまでにも触れてきた通り、筆者を含め異動研究においては、どういう異動制度にすべきなのか、という問題意識が根本にあります。それを検討するには、どのような困難がどの程度発生しているのか、という全体的な知見が必要になると考えていたからです[1]。そのためには、異動後の困難の個別性だけでなく、それらを俯瞰して見るための網羅的な知見も必要であると考えました。

---

1) なお、この目的を達するには、この研究を通じて困難のバリエーションを把握しただけでは十分ではなく、それぞれの困難がどの程度発生しているのか、という点を問う量的な調査も必要であると考えています。

こうした考えにもとづき、本研究ではインタビューを行い、その発話をもとに分析することとしました。

対象者を絞る

次に検討したのは調査対象者の絞り込みです。

質的な研究は、調査対象者一人一人から得られるデータの影響が量的なものより大きく、その選定はより重要だといえます。選び方次第で、得られるデータは大きく左右されます。例えば、これまでも述べてきた通り、自治体によって異動のあり方は異なっていますが、それによって異動の影響の傾向も異なる可能性があります。例えば、基本的に同一市町村内で異動を回す自治体と、基本的に全県単位で異動を行う自治体とでは、前任校との環境の違いの大きさや、生活上の変化（例えば引越し・単身赴任など）の可能性も異なります。少ない学校数の中で異動するのであれば、かつて同僚だった人と新任校で再会する可能性も高いかもしれません。こうした違いは、異動後に直面する困難の様相に違いをもたらす可能性があります。この例からも分かる通り、調査対象をいかに定めるかは、得られるデータを大きく左右します。

加えて、その選び方についても慎重である必要があります。例えば、ある程度一般化を意図した研究を行う場合に、典型的な異動制度をとっていない自治体で調査をしてしまえば、その主張に疑問符がつくことになりかねません。その選び方について、妥当な論を立てられるかどうかは、研究の成否を大きく左右すると思われます。

本研究では、データを左右しうる条件として、自治体、教員のキャリアの長さ、学校種、性別、教科、部活動顧問の有無、講師経験の有無などに着目しました。これらの条件をコントロールしていくための方法は大きく分けると２つあると考えます。１つは、前述したように妥当な理由を持って対象を絞ることであり、もう１つは、その条件の全てのパターンを網羅することです。

今回の研究において、学校種、キャリアの長さ、自治体は前者の方法で考えました。学校種についていえば、中学校を対象としました。異動のネガティブな影響はメンタル面の悪化として表れます。基本的にメンタル面の厳しさを感じているのは中学校の教員であるとこれまでの研究でいわれており、この研究を行うべき切実性

が高いのは中学校教員であると判断しました。

また、異動は、教員のキャリアの長さ（それまでに異動を経験した回数）によって、生じる影響が異なるといわれています（國本・松尾，2016）。加えて、別の知見として、初めての異動が最も教員のキャリアに与える影響が大きいという研究もあります（波多江ら，2013）。研究対象は初めての異動を経験したばかりの教員、という形に絞りました。

自治体に関していえば、当然、全ての自治体の教員を対象とすることはできません。前述した、自治体ごとの異動のあり方の多様性を明らかにした川上（2011）を参照し、少なくとも特異な異動のあり方をとっている自治体ではないところを、対象とすることにしました。

一方、網羅性によってコントロールした項目は、教科や男女、部活顧問の有無などです。教科は五教科と技能教科に偏りがないように、また、男女、部活の有無、講師経験の有無も、できるだけ偏りがないようにすることを意図しました。

こうしたことをふまえると、偶然性に左右されがちな雪だるまサンプリング等では、妥当な対象者に出会える可能性が低くなります。理論的な、意図的なサンプリングが必要です。そこで、かねてから関係の深かった、学校現場と広くつながりのある研究者を通じて紹介を受ける形としました。

インタビューを行う

インタビューは1人1時間前後で行いました。前述の研究者から校長の紹介を受け、最終的には各校長を通じて対象者の紹介を受けました。このような手段をとったため、データの取り扱いの説明等は特に丁寧に行いました。当然のことではありますが、校長含め他者に直接データを見せることは決してないこと、匿名化を行うことや、特定できない形で論文化することなどを説明し、納得したうえで調査に参加していただきました。

というのも、本研究のインタビューは異動後に直面した困難について問うことになり、その中では現任校に対する不満が出る可能性が多いにあります。紹介を仲介した校長に関わる困難や不満も感じている可能性があります。そうしたものも含めて表出していただくにはデータの扱いに関する丁寧な説明は欠かせませんでした。

また、同様の目的で、短い時間ではありましたが、その中でもラポールを築ける

表1　調査対象者

仮名	性別	校種	何校目	現任校年数	教科	部活動	採用前講師経験
A教諭	男性	中学校教員	2校目	3年目	数学	主顧問	あり
B教諭	女性	中学校教員	2校目	1年目	英語	副顧問	あり
C教諭	女性	中学校教員	2校目	2年目	英語	副顧問	なし
D教諭	男性	中学校教員	2校目	2年目	体育	主顧問	あり
E教諭	男性	中学校教員	2校目	2年目	英語	副顧問	なし
G教諭	男性	中学校教員	2校目	3年目	体育	主顧問	なし
F教諭	男性	中学校教員	2校目	3年目	理科	主顧問	なし
H教諭	男性	中学校教員	2校目	3年目	数学	主顧問	あり
I教諭	女性	中学校教員	2校目	1年目	社会	副顧問	なし
J教諭	女性	中学校教員	2校目	2年目	国語	主顧問	あり

よう努めました。共感的にコミュニケーションをすることに気を配りながら、インタビューを行いました。

インタビューデータから知見を見出す

　まず、インタビューデータの逐語化を行うと共に、分析手法について考えました。具体的には、グラウンデッド・セオリー・アプローチ（戈木クレイグヒル，2008など）と質的データ分析法（佐藤，2008）との間で検討を行いました。

　結論からいうと、後者で分析を行うこととしました。グラウンデッド・セオリー・アプローチは、変化のプロセス等をとらえることに適しているといわれています（戈木クレイグヒル，2008）。例えば、異動後の困難がいかに乗り越えられていくのか、あるいは、いかに深刻化していくのかを捉えるのであれば、グラウンデッド・セオリー・アプローチでみるほうが適していたと考えられます。前節で述べた通り、今回の研究では変化やプロセスをみるというより、異動後の困難を網羅的に探索し、そのカテゴリーを示すことを重視しており、後者の方法をとることにしました。

　分析作業は、まず文脈をふまえながら、発話の意味を解釈し、コードをふることから始めました。そのうえで、さらに抽象度を高め、サブカテゴリーやカテゴリーを生成していくという作業を行いました。

　例えば、

> （自分は）経験ある人っていう扱い。色々できると思われてるし、自分自身も
> そう思われたい気持ちもあるし、誰一人として聞ける相手がいない。「出勤簿
> どうやってつけるんだっけ」とかも聞けない。

という発話には、〈助けを求めづらい〉というコードを付与しました。似たようなコー
ドとして〈ミスを言い出しづらい〉といったコードがあり、これらをまとめて『弱
みを見せられない』というサブカテゴリーが生成されました。さらに、『一人前扱い』
をされ、『値踏み』をされるなかで、『弱みを見せられない』という３つのサブカテ
ゴリーを統合して【周囲からの視点に関する難しさ】というカテゴリーにまとめま
した。

　同様に作成された【ステークホルダーの特徴の違いへの対応困難】【仕事のやり
方の違いへの対応困難】【信念とのズレに関する難しさ】とともに、４つのカテゴリー
によって構成されているという結果になりました。

　この結果を表したのが、表２です。

結果の整理

　最後に、研究の意義の明確化を行ないました。つまり、先行研究で明らかにされ
てきた知見との差異について整理しました。

　４つのカテゴリーのうち、【ステークホルダーの特徴の違いへの対応困難】や【仕
事のやり方の違いへの対応困難】は、この研究以前からいわれてきたことと重複し
ます。一方で、【周囲からの視線に関する難しさ】や【信念とのズレに関する難しさ】
も重要であることが、この研究を通じて明示されました。

　異動後に着任した教師は、周囲から「すでに一通り経験してきた人」というみら
れ方をします。そして、その力量が実際にあるのか、常に値踏みをされているよう
な感覚に陥っています。しかし、一方で、本研究でみた初めての異動を経験した層
は、まだまだ自分の未熟さも感じており、周囲からの視線の中でそれを表に出せず、
周りに助けも求められず、ミスをしても抱え込んでしまいたい気持ちになっている
人もいます。こうした孤独の中で苦悩をため込んでしまう可能性があります。

　また、信念レベルでのズレを感じている教師もいます。初任校での経験などから、
多くの教師は「あるべき学校像・あるべき教師像」というものをもっています。異

表2　生成されたカテゴリーやサブカテゴリー

カテゴリー	サブカテゴリー	コード例
【ステークホルダーの特徴の違いへの対応困難】	『ステークホルダーの特徴の違い』	〈初任校とは異なるタイプの生徒〉〈保護者の行動が初任校とは異なる〉〈同僚教員の雰囲気が初任校と異なる〉
	『ステークホルダーへの接し方や関わり方がわからない』	〈生徒との接し方がわからない〉〈保護者との関係には注意が必要〉〈同僚との関わり方がわからない〉
【仕事のやり方の違いへの対応困難】	『仕事に関する条件の違い』	〈時間の設定の相違〉〈休み方の違い〉
	『職務の枠組みの違い』	〈誰が指導するか、の違い〉〈前の学校にはない役職〉
	『職務の進め方の違い』	〈授業づくりの違い〉〈会議の通し方の違い〉
	『やり方の違いに起因するミスや問題』	〈条件の違いから生じるミス〉〈枠組みのズレから生じる問題〉
	『仕事の見通しが立たない難しさ』	〈基準がわからない難しさ〉〈反応がわからない難しさ〉
【周囲からの視線に関する難しさ】	『一人前扱い』	〈できて当然という視線〉〈誰も助けてくれない〉
	『値踏み』	〈見られている〉〈試されている〉
	『弱みを見せられない』	〈できないとは言えない〉〈助けを求めづらい〉〈ミスを言い出しづらい〉
【信念とのズレに関する難しさ】	『あるべき教員像との違い』	〈子どもと一緒にいるべきだがしない〉〈愛情をかけるべきだが形だけ〉
	『あるべき学校像との違い』	〈平等な場であるべきだがそうではない〉〈教員を大切にするべきだがそうではない〉
	『激しい反発』	〈現任校への侮蔑〉〈早期異動の意思〉

動先の学校が、それと異なる状況にあるとき、そのズレに葛藤や苦悩を感じる者もいます。この信念レベルのズレは、現任校に対する激しい嫌悪や不満としてあらわれがちであり、それを解消できないままでいると、メンタル面の不調につながる可能性も大いに考えられます。

　本研究は、こうした姿を描出し、異動の影響のネガティブな面の理解を深めることに寄与したといえます。

　あらためて、研究のプロセスを振り返ってみると、直接的な手法としてはインタビューを行なってその結果をカテゴリー化するというシンプルなものでしたが、そこに至るまでの問いや対象者の絞り込みに、この研究の鍵があったと思われます。

例えば、問いについては、異動の影響から、ネガティブな影響、そして、特に初めての異動後のネガティブな影響、とスコープを狭めていったことで、結果の分散を抑えることができました。おそらく、このプロセスを経なければ、あまりにも多種多様な異動経験が語られ、「色々な影響がある」という分析不可能な結果になっていた可能性もあると思われます。

まとめ

　本研究は、異動という全ての教師が共通して経験する出来事に着目しました。直接的には、異動が教師に与える影響について問うたものですが、広くいえば、教師のキャリアを理解することにもつながる研究であるといえます。キャリアは、職務の連続と節目によって構成されているといわれますが、本研究が着目した異動は、その節目にあたる出来事といえるのではないでしょうか。異動においては、対峙する児童生徒、その保護者、同僚、求められる役割なども1日ですべてが変わります。日常の職務やその積み重ねが教師に与える影響については様々に知見が蓄積されている一方で、キャリアの中に存在しているこうした不連続な変化が教師に与えている影響についてはスポットライトがあたることは、あまりありません。こうしたことへの知見も十分に蓄積していくことが、教師のキャリアの全体について理解することにつながるといえるのではないでしょうか。

　また、この異動という節目があることは、我が国の教員人事制度の特徴の一つであるといえます。異動は、冒頭でも述べた通り、我が国の教師にとって避けることのできない出来事です。一方、教師が直接学校から採用される形をとっている国では、（選択肢が十分にあるかどうかは別として）自分の働く環境を自分で選ぶことができます。しかし、日本の場合には、基本的には本人に選択権はありません。公教育の教師としてのキャリアを続けるには、配属された学校にどうにか適応する他に、あまり選択肢がないのです。こうした差異は、教師としての価値観や振る舞い方に様々に影響を与えている可能性があります（川上，2021）。異動という経験に着目していくことは、ひいては、我が国の教師の特徴について理解を深めていくことにもつながるものといえるのではないでしょうか。

引用文献

波多江俊介・川上泰彦・高木亮（2013）「教員の異動に伴うメンタルヘルスに関する調査研究—自由記述データの分析を通して」『九州教育経営学会研究紀要』19, 67-74.

保坂亨（2009）『"学校を休む"児童生徒の欠席と教員の休職』学事出版

川上泰彦（2005）「公立学校教員の人事における事務と情報—県・政令市教育委員会および教育事務所へのアンケート結果から」『東京大学大学院教育学研究科教育行政学研究室紀要』24, 1-19.

川上泰彦（2011）「教育経営における「人事」の制度的機能—教員人事行政の制度運用と教員の動態に着目して」『日本教育経営学会紀要』53, 60-74.

川上泰彦・妹尾渉（2011）「教員の異動・研修が能力開発に及ぼす直接的・間接的経路についての考察— Off-JT・OJT と教員ネットワーク形成の視点から」『佐賀大学文化教育学部研究論文集』16(1), 1-20.

岸野麻衣・無藤隆（2006）「教師としての専門性の向上における転機—生活科の導入に関わった教師による体験の意味づけ」『発達心理学研究』17(3), 207-218.

倉持巳佐男（1965）「部分的・個人的なたたかいでは勝利しない—人事異動をどううけとめるか」『教育』15(3), 63-67

小林直樹（2011）「岐阜県の教師教育制度と教職大学院」『岐阜大学教育学部教師教育研究』7, 1-19.

今野浩一郎・佐藤博樹（2002）『人事管理入門』日本経済新聞社

國本可南子・松尾直博（2016）「教員の異動とメンタルヘルスに関する研究の動向と展望」『東京学芸大学紀要総合教育科学系』67(1), 207-214.

文部科学省（2013）「教職員のメンタルヘルス対策について（最終まとめ）」教職員のメンタルヘルス対策検討会議

長山有香・白尾久美子・野澤明子（2011）「集中治療室へ配置転換した看護師が直面する困難」『日本看護研究学会雑誌』34(1), 149-159.

中島一憲（2006）「教師のうつ—臨床統計から見た現状と課題」『発達』106, 2-10.

戈木クレイグヒル滋子（2008）『実践グラウンデッド・セオリー・アプローチ』新曜社

境真由美・前田ひとみ（2011）「配置転換による看護師のストレスと適応に関する文献検討」『熊本大学医学部保健学科紀要』7, 63-70.

佐藤全・伊藤稔・茅島篤・坂本孝徳・高橋まゆみ・岩崎孝昭・高橋寛人・若井彌一（1991）「教員の人事行政に関する研究—転任人事の効果と改善課題に関する調査結果の概要」『日本教育行政学会年報』17, 149-162.

佐藤郁哉（2008）『質的データ分析法』新曜社

山崎準二（2002）『教師のライフコース研究』創風社

【書籍紹介】

①川上泰彦（2013）『公立学校の教員人事システム』学術出版会
　異動を含め、教員人事に関する教育行政のあり方について論じた研究書です。自治体間の
　相違が生じる要因は何か、あるいは、そうした違いが実際の異動にどう影響するのか、といっ
　た点について分析を行なっています。
②中島一憲（2003）『先生が壊れる―精神科医が見た教育の危機』弘文堂
　教師のメンタルヘルスを専門的にみてきた筆者が、教師を取り巻く状況の難しさについて
　問題提起を行ったものです。特に、前半の、心を病んでしまった教師の事例については、
　リアリティーある形で描かれています。

ライフヒストリーと語りのスタイル

◉昭和20年代に教壇に立った女性教師

滝川弘人

<参照論文>
滝川弘人（2017）「語りのスタイルとライフヒストリー──昭和20年に教壇に立った女性教師の語り」『教育方法学研究』43.

はじめに

　なぜライフヒストリーにこんなにも惹きつけられるのでしょうか。

　ライフヒストリー法とは個人が語ることを重視した生活史法をさします。筆者は今まで退職教師たちへのインタビューを続けてきました。語りを聞くとき、エピソードはどれも刺激的で、真剣な語り口、息遣い、沈黙、途切れ途切れについていく言葉の端々の新鮮さに時間を忘れることばかりでした。往時を振り返る顔つきに若き初任期が蘇り、背筋を伸ばして校歌を口ずさみ、職を離れても教師は教師として生きているのだと実感する場面に出会いました。B29が頭上を飛ぶ勤労動員の記憶を「もの凄い経験をした」と笑う教師の表情に死の覚悟が隠されていました。食料難の中でこっそりコッペパンを渡された教え子が、教師を囲んで現在も同窓会を開き続けていました。思いもかけないエピソードが語られ、面白い時間を過ごしました。

　筆者は教師の内面を探るために、表現された形式、つまり語りのスタイルを分類することでライフヒストリーを読み解く視点を見出していきました。本節では、教師のライフヒストリーを「写真」、「人物」、「くり返し」の語りのスタイルで分類した試みを紹介します。語りが教師の内面に近づく有効な手段であることが明らかになったと考えています。

　インタビューという方法の魅力を伝えることも本節の目的の一つです。ライフヒストリーを扱うならば、語り手の人生に関心がもてるかどうかが前提になります。

人の話を聞くのが好きなことが研究に取り組む上で大切です。筆者は戦後に照準を絞り、昭和20年代に教壇に立った退職女性教師の語りを集めてきました。幸いにも多くの先生たちが依頼を快諾され、対面を喜び、次の語り手を進んで紹介してくれました。「自分の人生をまとめて話せて本当に良かった」と終わりに言われることや次の語り手に「とてもいい経験をしたから、あなたもやったほうがいい」と勧めてくれることもありました。

語り手と出会う

　教師研究に教師の語りは用いられてきました。グッドソン（Goodson, 2001）はライフストーリーと社会的文脈との相互作用を見出し、ライフヒストリーを創始し語りは「教師の専門的な仕事を理解する上で役立つ」（Goodson, 2001．高井良・藤井・山田・白松，p.88）と論じています。デンジン（Denzin, 2000）は「多くの声に耳を傾け」（Denzin, 2000．岡野・古賀訳 2006, p.347）語りを研究の対象とする必要があると述べています。

　インタビューの協力者の範囲をどこまで求めたらいいのでしょうか。時間や場所と様々な物理的制約が関わってきます。向き合う語り手をどう決めるのかは研究の重要な出発点です。筆者が対象を昭和20年代の退職女性教師としたのは、女性教師が教員育成の制度が不十分な中で教師を志望し、生活と教職の両立を求められ、自らのライフヒストリーを切り開いてきたからです。退職後、語り手として人生をまとめて振り返るときに、成長の過程が明らかにされ、経験の意味が述べられ、教師の内面に近づくことができると考えたからです。人生を俯瞰してみる退職女性教師の語りを引き出すことで、未だ語られてこなかった物語と出会うことを目指しています。高齢者を協力者としてインタビューを行うにあたっては、相手の話に真摯に耳を傾ける「傾聴」が基本になります。聞こうとする姿勢によって語り手との人間関係は作られると考えます。正面からはっきりと短い言葉で話しかけることが大切です。言い淀みには待ち、話を遮らず、相槌を打つことを心掛けました。人生経験を積んだ高齢者の語りは、筆者にとって刺激的で味わい深いものでした。

　語り手は戦後昭和20年代に初めて教壇に立った11人の教師たちです（表1参照）。

　A先生から次の語り手を紹介してもらい、K先生まで11人に語り手は広がりま

表 1　11 人の退職女性教師たち

女性教師	A	B	C	D	E	F	G	H	I	J	K	備考
年齢	87	89	89	89	84	89	89	89	89	89	89	①
初任時期	20	21	23	20	23	23	23	23	23	20	23	②
初任年齢	16	20	21	21	21	21	21	21	21	16	21	③
最終学歴	高	師	師	師	高	師	師	師	師	高	師	④
既婚	○	○	○	○	○	○	○	○	○	○	○	⑤
子ども	2	2	2	2	2	2	2	2	2	2	2	⑥
夫の職業	○	○	○	○	○	△	○	○	○	○	○	⑦

① 2017 現在　②昭和 20 年 1945 年、昭和 23 年 1948 年　③初任 16 才から 21 才
④高：高等女学校師：師範学校　⑤全員が既婚　⑥子どもの人数　⑦夫 10 人同僚教師
F は△従兄弟

した。A 先生を中心としたコミュニティーに調査者として加わったことで、同質のサンプリングが可能になりました。語られた経験が共通する反面、対象が特定されてしまう限界も課題として生まれたことは事実です。「教師生活を振り返って語ってください」と冒頭の切り出しは決めておき、インタビューを進めました。思い出した出来事を自由に語ってもらうと、時間軸は過去と現在を行き来し、明瞭な記憶と退職後の心境の吐露が重なりました。テープレコーダーを 2 台用意し、録音する許可は事前に得ておきました。テープ起こしと口述メモをもとに文字化し、2 回聞き直し信頼性を高めるため検証者 1 名により録音内容を確認しました。初稿を語り手に読んでもらい加除訂正し、元資料となる記録ができ上がりました。

　研究論文を書きながら、テープを聞き直したり、テープ起こしを読み返したりすることが多いのですが、一対一のインタビューの時間が蘇ってきます。記録の文字を追いながら、語り手の教師の声を聞くと、口調や仕草までが目の前に戻ってくるようです。インタビューすること自体、調査者にとって貴重な経験になります。語り手の教師の人生を聞き手は追体験することができるからです。

インタビューから問いを立てる

　インタビューの成否はどんな語り手と出会うかにかかっています。そうそう研究

目的に都合のいい相手がいてくれるばかりではありません。ライフヒストリー法においては、インタビューからの発見を信じることが大切です。すべての語りに見つけるべきことが潜在しています。テープ起こしをし、記録を読み返し、インタビューを聞き直すくり返しの中で、発見することが必ずあるのです。インタビューの可能性に賭ける気概が必要です。実は語りのスタイルをとりあげようと思ったのは、聞き慣れたはずの録音を何度か聞く内に、疑問が生まれたからなのです。

　女性教師たちに特定のスタイルが選ばれた理由から、ライフヒストリーを描こうと決めたのは、A 先生のインタビューを何度か聞き直していた夜でした。

　インタビューしたときの A 先生の写真を取り出した仕草が思い起こされ「なぜ写真を取り出したのか」と疑問が生まれたことがきっかけでした。スタイルとは語り方の形式を指します。A 先生は写真を使って語るスタイルを選んだと考えました。そうすると別の語り手は「なぜ一人の人のことばかり話しているのか」とひっかかり、また他の先生が「なぜ同じ話を三度も繰り返したのだろうか」と不思議になりました。一つの形式、つまりスタイルが表れるのは、それが語り手にとって意図的であれ無意識であれ、内面を表現するために求められた結果ではないかと仮説を立てました。女性教師たちの語りのスタイルを分類し、ライフヒストリーを読み解く視点を見つけ、教師の内面を探ることにしました。

分析の視点を見つけ、ライフヒストリーを分類する

　11 人の女性教師たちは同時代に S 市で教職に就きました。語られた内容は、重なる出来事が多くあり、戦後の共通した経験でした。しかし面白いことに、語りのスタイルはそれぞれ違っているのです。語りのスタイルの一つは「写真」です。自発的に写真を取り出して語るスタイルを「写真」と命名しました。特定の人物に語りが集中した語りのスタイルを「人物」としました。同じ語りをくり返した語りのスタイルを「くり返し」としました。「写真」、「人物」、「くり返し」のスタイルによってライフヒストリーを区分してみました（表2参照）。教師たちの語りを比較して、特定のスタイルが表れた理由を考察することにしました。

表2　11人の元女性教師たちの語りのスタイル

女性教師	A	B	C	D	E	F	G	H	I	J	K	特　徴
写真	○			○	○	○	○			○		写真を取り出す
人物		○		○			○	○	○			特定の人物
くり返し			○		○	○		○	○	○	○	くり返し

写真を取り出した A 先生の語り

　写真を取り出して語った 6 人の教師の中から 10 枚の写真を取り出した A 先生の語りを先ず分析しました。A 先生が最初に取り出した写真は担任になって初めての卒業式に撮った学級写真でした。焼け残った校舎の前に 4 年生から受け持った 54 人の教え子たちが写っていました。緊張した面持ちの A 先生は前列に肩を張り座っていて、横には校長先生が控えていました。国民服の男子にセーラー服の女子、前列 7 人が裸足、靴に下駄と草履が混じっていました。

こんな大勢いるんですよ。生徒が。卒業写真。ねえ。これが私。すごいでしょ。前に校長先生と並んですわっているでしょ。まだ靴を履いてる。一応靴はいているよね。一年生や二年生のときは下駄の子もいたんだから。卒業だからちゃんとした服着ているよね。

　A 先生は 1 枚目の写真を手にして、このように語り始めました。

　A 先生は写真の中の自分を指差し、このとき 18 才で「えらく子どもに見える」と語りました。教え子を「この子っち（この子たち）」と呼び、「かわいい先生」と言われていたと微笑んでいました。A 先生は 10 枚の写真を順に取り出して語り続けました。

　なぜ写真を取り出したのかと考えました。写真を使って A 先生は教師と教え子たちとの関係について語っていました。写真には教え子が写り、語られたのは教え子とのエピソードばかりでした。写真と結びついた温かい記憶が蘇っていました。

　教え子側から見た A 先生との関係を調査するために、同窓会に筆者も参加し、

教え子たちにインタビューしました。教え子たちも A 先生と一緒に撮った写真を持ち続け、写真を手に再会したことを知りました。A 先生を囲む度に教え子たちは昔の写真を取り出し、教師と教え子の物語は A 先生と教え子たちの間で語り続けられてきたのです。写真を取り出したスタイルによって語られたのは、初任期から今まで続く教師と教え子たちとのライフヒストリーだったのです。

特定の人物に絞った B 先生の語り

11 人の教師たちから様々な人物との出会いが語られていました。

話題を特定の人物に絞って語った 5 人の中で、B 先生は占領下の女性司政官アンブロース（Edna. V. Ambrose）一人に絞って語っていました。アンブロースは各県を視察し、幼児教育や音楽科の改革、家庭科の実施に関わった CIE（民間情報教育局）の担当官です。

> アンブロースさんとワークショップをやりました。しょっちゅうそばにいらっしゃったから。授業を見せることになった。アンブロースさん、どう見てもきつい感じの方で、しっかりした方で。

> アンブロースさんにあたしら頭があがらない。日本語じゃあないよ。英語だよ。アンブロースさんの言っていることはたどたどしいけど理解できた。役所から通訳みたいな人が来ていましたけど。

> アンブロースさんみたいな外人に会うってことはなかったから。昔はね。外人が来れば家の中に逃げて入ったもんだから。アンブロースさんが来るっていうだけで学校中緊張していましたよ。

> アンブロースさんが来られたのは名誉なんです。ちょうちん学校っていったくらいでね。遅くまで学校でやりましたね。アンブロースさんが来たんだから、選ばれた教育熱心な学校だったんです。

B 先生はアンブロースとの出会いをこのように語りました。

B先生はアンブロースと出会った学校との関係が続いていると語りました。B先生は夫とともに初任校に勤め、学区に住み、教え子たちと交流し続けてきました。B先生がアンブロースを選んで語ったのは、初任校とともに生きる自分の人生を認めて欲しかったからだと伝わってきました。一人の人物と出会った学校との関係が維持されていると考えるからこそ、特定の人物がB先生の語りを占めていたのです。アンブロースを語るスタイルによってB先生は初任校を見つめ続けた時間を語ることができたのです。B先生のライフヒストリーは過去の真実であると同時に語り手の現在の意味が加わった物語なのです。語りたかった過去の出来事は、現在は夫を失い教え子も逝き、病床に伏す境遇に抗うものでした。教師として生きてきたB先生の自負がアンブロースとの出会いに込められていたのです。

同じ語りをくり返すC先生の語り

語り手は語りたいことをくり返し表現します。同じ語りをくり返すスタイルは、記憶の詳細な正確な再現であると同時に、例え無意識であったとしても、脚色し作り出された筋書きを意味します。

くり返しがみられた中でC先生の語りは最も特徴的で、結果として3回ともに全く同じ話を聞くことになりました。C先生が語った内容は詳細で、一貫した筋立てに沿って語られていました。3回共通する人名、場所名、周囲の状況や配置まで鮮明に再現されていました。同じ語りがくり返されたのは、語られた教師のライフヒストリーの筋書きが、語られる前に完成していたからなのです。

先ず自分が教師になった生育歴で特に心に残っていることをお話します。庭の築山の所に五葉松って松があるんです。父がこの世で一番偉い人はお天道さま。みんなお天道さまの光は遍く、みんなどこへも照らして色々な暮らしの中に生きている。一番大事って。元日の朝一番にみんなで庭へ出て、五葉松の所へ上ってくる、父を先頭に子どもが並ぶんです。決まりごとになっていました。

C先生の語りの冒頭は正月の儀式の説明から始まりました。

この習慣にはC先生の考え方が込められていることが解りました。正月の儀式が語られた理由は、元旦の四方拝に「お天道さま」自体を仰ぐという当時の常識に縛られない父親独自の考え方が貫かれていたからです。五葉松の築山は教師人生の起点であり、教師としての価値観が生まれた場所だったのです。既存の制度を批判し、女性の権利獲得のために闘ってきたC先生の骨格にこの元旦の儀式があったと聞き手に伝えたかったのです。幼少期は、経歴の一部分や就職の前期間に留まらず、家庭で培われた価値観が教師の根底にあることを意味していました。学校以上に家庭での出来事が語られました。自身の教師としての成長には家族が大きく関わり、成育歴が教師歴を支えてきたと表現されていました。C先生は教師とはあたかも生まれたときから教師を目指していたかのように語っていました。

　どんなに細かなエピソードであってもすべての出来事が現在の自分につながって選ばれていました。子ども時代は現体制への反発の胎動として、理想とする教師像には自負が込められた共感が語られていました。C先生の教師のライフヒストリーは成長物語として完成していたからこそ、くり返すスタイルをとったのだと考えます。

スタイルを選んだ理由を考察する

　「写真」、「人物」、「くり返し」のスタイルをとる3人の先生たちはともに「用務員室でわが子に母乳を与えながら境遇を話し合った」間柄です。お互いの交流は現在も続いていました。A先生とB先生は同僚でしたし、B先生とC先生は師範学校の同級生でした。11人の先生たちのライフヒストリーには共通する物語の流れが見いだせました。

> 母が女も身を立てる時代だとよく言っていました。母が教師の講習会にこっそり葉書を出してくれた。母は夢中で熱心だった。がまんだけは人一倍。私も熱心にやりました。がまんが自慢です。

　K先生の語りの中では、母親が教師という職業選択を促したというエピソードがみられましたが、11人はともに母親の願いに従って教師を志望しました。

表3　11人のライフヒストリーに共通する物語の流れ

文節	内　容	特徴的な言葉の例
志望	母の意志に従う	私の後には、母の人生があるのです。
初任	初任期の葛藤	何もできなかったし、見えなかった。
成長	開眼という転機	目が開いたんです。子どもから学んだ。
家庭	家と仕事の両立	家の子と学校の子どもがいるんです。
交流	教え子との関係	教え子が支え続けてくれたんです。
満足	退職後の満足感	本当にいい子なんです。

　初任期には何もできなかったし、何も見えなかったと語られていました。成長は「目が開いた」と語られ、「子どもから学んだ」と表現されました。家庭をもち「家の子と学校の子ども」との板挟みに苦しみましたが、「支え続けてくれた」のは教え子たちでした。かつての初任期の教え子を「本当にいい子」と呼び、同窓会が開かれて、交流は続いてきました。退職後の現在について教え子たちとの関係を基に教師人生の満足感が表現されていました（表3参照）。

　「写真」、「人物」、「くり返し」のスタイルの違いは、物語の内容に拠るという以上に、語り手の内面にある意志から生まれていたといえます。例え無意識であったとしても、スタイルは語りに合っていて表現されたのだともいえます。スタイルの違いからライフヒストリーを読み解く新たな視点を見いだすことに取り組みました。新たな視点からライフヒストリーを読むことで、教師の内面に近づくことを求めていきました。

初任期に重点を置く

　A先生も他の5人の教師たちも初任期の写真を取り出しました。なぜ教師たちは初任期の写真を保存し、取り出したのでしょうか。

　最初の教え子の写真ですよ。この頃は何もできなくて、これが私なの。泣き虫先生って言われていたんですよ。今では同窓会で、教えた子から、同じ人とは

E先生は初任期の写真を取り出してこのように語りました。

6人の教師たちが古い写真を取り出したのは初任期の教え子たちとの関係が現在も継続していることを語りたかったのです。

一番最初に教えた子たちです。これが私です。昭和25年卒業だから25年会にしたらいいって言ってもね、私の名前をつけた会が続いているんです。今でも。毎年その会で、写真を撮るんですね。

G先生も初任期の写真を取り出してこのように語りました。

11人の教師たちに共通するのは初任期の出来事に重点が置かれて語られていたことです。初任期の教え子たちとの交流が継続されていました。語られた過去は均等に整理された経歴ではないと気づきました。確かに初任期は若手教師の未熟な時期なのですが、教師歴の発端という教師人生の一部分に留まってはいないと考えました。

なぜ11人の教師たちは初任期に重点を置いて語っていたのでしょうか。未経験な初任期を敢えて選んだのでしょうか。教師たちは、年齢的に近い教え子たちと遊んで楽しかった初任期の日常を思い起こし、退職した今でも教え子と関係がつながっていると語っていました。初任期の回想が、教え子たちとの交流の連続によって肥大化し、時間を経て磨耗され、過去が美化された結果であったともいえます。しかし経験を積み充実した退職期の教え子たちは11人の教師たちの語りの中に見あたりませんでした。

初任期の記憶が教師たちの内面に厳然として位置を占めていたことに驚きました。初任期は以降の教師歴の出発点です。実践の基盤であり、教師の指向を生み出す時間です。同時に内面に抱いた幻想が砕かれ教壇に立った事実に慄く期間でもあります。元来教師とは教壇に立った時点から時間を経て専門性を蓄積し、熟達する職業であるとされているのです。写真によって初任期の強固な関係が語られた事実は、教師の資質能力を経年の成長に求める反証ともなり得ます。写真を取り出すス

タイルから、教師のライフヒストリーを読み解く視点として、教師の語りにおける初任期への偏りがあることが見出せました。初任期に焦点を当て、教師のライフヒストリーを読み重ねる可能性が生まれました。

学校とともに生きる

なぜB先生は人物と学校とを関連づけて語ったのでしょうか。他の特定の人物に絞った語りも学校という場所と結びついて語られていました。教師と学校という場所とのつながりが強く教師たちの内面に残っていることを意味しています。

> 今も行ってみるんです。毎日。私が3年間教えた小学校です。徳川家当主の慶朝くんを教えたの。ねぇ面白い。校舎の場所も今と同じで。あのとおり。けっこうきれいな校舎だったんですよ。

I先生が語ったのは、一人の教え子と学校との関連でした。

語られた人物と出会った学校は教師歴の出発点でした。11人の教師たちが経歴を校名で区切って語る根拠が人物の語りのスタイルから導き出されました。従来の教師のライフヒストリーでは、校名は職歴の目印であり、単なる区分に過ぎないと扱われてきました。5人の教師たちが特定の人物との出会いを語り、学校との関係が続いていることを伝えていました。5人の教師たちからは、勤務した学校とのつながりを保ち続けようとする意志が強調されていました。

11人の教師たちの記憶は、異動した学校の名前に結び付き、教師人生の軌跡は学校ごとに区切られて語られていました。語り手が経験を年代や年齢とつなげて語ることはありませんでした。人物を語るスタイルから見いだしたのは、経歴が校名で区切られる教師の独特の表現方法でした。校名で人生を区分することは教師が学校とともに学校の内で生きる者であることの証明であり、教師の内面で教師歴と学校という場所とは強く結びついていました。教師とは人生を校名によって区分し、学校とともに生きる者であるとすれば、異動という外的要素が教師人生に大きく関わることになります。教師のライフヒストリーと場所との関わりを問うことが必要です。校名は単なる区分に留まらないことを、人物を語るスタイルは表していました。

家庭が背景にある

　なぜC先生がくり返し語った出来事には、学校と同じ比重で家庭や家族に関わったものがみられたのでしょうか。11人の教師たちの語りには家族が必ず登場しました。教師にとって家庭と学校とは重なり合い、境界が消え、互いの境界を区分して生きることはできないことが同じ語りをくり返すスタイルから見いだすことができます。

　家族関係が背景にあることを教師のライフヒストリーに書き込む必要があります。11人の先生たちは結婚し、出産することで教育に対する新たな見方が内面に生まれたと語っていました。しかし担任する教え子と自身の子どもとの位置づけを巡って常に悩んできたとも語っていました。

> 子どもが泣くけど。耳へずっとついて嫌だなあって思うけど、自転車で走っていく間に、あの今度はこっちの子どもの事が頭に入るからね。家の子と学校の子どもだね。待っているからね。

　H先生はこのように家の子と学校の子どもとの間の葛藤を語っていました。

　今までの教師の女性教師ライフヒストリーにも、家庭から転機が生まれることが描かれてきました。教職との両立の困難さを、危機や負担とする以上に、教師の成長との関わりとしてとらえる必要があると考えました。

> 自分の子には誉めたりしない。そんな事ありませんか。受け持てば、自分の子どもと同じ。全く同じ。一生懸命だよ。クラスの子叱るときに。よその組なら叱らないって言って叱ったけどね。

　J先生はこのように担任した教え子を「自分の子」と呼んでいました。

　家庭は学校と相対化され、家庭と仕事は対立軸として描かれ区別されてきました。しかし教師の家庭での生活時間には学校での勤務時間が入りこみ、教師とは学校と家庭とを行き来することで成長する職業なのです。線引きは明確にはできないので

す。境界が消え、学校と家庭とが重なり合った間合いで生まれた先生たちの内なる声は、今まで十分に掬い上げられてはこなかったのです。

> 退職したときも、手紙をくれたんです。長い間ありがとうってね。この子は今も毎年挨拶に来ますよ。人の心は大事にしていれば通じますね。最初の学校の記憶が一番鮮明。

このようにD先生は初任期の教え子たちと交流を続けていました。

11人の教師たちは初任期の教え子と親密な関係を結び、教え子の成長によって十分な教育を受けてこなかったコンプレックスから脱しました。その後の再会によって退職後の満足感を得たと語っていました。従来の教師のライフヒストリーでも教え子との関係は表現されてきましたが、教え子は指導を受ける対象とされてきました。教え子によって11人の教師たちには達成感が生まれていました。戦争を経験した子どもたちの欲求は教師に向かい、教師たちは母代わりの役目を求められ、学級はあたかも家のような役割を果たしました。現実のニーズは多様で、ケアーとサービスのバランスは混乱を極めています。11人の教師たちの語りは職域が際限無く拡がった現代の発端であると考えます。11人の教師たちのライフヒストリーは女性教師と母性を巡る現在に続く問題を孕んでいます。

ライフヒストリーから教師の経験をとらえる

ライフヒストリーから教師の経験とらえることはグッドソン（Goodson, 2006）の教師のライフヒストリー研究の系譜に属すと考えます。

元教師たちは、なぜ「写真」、「特定の人物」、「くり返し」のスタイルで語ったのでしょうか。11人の教師たちが意図的にスタイルを選んだとしたならば、教師たちが教師人生を語る意志をもち、自身の意志を表現するためだったと考えられます。語るために、無意識に一つスタイルが結果として表われたのだとしたら、スタイルが11人の教師の表現に適したものであったといえると考えます。

写真を語るスタイルでは、写真によって教え子との関係が継続されている経緯が明らかにされました。写真には教師と教え子との関係を確かめ続ける意志が込めら

れていました。一方で教師が教え子によって成長を自覚する者であり、教師の力量形成には教え子が関わることが、教え子との写真が取り出された理由の一つと言えます。

人物の語りのスタイルでは、特別な人物と出会った学校とのつながりを軸とした人生が語られていました。語りは教師自身が今も学校とともに生きる者であるという主張が込められたものでした。一方で学校とのつながりが語られたのは、教師が学校で生まれた教師文化を共有し、学校という場で生きる者であることを意味しています。

同じ語りをくり返すスタイルには、教師になる以前の経験が描かれ、価値観が生まれた軌跡が語られました。語り手は教師の成長物語を聞き手に伝えようとして定型化したスタイルを選んだのです。反面、常に葛藤に晒され乗り越えることで、教師は物語を作りながら成長する者だとするならば、成長を求め続ける教職の特性との関連が同じ語りをくり返す根拠になると考えます。

女性教師の語りを研究対象とすることは、職業上の経験のストーリーのストラテジーを提供したジャロンゴ（Jalong, 1995）の教師の物語に続き、女性教師の研究の系譜に属すると考えます。

11人の教師たちは初任期には十分な教育を受けてこなかったコンプレックスに苛まれましたが、教え子の成長によって開眼し、自信を得ることができました。教員養成の経験の乏しさから低学年を担任し続けましたが、低学年特有の面白さに気づくことで、専門性を求め続ける意志をもつことができました。11人の教師たちの経歴は校名で区切られて語られました。家庭と学校を行き来し、母性と専門性に挟まれ葛藤が生まれましたが、育児の負担を強いられ忙しさに追われることで、教師同士の関係は深まり、新たな子どもへの見方が生まれました。語りには11人の人生の道筋と伴に、内面からの声が表現されていました。女性教師は二重の負担に辛吟しながら負担を糧に生きてきたと語っていたのです。

■ まとめ

教師研究は、教育学研究全体につながる主要な位置にあります。教育実践研究においてすら、教師を対象から除くことはできません。授業研究、教科研究、学校研究において教師の存在は研究対象に含まれています。例え、一人の教師を対象と選

んだとしても、教職歴と力量形成、教師特有の文化、或いは多忙化や葛藤と導き出される知見は多岐に広がります。11人の物語は教師物語の原型であり、教師たちの声と個人的経験を通して、現代の教育史を読み解く手がかりを得ることができます。

　初任期への偏り、校名で区切られる経歴、家庭と学校の境界、教え子との関係の重視といった教師のライフヒストリーを読み解く新たな視点を見出しました。11のライフヒストリーから生まれた問いは現代でも通用し、教師に進むべき方向を与えてくれ、今日の教師の状況にも連綿とつながっていきます。人は語りに耳を傾けることで語り手の人生をたどることができるのです。語り手の教師の内面を探るための手段として、ライフヒストリーが有効であることが確かめられたと考えます。

　考えてみて下さい。もしあなたが聞こうとしなかったら、語り手の声は人知れず、永遠に暗闇の中に留まってしまうのです。語り手を見つけ、あなたが聞き手になることで新たな世界に出会うことができるのです。インタビューは楽しい時間です。ライフヒストリーは魅力に満ちています。ライフヒストリー研究を始めるには、レコーダーを手にフィールドに出かけさえすればよいのです。語り手と出会いさえすれば、世界には聞くに値するエピソードが満ちていることが直ぐに解ります。

　たくさんの先生たちの語りを聞いてきました。やればやる程、ライフヒストリーが益々好きなったことは事実です。教師のライフヒストリーに一つとして同じものはありません。語り出されたすべてのエピソードが魅力に溢れています。教師のライフヒストリーに惹きつけられるのは、教師の人生そのものが面白いからです。つまり教師というものが面白い職業だからです。

引用文献

グッドソン，I. サイクス，P.（2006）『ライフヒストリーの教育学』（高井良健一・山田浩之・藤井泰・白松賢 訳）昭和堂，88.

Goodson, I. Sikes, P.（2001）. *Life History Research in Educational Setting* Open University Press, 61.

デンジン，N. K. リンカン，Y. S.（2006）『質的研究ハンドブック1』（平山満義・古賀正義・岡野一郎 訳）北大路書房，347.

M. R. Jalongo（1995）. *Teacher's Story* Jossey-Buss Publishers, 143.

①アイヴァー・グッドソン パット・サイクス（2006）『ライフヒストリーの教育学』（高井良健一・藤井泰・山田浩之・白松賢訳）昭和堂

Goodson（2001）. *Life History Research in Educational Setting* Open UniversityPress.

ライフヒストリーを研究するには、必ず開くべき本です。第7章のp.162-p.163 ポテトチップス工場に働いていた15才のグッドソンをグラマースクールの老教師が迎えに来て復学を勧めたシーンは胸が熱くなる部分です。グッドソンはその後、ロンドン大学に進みライフヒストリーを創始するのですが、何と最初の研究対象がこの老先生だったのです。一生の愛読書です。何度も読み書き込みし、写しました。読み返すたびに発見があります。

第3章 **4**

多職種協働のプロセスを記述する

◉スクールカウンセラーと教師との協働事例から

松嶋秀明

<参照論文>
松嶋秀明(2008)「境界線上で生じる実践としての協働―学校臨床への対話的アプローチ」『質的心理学研究』7, 96-115.

はじめに

　本節ではスクールカウンセラー(以下, SC)と学校との協働をとりあげます。文部科学省(2015;中教審第185)が、これからの時代の学校教育を考える枠組みとして「チームとしての学校」、いわゆる「チーム学校」のあり方についての答申をだすなど、今日の学校は多職種協働の場となりつつあります。学校は、教師や事務職員だけでなく、SCやスクールソーシャルワーカーなど実に多様な職種と連携をとりながら構成されるものへと変化しました。

　学校で生徒をカウンセリングするという世間的イメージとは異なり、現在のSCの多くはコンサルテーションを主な活動として、教師たちと協働しながら生徒を支援します(例えば、楢林ら, 1994)。

　今日、学校の校務分掌をあらわす組織図をみれば、生徒指導部、教育相談部など、SCはどこかに位置づけられていますが、図面上そうなっているだけではSCを活用したことにはなりません。実際にSCが活用されるにいたる過程では、大なり小なり困難が生じ、それをひとつひとつ解決していくことで学校のなかにスクールカウンセラーの存在が定着していくのではないかと思います。こうしたことは学校の組織図をみても見えてきません。

　本節ではSCと教師との協働のプロセスが、どのような困難につきあたりながら教師の成長を導いているのかといったことについて、筆者がSCの立場でおこなっ

たフィールドワークをとおした事例研究（松嶋, 2008）を例に考えていきましょう。

何が協働をうまくいかせるのか

　私がこの研究に着手する時点で漠然と感じていた疑問は「どうしたら協働はうまくいくのか？」でした。これは研究とは関係なく、もともと実践上の関心としてあったものです。

　一般的に臨床心理士は、個人面接については訓練されていても、集団のなかでどのようにふるまうのかを訓練されているわけではありません。SCとして生徒や保護者との面接を行い、関わりのある一部の教師との関係が深まるだけで、学校全体として、教師はこうした一部の生徒たちのことをどのように考えているのかイメージしにくいという実感がありました。

　とはいえ、こうした研究はなかなか難しいものです。そもそも学校臨床研究において「協働（collaboration）」には多様な意味が含まれており一定しません。私の研究では包括的なものとして「異なる立場の者同士が共通の目標の達成にむかって協力しあいながら進むプロセス（丹治ら，2004）」という定義を採用しました。

　先行研究をさぐると、協働を阻害する要因としては「用語が違うこと」や「守秘義務」の問題などが挙げられています。一方で、協働を促進する要因としては、瀬戸・石隈（2000）が「キーパーソンとなるコーディネーターが情報の適切さ、方針の適切さなどについて判断できる」、「教師一人ひとりの得意分野や行動特徴を理解できる」、「全体にどこまで情報を伝えればよいかがわかる」ことを大事だといっています。

　これらは、たしかにその通りですが、具体的に＜いま―ここ＞の場面で、どのように協働をすすめたらよいのかを知るうえでは役にたたないように思います。というのも、ここで挙げられている条件は、どちらかといえば協働がうまくすすんだときに満たされている条件について述べたものだからです。プロセスをおった研究が必要になってきます。

SCとして関与しながら観察する

　そこで私はSCの立場から、エスノグラフィーや相互行為分析の立場を援用しな

がら、事例研究的に学校での協働の様子を描いていくことにしました。エスノグラフィーとは、もともとは異文化にはいりこみ、そこでの人々の生活を観察やインタビューのような方法を用いながら記述していくものです（例えば、箕浦，1999）。また、相互行為分析とは、もともとは社会学の一領域であるエスノメソドロジーのなかで用いられていたものであり、人々のコミュニケーションが、どのような言葉や動作の連鎖のなかで成立しているのかを微細な視点からとらえる方法です（例えば、西阪，1997；鈴木・大橋・能智，2015）。

　学校というのは、教師にとっては日常そのものでも、SC にとっては、自分たちが当然と考えてきたことが、共有されない場所です。学校を「異文化」としてみなおすエスノグラフィーを行うことで、学校がどのような論理で動いているのかを理解できると考えられます。さらに、そうした学校で直面する出来事のひとつひとつを、教師の内面や、学校に内在する文化といった直接観察できないものによって説明するのではなく、目の前でおこっている教師の発話や動作の連鎖のなかでつくりあげられたものととらえることで、協働のプロセスをとらえることができると考えました。

　しばしば、臨床心理学において用いられる事例研究は、治療者が自分がやったことを中心にして、どのように対象が変化したのかを記述するというものです。こうした手法では、治療者の視点が特権的な立場を占めてしまいます。ドライアー（Drier, 2009）はクライエントが感じる効果とは、決して治療場面のなかでおこったことだけから導かれるのではなく、その人の生活場面全般のなかに、治療場面でおこったことを位置づけていくことによって見出されていることを明らかにしています。この知見をふまえれば、SC が学校で「問題」に介入したことで事態が好転したようにみえることも、それを SC の介入の効果と考えるのは早計ということになります。SC が視野狭窄におちいって、自分の実践の枠組みのなかだけで評価していると、自分の介入の「効果」のようにみえることも、実際には、学校内にある教師同士の関係や、学校と地域との関係などが及ぼす力が大きかったからかもしれないわけです。できるだけ幅広い見方から現場を描いていくことが重要になるのはこのためです。

　エスノグラフィーにおいて重視されるのは、参与観察（participant observation）という方法です。心理学において「観察」とは、従来、できるだけ客観的に、実践に関与しない立場から記述するものとされてきましたが、どれほど研究者が客観的

な観察を志向し、できるだけ現場に影響を与えまいとふるまったとしても、観察される側からすればそうではありません。「なにも関わってこない人だなあ」という印象をもたれているかもしれません。

　フィールドワークは生身の人間が実践のなかから見えてきたものを記述するものです。神様のように全てが見通せる視点から行われるものではありません。あるものが「見える」ということは、同時に、それ以外のたくさんのものを「見ない」ことによってなりたっているといえます。

　研究者としてだけでなく、SCとしての職務に専念すればするほどに、見えなくなる側面というのもあります。例えば、ケース会議の場で議論が停滞したときに、研究者としては誰がその雰囲気をこわすのかをみることで有用な知見がえられることもありますが、SCとしてその場に入っていれば、「松嶋さん、どうでしょう？」と話をふられることもあると思います。傍観しているわけにはいきません。自ずと実践のなかでは見えなくなる側面がたくさん出来てしまいます。研究をすすめるうえでは、こうしたSCという役割をもつがゆえに不可避的に生じる「盲点」を自覚しつつ、それを少なくしていく工夫をすることが不可欠になります。

　私の場合は、例えば、各種の会議場面などでは、参加者に許可をとったうえでICレコーダーなどで会話を記録していました。記録ができない場面でも、できるだけ克明にその場でおこったことを記憶し、忘れないうちにメモ書きするなどして、できるだけ広い視点をとれるように工夫しました。また、得られた結果に自分のフィールドでの居方がどのように影響したか反省的に考察しました。

　当時、私は経験をつみはじめたばかりのSCでしたから、現場でリーダーシップを発揮して、協働体制をつくる立場にはありませんでした。それもあってか、私の論文の読者からは「SCとしてはどのような関わりがあったのですか」といった質問をいただくこともあります。これは論文に意図的にとりあげていないだけでなく、実際に関与そのものが少なかったからかもしれません。

どのような学校なのかを見立てて、分析の焦点化にいかす

　この研究は、ひとつの学校を対象にした研究です。「学校」という単位でいえば1事例ですが、そのなかで気になる生徒は何人もいます。また、1人の生徒への関わり方の差の変遷もあります。適切な比較項をたてて、比較を繰り返しながら仮説

をつめていくことが重要です。

　例えば、不登校の生徒Aへの教員の関わりがとてもうまくいっているようにみえても、同じく「不登校」であって、関わっているメンバーも同じなのにもかかわらず、状態はよくならなかった生徒Bとを比較すると、Aだけを見ている時には気づけなかった特徴（例えば、不登校になりはじめた時期）がわかり、生徒Aへの対応にあって、生徒Bにはなかった関わりへの反省をおこなうことができるといったように、です。実際にはおこらなかったものの、起こりえたかもしれない状態との比較（グラウンデッドセオリーでいうところの「理論的サンプリング」に通じるものがあります）も有用です。中3になって希望する進路ができ、そこにいくためには出席点が大事だからと登校を再開した生徒がいたとして、そこで進路が決まらなかったらどうなっていたのだろうと考えてみる、などです。生徒や教師のことばかりでなく、私自身のSCとしての力量についても、「もっと経験があったらどうだっただろう」といったように考えていくことが大事になってくると思います。

　そもそも、ひとくちにSCといっても、どのような学校に配置されるのかによって、その働き方には差がでます。今回、研究がおこなわれたのは、ある地方都市にある公立中学校（X中学校）です。この学校が立地する地域のなかでいえば、大規模と分類されます。

　一般的に、小規模な学校であれば、生徒の様子を先生と話しあうにしても、すぐに生徒の顔と名前が一致する関係性のなかでおこなえますし、会議の場以外でも子どもについて話題にできる関係がつくりやすいかもしれません。これに対して、大規模校では、学校の先生ですら、全校生徒の顔と名前が一致しないような学校もあります。生徒の情報についても意識的にやりとりしなければなりません。

　こうした事情から、X中学校では校内で気になる生徒についての情報共有を目的としたミーティング（「連絡会」と呼ばれていました）と、個別の生徒についてどのように接していくのがよいのかについて話しあう会議（この学校では「ケース会議」と呼ばれていました）が、私が勤務するようになってから、定期的に開かれるようになりました。

　SCとしての動き方に影響を与えるのは、こうした学校のおかれた条件と同時に、学校のなかで「コーディネーター」という役割を果たす先生との関係性です。SCと学校とをつなぐ働きをするコーディネーター次第で、SCと学校との協働がうまくすすんだりすすまなかったりするといえます。私とコーディネーターのC先生

との関係性は良好で、私にとってもＣ先生との関係はとても大きなものでした。この学校を離れてから時間はたっていますが、いまでもＣ先生とは「戦友」のような関係性ということができます。

　Ｃ先生は、この学校では気になる生徒について、先生同士が情報共有できていない現状があり、そのことが生徒に否定的な影響を及ぼしていると考えていました。そこで、新しく「連絡会」や「ケース会議」を行うことになったことに期待をかけておられました。Ｃ先生は、担任や、問題をおこしている生徒の所属学年の教師に声をかけ、事例検討会などを通して支援方針を決定していくことが求められていました。しかし実際には、Ｃ先生は「自分では伝えきれない」と感じ「嫌な思いをするのも嫌だ」というふうにアンビバレントな感情ももっておられました。

■ 分析を焦点化し、まとめ方を考える

　１年間ＳＣとしての活動記録もとりながら、教員との連絡会やケース会議では、録音もとるというような活動をしていたので、データ量は膨大になります。これをいかに縮約するかが問題となります。

　いわずもがなですが、私自身は、ＳＣとしてＸ中学校にいるわけであって、実際には、ＳＣとしては様々な活動をしていました。個別の生徒のかかえる問題について、担任の先生らとコンサルテーションを行ったり、保護者との面談をすることもありました。状況に応じて授業中の学級にはいりこみ、そこで生徒がどのように学習しているのかといったことを観察したこともありました。生徒個人への面接も行ったこともありましたが、研究には反映されていません。

　学校に入れば当然いろいろなことがみえてきて、そのどれもが重要そうに見えますし、まだ十分にわかったという自信がもてず、まとめるのが遅くなる場合もあります。しかし、そのように迷っていると、膨大な記録はあるものの、それを活かしきれないままに埋もれてしまう危険性もあります。思い切りも必要ではないでしょうか。

　私の場合は、半年がすぎて夏休みに入ったあたりから、暫定的なまとめをはじめました。フィールドワークのまとめは、ボトムアップな作業も必要ですが、同時に全体的な流れをとらえることも重要だと思います。

　まとめる際には、まず、自分がフィールドからうけとる「実感」を書きだすとこ

ろからはじめました。例えば、「C先生は、○○先生がしゃべることには表だっては反論はしないが、不満をもっているようだ」とか「会議ではいろいろな意見がでるが、結局はC先生の現状を楽にすることにはつながらない」といったようにです。これは「連絡会」や「ケース会議」のなかで私が漠然と感じてきた、ひとくちに学校の先生といっても一枚岩ではなく、生徒への関わりの深さからいろいろな温度差があること、潜在的な葛藤関係が生じているという実感を記したものです。

　C先生はSC担当のコーディネーターとして常に私と意見交換をしていました。私もC先生がいう不登校の子どもたちに対する、他の先生方の関わりの薄さが気になっていました。また、連絡会のなかでは、ベテランで生徒指導が困難な学校での指導経験のあるB先生も、C先生に同調的であることがわかりました。生徒指導の先生や、他の管理職と、C先生、B先生など不登校生徒に近いところで働いている先生とのあいだに分断があることが伝わってきました。

　次にやるべきことは、このような実感をできるだけ事実に基づいて検討していくことです。心理学においては主観は排されるべきとされることが多いですが、私は「実感」は大事だと思います。やってはいけないのは、実感を事実であるかのように語ることではないでしょうか。「実感」を「なぜ私はこのように感じてしまったのだろう」と反省的にとらえなおすことによって、いかに事実から裏づけていけるかが重要だと思います。そのために、私は連絡会やケース会議での会話を録音して検証可能なようにしました。いくらよく覚えているつもりでも、何週間かたつと、その場で話されたことの記憶は風化し、自分に都合のよいかたちで歪められていくものです。実際、あらためて聞き返すことによって、本当はこのようにいっていたのかと印象が修正されることもありました。

　通常、子どもについての情報が、連絡会やケース会議での会話のほとんどを占めています。一般に、学校においては、主に子どもについては語られやすいとしても、大人同士の関係については語られにくいとされますが、ここでもそのような傾向がみられます。そのなかでは、年間4回だけと数はとても少ないのですが、生徒の話題がそれほどでてこず、先生同士の関係性について語り合われていると思われる場面や、生徒のことが主題ではあっても、その生徒についての見解や対応をめぐって先生たち同士の意見の対立や葛藤がおこっている場面がありました。これらは特にSCと協働することで学校の先生たちの関係性の変化がみえやすい場面であることから、とくにとりあげました。

先生たちの問題の語り方に注目する

　連絡会やケース会議に注目する視点のひとつとして、取り上げたのは録音された記録をもとにして、相互行為分析の枠組みを援用し、学校の先生たちが、自分たちの生徒や、自分たち自身の関係のことをどのような語り口で語るのかに注目することでした。

　連絡会での先生同士の意見の対立は、以下のトランスクリプトのなかにみることができるのですが、コーディングすることによってよりはっきりと認識することができます。トランスクリプトⅠ（表1）は、まずC先生から相談室の状況が問題提起され、それについて話しあっている場面です（松嶋，2008のp.104のトランスクリプトⅡ参照）。

表1　トランスクリプトⅠ

行	発話者	発話内容	コーディング
1	B先生	でも、それぞれも個性が強くて…バラバラなんやなー。だから、（授業でも大変だが）そうでない時に、これだけ集まっててC先生が大変だというのは、よくわかるような気がします。	・現状の報告 ・C先生への共感
2	A先生	うーん	疑問
3	B先生	みんな考えてることも違うし、マチマチやし、そら、あのー、僕ら授業だけでその子らに接してるときには、そんだけのもんなんやけど、多分大変なんやろうなーというのは。	・現状の報告 ・C先生への共感
4	A先生	<u>うーん、まあ、授業してる分には、別にあのー、一生懸命しとるでー [（（　））]</u>	<u>現状の報告</u>
5	B先生	[そやから] あの、毎日がー、あの子ら6時間授業つまってないからね、詰まっている時間の方が少ないからー。それ以外の時にーC先生の身体ひとつでこんだけの子らを	・現状の報告 ・C先生への共感
6	A先生	何をしとるかやわなー　この（（　時　間　））に 　　　　　　　[　　　]	疑問
7	B先生	[　だ　] 前、聞いたらトランプやらしたりなー。いろいろやってるんやけどー。それが、黙々とするのと違って…（略）…対応するのが大変やろなーっていう気が。	・現状の報告 ・C先生への共感

ここでは最初、相談室にきている生徒への関わりがいかに難しく、それだけにC先生がいかに苦労しているのかということについて語り合われています。これに対して、生徒指導のA先生は「うーん、まあ、授業してるぶんには、別にあのー、一生懸命しとるでー（してるから）」というように、授業中はそれほど大変ではないというように発言がなされています。授業は一生懸命にしているから、それ以外の場面をちゃんとさせる方法を考えようと提案しており、C先生はそれよりも授業以外の場面の大変さをせつせつと訴えています。

　実際の論文には、コーディングは明示されていません。これは私が分析過程のなかで、分析をすすめるために、発話がもつ機能にしたがってコード化したものです。このコードが明らかになる手続きは、以下のようです。まず、はじめにどのようなコードを付与すべきなのかは、事前に決まっているわけではありません。会話記録を何度も読み返していくことで浮かび上がってくるものです。会話の内容に注目することがよい場合もあるでしょうが、私の場合、会話内容に注目すると、どうしてもある教師の言うことには共感し、ある教師の言うことには違和感を感じるといった状態で、主観的な評価を書き連ねることに終始してしまい、どうしてそのような会話に行きついてしまうのか腑に落ちるような分析にはなりませんでした。そこで、内容ではなく、ひとつひとつの発話がもつ機能に注目してみたところ、この中学校の教師間のコミュニケーションの特徴がみえやすくなったのです。

　コーディングをみれば、トランスクリプトの発話は何回も同じことの繰り返しがおこっていることがわかります。A先生が疑問をさしはさんだり、自分の観察にもとづいて意見をいっても、B先生はかわらず、現状の報告であったり、C先生の大変さへの共感を示すような発話に終始しているというパターンです。

　両者ともに、授業以外の場面が大変だということでは一致しているようでありながら、A先生とそれ以外の先生との話し合いがかみあっていないことがわかると思います。この話し合いはなおも続きます（松嶋，2008のp.105のトランスクリプトⅢ参照）。

　トランスクリプトⅡ（表2）のコーディングをみると、A先生は現状改善に向けた提案を行おうとしています。A先生にしてみればC先生の悩みをなくそうと考えているわけですが、その提案は、ことごとくC先生や、B先生から「それは無理」「それはできない」といったように、否定されるというパターンがおこっています。また、2人がA先生の話を否定したあとにもちだすのは、きまって、去年の相談

表2　トランスクリプトⅡ

行	発話者	発話内容	コーディング
1	A先生	あのー，あれ，部屋的に，どうなんかなー。そのー，今，その，授業はどっちかいうと，その，一斉に授業してるのが大部分やんかー。んもっとー，個別学習，もっと自分で一学習をそれぞれーやらしていくー。	提案
2	B先生	去年の子らはー，先生もいってたけど，去年の子らは出来る子らが，相談室に来てたような気がする。	前年との比較
3		今年はそれが1人ずつにしたらー，できひん。多分，できんような気がする。	提案の否定
4	A先生	うーん，ちゃう，僕はな，だから，イメージとしてはな，あるやん，こう個別学習ってこう…（略）…あの（個別学習の）塾のやつよー。	再提案
5	C先生	((…無理…))	提案の否定
6	A先生	うん，ああいうスタイルでー，（略）で，こっちのなんか丸机のほうは，交流スペースで，こう，しといてー。	再提案
7	B先生	去年の子どもらみたいに，話すのも少ない，口数少のうて，非社会的な子どもらみたいなんが中心で来てた時は，先生言われるみたいにね，他の子らと一緒にするのもかなん，個別にこう，囲いをしてね，出来るような子やったけど。	前年との比較
8		今見てる子らは，そんなこと，先生，できるような見えてこーへん。だから先生が言われるようなイメージは，今年の子らは絶対できんと思う。	提案の否定
9		ま，そんな入ってくる相談室の子らがー，性質が全然違うで一，去年の子らと，同じ方法では多分やれんしー。C先生が1人でー，ずーっとついてる。1人の子としゃべりたいと思っても，他の子ら放っといてー，自習やらひとりで個別学習さそうと思ってできる子らやないでー，たぶんエラいんやと思う。	前年との比較・C先生への共感
10	A先生	うーーん，ほんで，だから，それをさすためのー，その，仕組みとしてな，その衝立で一個ずつ，こう，仕切ってあるようなところに	再提案
11	B先生	ほーんなことしたら，誰も，来ないようになる。	提案の否定

室の実態と、今年の相談室の生徒の実態についての比較です。つまり、単にA先生の提案が不十分だというだけでなくて、それがA先生が相談室の生徒の実態を知らないということの証拠として、あるいは、B先生やC先生こそが相談室の現

実をよく知っており発言する権利のある存在としてアピールするように用いられているわけです。と同時に、このように分析するとよくわかるのですが、B先生やC先生はA先生の意見を否定はするものの、では、現在の生徒の問題についてはどうしたらいいのかということについてはほとんど語られていません。

　ちなみに私は実感として、教師間での対立がおきていることはわかっていましたが、その時点では、この実感がどのような相互作用によってもたらされているのかを十分に気づけてはいませんでした。

　A先生も、B、C先生も両方ともが正しいと思っていることを述べ合うばかりで、どうして噛み合わないのかがわからない会話が続いているわけです。このような教師同士の関係性を、SCがうまく可視化できていれば、もう少し交通整理もうまくできたかもしれません。

　分析がすすむようになって、私はさきほどのようなやりとりの構造について気付くことになります。その立場からみると、C先生も、一方的にA先生によってわかってもらえていない先生とまではいえず、むしろ、C先生自身が問題を抱え込んでいる態度が招いた結果とも考えることができるということが見えてきました。

　そのように考えると、私のなかで論文中のトランスクリプトⅦ（松嶋, 2008, p.110）でとりあげた会話が、非常に重要な意味をもつと気づいたのです。どういうことかというと、このトランスクリプトのなかでC先生は、生徒の行動観察をしたノートなどの記録を、全職員に対して公開していくことで、相談室の現状を知ってもらうというアイデアを提案します。この提案自体はあまり他の先生には効果があると思われなかったのですが、C先生の方から情報を出すという発言がなされるのはこれがはじめてです。最後にC先生がいった「でも、私が持っていたらみんなが見ることはないでしょ」という発言は、自分のふるまいが情報共有を阻害しているということに気づいていることを示していると考えられます。

SCの言葉の受容過程に注目する

　前節では、協働していくなかでの教師やSCの語り口、つまり、生徒の行動や事実関係だけを述べているようでも、それを自分なりに意味づけて、どのようなものとして表現しているのかということが主題となりました。これによって、協働がうまくいっていないと感じられるメカニズムを、具体的に示すことができたと思いま

す。

　しかし、協働を扱っていく以上は、協働がすすむことによって肝心の生徒への関わり方に、どのような変化がもたらされたのかも扱う必要があります。

　「ケース会議」や「連絡会」に参加するなかで、私が当初から感じていたもうひとつの「実感」は、先生方は生徒の出欠状況など、事実レベルの報告は非常に几帳面にする一方で、この生徒がどういう人物なのかといったことについてはほとんど語らないということでした。高橋・須藤・高木ら（2007）は教師とSCが同じ仮想ケースについてどんな語りをするかを比較するという研究をしています。それによればSCは「内面に焦点をあてる」「相手のことを想像・推測する」「（判断を）保留する」だったのに対して、教師は「状況把握」「指導」「解決志向」だったといっています。一般に教師は、生徒の内面について語り合うのは苦手であり、だからこそSCがそうした言葉を学校に持ち込む役割をになうともいえます。

　しかし、例えば「愛着関係が不安定である」といった心理学的な背景をもつ「言葉」をSCがいくらもちこんでも、学校にそれが流通するかどうかは別物です。ここでいう「言葉」とは、その場その場の発話のなかでつかわれるものではなく、むしろ、そこに特定の歴史性だったり、理論的な意味だったりがこめられているようなもののことです。

　私が分析していくなかでもうひとつの分析の焦点としたのは、SC（他の専門職）が発した、このような専門的知識が背景にある言葉を、教師がどのように受容したのかという観点でした。

　論文ではサトルとケンジいう2人の生徒をめぐる協働事例をとりあげています。サトルは怠学傾向からの不登校とみなされていた生徒でしたが、児童相談所などもかかわって情報が収集された結果、サトルは両親からの虐待（ネグレクト）に起因して、日常生活において大事にされているという感覚をもちにくく、そのことが学校への足をとおのかせていることや、ネグレクトが続いていることからくる母親への不信感があることが確認されました。

　そこで、サトルが学校に来やすくなるように、教師が家庭訪問をくりかえしてサトルと関係性をつくることや、母親への不信感という点に関しては「母親自身が変わらないと」ダメであり、「親子関係が変わると基盤ができて不登校がなおるというのも確かなこと」といったアドバイスから、母親との関係をつくる意味でも家庭訪問をしようということになりました。

ここでは専門家がどのような言葉（例えば、虐待であったり、不信感であったりといったような）をだすのかは重要ではあるものの、そうした言葉が、実際の教師の行動を変えるためには、その言葉をつかうことで意図されている具体的な対処行動にまで翻訳される必要があることがわかります。さきほどの「親子関係が変わると基盤ができて」というアドバイスも、専門的な見地からなされた言葉ですが、それが教師に簡単にとりいれられたのは、聞き手となる教師のこれまでの経験からくる実践感覚にそっていたからでしょう。行動にうつせたのも、さきほどの説明が家庭訪問をして信頼関係をつくるという、教師が長年つみかさねてきた実践知とマッチしているからこそといえます。

　実は、現在でいうところの自閉スペクトラム症を背景としてもっていたケンジについては、いろいろな課題はケース会議で話し合われるものの、そこから具体的な手立てとして導き出されるのは「ホメることが大事」といったものでした。教師からすればホメるのが大事なのは、どの生徒に対しても同じく重要です。それゆえ「ホメることが大事」という言葉は、サトルについての「虐待に起因する心理的問題をかかえている」という言葉ほどには、先生方の捉え方を変えることはありませんでした。

　ところで、この家庭訪問を通してサトルと関わった担任は、SC から指摘されていた「母親への不信感」を確認しています。それだけでなく、みんなが期待していなかった勉強についても「1 回家庭訪問をしたときに―…（略）…勉強してたというんで、お母さんも嘘やろと言ってたのに、（確かめてみると）本当に部屋に（教科書などが）広げてある状況があるのを見て―、あ、本当にしてたんやなっていう話になって―」といったように、意外に頑張っているところもあるところを発見しています。つまり、最初は SC らの言葉をとりいれながら、教師たちがある行動をおこした結果として、子どもと先生との新たな関係性がうまれ、事前には想像もしていなかったようなサトル像が導かれることになったのです。

▍まとめ

　本節では、私が SC としておこなった、SC と学校教師との協働プロセスについての研究を題材としながら、学校における多職種との協働をどのようにとらえ、記述していけばよいのかを考えてきました。

この論文で扱った「連絡会」や「ケース会議」は学校全体としての取り組みをすすめていくための道具であり、ここに焦点づけることで学校全体でどのようにSCを活用するシステムができあがっているかを明らかにすることができたと思います。

　これまでにも個別の生徒へのSCの援助過程が記述されてきたことはありましたが、あくまで従来からある事例研究の枠組みにとどまっているものだったと思います。小林（2003）はSCの研究のなかで、学校というシステムを対象とした研究が少ないといっています。現在でもこの状況はそう変わらないと思います。

　学校というシステムを対象にすれば、個人の事例をみている時とは違った見方ができます。例えば、教師間でなされる会話を、発話の機能に注目して分析することで「教師の抱え込み」や「丸投げ」のように、一見するとそれをしている教師個人の問題のようなことも、学校内の人間関係の構造のなかで顕在化していくものであることが見えてきます。学校のなかで協働する体制をつくることは、問題を解決するというよりは、むしろ学校に潜在的にある葛藤を明るみにだすことだという観点を導くこともできます。

　また、SCをはじめとした専門家が、いくら心理学的に正しいことをいっていたとしても、それが受容されるかどうかには、介入のための言葉が、どのような教師側のコンテクストに位置づけられるのかによって、プラスの結果をもたらすこともあれば、まったく影響力をうまないこともありうるということもわかりました。このことからも、協働がうまく進まないことを教師の理解力、子どもへの態度といったような個的な能力に還元して理解することが生産的ではないことがわかります。

　逆にいえば、本論で扱われたX中学校の事例は、内容にこだわれば単なる一事例です。学校がおかれた条件も、生徒の問題についてとりくむ教師の姿勢などにおいても、非常に多様な種類があるなかのひとつであって、ここで描き出されたことを多職種協働の例として一般化することはできないと思います。あえて人々の関係性のような水準でとらえることで、他の学校をみる際にも有用な視点となるのではないでしょうか。

　生徒の問題は、生徒個人の変化としてのみ記述されがちですが、このようにみると、教師やSCをふくめた全体のシステムのあり方と切り離して考えることができないことがわかります。その意味で、子どもの問題は、大人の問題でもあるともいえると思います。

引用文献

Edwards, A., Daniels, H., Gallagher, T., Leadbetter, J. and Warmington, P. (2009). Improving Inter- professional Collaborations: Multi- agency working for children's well-being. London: Routledge.

Dreier, O. (2008). Psychotherapy in everyday life. New York: Cambridge University Press.

小林朋子（2003）「スクールカウンセラーによる学校システムを対象としたコンサルテーションの試み―不適応生徒のための小集団活動の導入を通して」『学校心理学研究』3, 11-18.

西坂 仰（1997）『相互行為分析という視点』金子書房

鈴木聡志・大橋靖史・能智正博（2015）『ディスコースの心理学―質的研究の新たな可能性のために』ミネルヴァ書房

瀬戸美奈子・石隈利紀（2003）「中学校におけるチーム援助に関するコーディネーション行動とその基盤となる能力および権限の研究― SC 配置校を対象として」『教育心理学研究』51, 378-389.

高嶋雄介・須藤春佳・高木綾・村林真夢・久保明子・畑中千紘・重田 智・田中史子・西嶋雅樹・桑原知子（2007）「学校現場における事例の見方や関わり方にあらわれる専門的特徴」『心理臨床学研究』26, 204-217.

丹治光浩・藤田美枝子・川瀬正裕・野田正人・大場義貴・渡部未沙（2004）『心理臨床実践における連携のコツ』星和書店

茂呂雄二・青山征彦・伊藤崇・有元典文・香川秀太（編）（2014）『状況と活動の心理学―コンセプト・方法・実践』新曜社

【書籍紹介】

①石黒広昭（2016）『子どもたちは教室で何を学ぶのか―教育実践論から学習実践論へ』東京大学出版会
本論も依拠している社会文化歴史的アプローチの流れのなかで、学校におけるフィールドワーク研究の実際が示されています。

②香川秀太・青山征彦（編）（2014）『越境する対話と学び―異質な人・組織・コミュニティをつなぐ』新曜社
SC と学校との協働は、互いに異質な者同士が互いの領域をこえてつながりあうという意味で「越境」のひとつといえますが、本書ではいくつかの組織での越境の事例を知ることができます。

第4章
教師の学習をとらえる

　教師は、子どもが学び続けることを支えながら自らも学び続ける専門職です。では、その学びはどのようなものなのでしょうか。現在では、熟練教師の教授行動をモデルとして、経験を積むことでそのモデルに近づく成長・熟達としての学習、反省的実践の概念に基づく省察による学習、コミュニティのなかでの協働学習という考え方が広く共有されています。

　第1節姫野論文では、「経験から学習する状態」になっているかどうか（開く・閉じる）という軸で構築した教師の学習のモデルを援用して3名の現職教師のライフヒストリーを分析し、コミュニティ内の立ち位置による変動、学習の状態を開く鍵としての、学校外のコミュニティや学校の異動、自らの実践の対象化が学習の契機や基盤となっていることを明らかにしています。第2節北田論文では、中学校の校内授業研究会が教師の協働的な学習の場になっていく過程の参与観察において、事後協議会である共通の語りのスタイルが現れるようになってきた点に着目して、「協同的相互関連モデル」を提案し、ある教師を中心とした発話の分析から教師が他者と共に学ぶメカニズムを明らかにしています。第3章坂本論文では、小学校の校内授業研究会の事後協議会における省察を通した学習のメカニズムについて、談話における「実践の表象」、直後再生課題への回答を、各教師の教職経験年数と学校在籍年数を変数として分析していくことで、教師の学習が学校の社会的文化的環境に応じて多様な様相を示すことを明らかにしています。第4章大島論文では、戦後初期の奈良師範学校女子部附属小学校に関する史料の分析により、「プラン会議」と「授業研究会」が、教師たちが綿密な計画と観察によって実際の活動と計画のずれを認識したり、同僚間の話し合いによって子どもの活動の方向性を掴み計画を修正したりする、日常的な計画の再編成とそのために必要な力量形成が促される場であったことを明らかにしています。

　モデルを用いたり多様なデータや史料の分析から、教師の学習における社会的文化的環境としての学校、教師集団の役割が明らかになっています。

教師の経験学習をモデル化する

● 「経験から学習する状態」の視点による教師の学習過程の可視化

姫野完治

<参照論文>
姫野完治・益子典文（2015）「教師の経験学習を構成する要因のモデル化」『日本教育工学会論文誌』
39(3)，139-152.

はじめに

　昨今の教師教育政策では、「学び続ける教師」がキーワードとして位置づけられています。では、「教師の学び」とは何を指すのでしょう。経験を積むこと、研修を受けること、教材を研究することは、どのように関係しているのでしょう。また、学び続ける教師は、何を、いつ、どこで、なぜ、どのように学んでいるのでしょう。「学び続ける」というと、どちらかというと個々の意欲や資質の問題ととらえられる傾向がありますが、それだけで教師の学びをとらえることはできません。教師の学びとは何かを問い直すとともに、学び続けるための支援体制や自律的に学び続けるための仕組みを構築することが望まれています。

　本節では、2015年に日本教育工学会論文誌に掲載された姫野・益子（2015）による『教師の経験学習を構成する要因のモデル化』を執筆するに至った背景や研究の工夫を振り返ることを通して、教師の学習やそのプロセスを対象化するための方法を紹介します。

　同論文では、実践の文脈に根差して教師の学習の特質を分析し、「経験から学習する状態」になっているかどうか（開く・閉じる）という軸で教師の学習をとらえたモデルを提案しました。また、そのモデルを援用して3名の現職教師のライフヒストリーを分析し、教師の学習はコミュニティ内の立ち位置によって変動すること、教師の学習の状態を開くうえで、学校外のコミュニティや学校の異動、自らの実践

を対象化することが鍵になること等を解明しました。

　これまで国内外で提案されてきた教師の学習モデルは、どちらかというと教師個人の知識や経験に主眼がおかれてきました。それに対して同論文では、教師を取り巻く環境にも焦点をあてた点に特徴があります。日本の学校は、諸外国と異なり教師の異動があり、また協業によって教育活動を行うという特色があります。そういった日本特有の環境の中での教師の学習にアプローチしたという点で、諸外国の研究にはない視点と言えるかもしれません。

　以下では、教師研究に興味をもつ人が少しでも増えていくことを期待して、本研究の基盤となる思いや研究を進めていく中での工夫等を紹介します。

引っ掛かりを問い直す

　本研究を構想した背景には、国内外で推進されてきている教師研究の知見や取り組みと、身近なところで教師や教職志望学生と関わる中で見聞きしていることの間に、いくつかのズレや引っ掛かりを感じていたことがあります。

　1つめは、加算的に考える教師の学習モデルについてです。社会の変化とともに、教師には多様な役割が求められています。○○教育や□□指導という言葉を列挙してみると、教科の指導に関することのみならず、環境教育やプログラミング教育、食育、シティズンシップ教育など、枚挙にいとまがありません。社会で求められることを学校教育が担うことは当然ともいえますが、このように教師に求められることが増えるにつれて、研修が加算される傾向があります。もちろん、研修を加算することによって教師の学びが保障される側面もありますが、研修が形式的に加算され、学びにつながっていないのではと感じることも少なくありません。また、研修を増やすことによって、ただでさえ多忙な教師が自律的に学ぶ時間を奪われ、かえって教師の学びを阻害しているようにみえるケースもあります。昨今、「学び続ける教師」に注目が集まっていますが、それは教師が自律的に学び続けることを期待しているのであり、決められた研修を嫌々でも真面目にうける「学ばされ続ける教師」を求めているわけではないはずです。しかしながら、中央教育審議会（2015）に基づいて教員育成指標や教員養成スタンダードが策定され、それに合わせて授業や研修が位置づけられるにつれ、教師の学びが、パッケージ化された研修を受講し、単位を修得することに矮小化されてしまっているのではないかと危機感を抱いていま

した。

　2つめは、振り返れば学習するという言説についてです。国内外の授業研究や教師教育研究は、ここ20年近くの間、ショーン（Schon, D., 1983）によって示された「reflection（省察）」を鍵概念と位置づけて研究を積み重ねてきました。教師が経験から学習するプロセスを定式化したコルトハーヘン（Korthagen, 2001）は、①行為、②行為の振り返り、③本質的な諸相への気づき、④行為の選択肢の拡大、⑤試みからなる ALACT モデル（図1）を提案しています。このモデルでは、授業を実践するだけではなく、実践を省察し、経験知にまで高める過程を伴って初めて、教師にとっての学習が成立するととらえられています。

　たしかに、日々の実践経験から学ぶためには、経験を積み重ねるとともに、経験を省察し、実践中に暗黙的に行った行為の本質を取り出し、経験知として身につけていくことが重要となります。しかしながら、これまでの研究では、省察が教師の学びにどのように機能するのかや、深い省察とは何か、といったことはおざなりにされる傾向がありました。ともすれば、「省察」⇒「事後に振り返ること」⇒「PDCAサイクル」⇒「事後報告書」といった関連でとらえられ、「事後報告書」を義務づけることに終始してしまう場合も少なくありませんでした。そのため、報告書を書くことが省察ととらえられたり、自らの実践の悪かったところを反省し続ける苦行のようにとらえられたりすることさえありました。

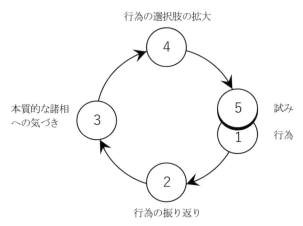

図1　ALACT モデル（Korthagen et al. 2001）

しかし、筆者が身近に関わり尊敬している教師は、自らの実践を振り返ることも大事にしていますが、それと同じくらい学校内外の人や活動との関わりを楽しみ、実践をアウトプットし、そこで得たことを日々の実践に生かしていました。省察が教職にとって重要であることは言うまでもありませんが、形骸化した省察では学びにつながらない場合もあるのではないかと考えていました。

　3つめは、学ぶことに対する教師の姿勢は変化するということです。秋田（1999）は、教師の生涯発達を、成長・熟達モデル、獲得・喪失両義性モデル、人生の危機的移行モデル、共同体への参加モデルの4つのモデルに区分していますが、教師教育の研究や取り組みでは、右肩上がりで学び続けるモデルに依拠している場合が多いと感じます。しかし、多くの教師と関わっていると、そのように右肩上がりに学ぶばかりではなく、むしろ周りの環境によって学ぶ姿勢が多少なりとも変化していると感じていました。例えば、子どもや保護者、同僚から頼りにされていた教師が、近隣の学校へ異動したことをきっかけに、学ぶことから遠ざかってしまったり、子どもとの関係づくりに課題を抱えていた教師が、ある子どもとの出会いを契機にガラッと関わり方が変容したりする場合があります。このようなことから、教師の学びに対する姿勢がどのような環境要因で変化するのかを解明する必要があると考えていました。

　日本の学校現場には、諸外国で「reflection（省察）」や「Lesson Study（校内授業研究）」が重視され始めるよりもはるか昔から、教師同士が協働で授業を研究する文化があります。教師同士の教え合いや学び合いによって、徒弟的に学ぶ環境をつくり、ベテラン教師の巧みなわざを伝えてきています。本研究の背景には、こういった日本の教師ならではの知恵や、そういった知恵を伝える仕組みを解明することによって、日本の学校や教師に即した養成・研修のあり方を提案したいという思いがあります。

研究の枠組みをデザインする

　先述したような思いをふまえて、教師が学習するプロセスを描くためには、「教師の学習」をとらえる新たな概念を明確化する必要があります。そのための方法として、質問紙等を用いて行う量的研究、インタビューや参与観察等による質的研究が考えられますが、本研究では教師や教師コミュニティの学習過程について実証的

にとらえることを目指し、教師を対象とした面接調査に基づく質的研究法を用いることにしました。

　質的研究でよく用いられるグラウンデッド・セオリー・アプローチでは、対象者の最低数が明確に規定されているわけではありませんが、目安として10人から20人とされています（木下, 2003）。しかし筆者らは、やみくもに多くの教師に話を聞き、その共通項をとらえたとしても、新しい概念を生成できるとは限らないと考えました。それは、調査対象者が自らの実践や経験を対象化して語れるかどうかが大きく影響し、また同じように語る対象者が複数名いたからといって新しい概念とはなりえない場合もあるからです。そこで筆者らは、既存の教師研究でのとらえ方とは異なる視点で教師の学習について語ることのできる教師に丁寧に話を聞くことを通して仮説モデルを生成し、そのモデルを他教師の事例で検証するといった研究の枠組みをデザインしました。

　そのようなおり、「学び続ける・学ぶことができない教師」の特質を、「開く・閉じる」や「開いた教師・閉じた教師」といったメタファーを用いて表現するS校長と出会いました。S校長は、小学校教諭19年、管理職11年、教育行政職7年というように多様な経歴を有し、また7年間にわたってZ県の教員研修の企画運営に関わり、教師のライフサイクルや役割に合わせた研修の企画、学校における実践研究の推進を担ってきた方です。「開いた教師は、軸足を学校の中におきつつも、学校の外に様々な情報を収集に行くエネルギーを持っているが、自分が経験で得た知識のみで満足してしまう教師は閉じてしまう」「研修会でも開いて聞いているのか、閉じて聞いているのか。自分に関係ない話って、自分に関係ないもんって聞いている人は、閉じて聞いている」というように、教師の学習の状態を「開く・閉じる」といったメタファーを用いて説明してくれました。これらのエピソードを聞き、S校長の考えを聞き取ることを通して、「教師の学習」をとらえる新たな概念を構築できるのではないかと考えました。そこで、まずS校長を対象として半構造化面接を行い、教師の学習をとらえる作業モデルを構築し、そのモデルを3名の教師の事例で検証することにしました。

教師の経験学習モデルを構築する

　S校長への半構造化面接では、「開く」「閉じる」に関わるエピソードを自由に語っ

てもらいました。エピソードに関連して追加の質問を行うにあたり、学び続ける教師の学習の特質を、「個人の資質・能力（学習する力）」と「個人を取り巻く環境（学習のための条件）」に分けてとらえ（図2）、教師個人の学習と教師コミュニティでの学習を合わせて聞き取るよう努めました。例えば、「組織として力を発揮するとはどういうことですか」、「個人の中で閉じられてしまうと変動がなくなるとはどういうことですか」というように、学ぶことに対する教師個人の姿勢が変容していくプロセスや、その背景にある環境要因等を掘り下げる形で質問するようにしました。また、自身のことを中心としながら、同僚として、管理職として、指導主事としてという視点を加えて尋ねるようにしました。

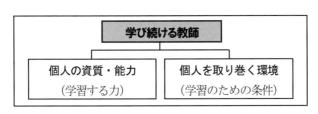

図2　面接の枠組み

　この面接での発話記録をもとに、教師の学習に関する作業モデルを作成しました。まず、録音した約5時間半の発話記録をすべて文字におこしてプロトコルデータを作成しました。次に、プロトコルデータをエピソードに切り分けタイトルを付し、内容のまとまりごとにさらに区分してコード化しました（一例を表1に示します）。得られたエピソードとコード一覧、およびプロトコルデータから教師の学習を表すカテゴリーの明確化を行いました。このように分析の手順を示すことは簡単ですが、5時間半にも及ぶS校長の発話のどこに焦点をあてるのか、発話を生かしつつ概念を明確化するために、どのようなコードやカテゴリーの名称をつけるか等、試行錯誤を繰り返しました。これらの分析は、基本的には第一著者である筆者が素案を作成し、それを第二著者と協議しながら改訂するプロセスで進めました。遠隔での共同研究ということもあり、S校長の発話データの分析だけで10か月あまりかかりました。分析過程で作成したデータをみると、コード化で7つ、モデル化で8つのファイルが保存されていましたが、実際には対面で協議する中で修正しましたので、ファイル数以上の改訂を経てモデルを作成したことになります。

表1　得られたエピソード・コードの例

エピソード		コード・コード名	
1	かかわり（ジョイント）の作り方	1, 2	教師の学習意欲を高めるのは子どもが変わったという手ごたえ
		3	閉じかけていたベテラン教師の再起
		4, 5	アイディアのある若手　使いどころを知るベテラン
		6	人とジョイントしてクリエイトできる人は強い
		7	状況把握・吸収・調整するリーダーシップ
4	自己完結すると閉じる・触発されない（開くチャンスがない）	19	お互いに触発されて楽しめると自己完結しない（PTA の変化の捉え）
		20	学校外の学びを取りこむ柔軟性
		21	自分や対象を不易とみるか流行とみるか

　発話記録等の質的データを分析する方法には、データに含まれる語句や関連を計量的に分析するテキストマイニング等もありますが、本研究では佐藤（2008）の考えに基づき、文脈と概念的カテゴリーとの往復運動の中でコーディングを行いました。実際のコーディング例をみてみましょう。以下の発話をコード化する場合、どのような名称が考えられるでしょうか。

【コード1・2】

　やっぱり自分の中に何かを作り上げていこうとする人たちは、いろんなアドバイスを自分流にアレンジして中に入れていくので、それこそ形でいうとここで掲示ができていく。多分頭の中の学びも入ってくるだろうし、生徒たちのも入ってくるだろう。でもそうじゃなくて、単発で校長があれ言った、これ言ったというのを単発的に取るとそれはつながっていかないので、形になんにもなっていかない。ということはたぶん子どもの心にも落ちていってないかなという。

　そこでは一つそういういろんな人の話をいろいろジョイントして聞ける人なのか、どうか。単なる引き出しているだけなのか、うまく使えていくというふうに。

　だからやっぱり教員というのは、それは掲示になったってほんとは嬉しくないですよね。何がなって嬉しいかって、子どもが変わった時嬉しいんですよね。

だから今度はその掲示物を子どもに返していく中で、子どもがやっぱり変わったとかっていう手ごたえを、そこがないとただ掲示作って満足感で、僕の学級やっていう。この掲示物によって学級の仲間が高まっていくのかっていう。

　最終的に教員の心を揺さぶるのはたぶん子どもが変容したところの手ごたえを感じてる。もっと言えば私たちは子どもの変容につながるような、支援をしていかないといけないなっていう。子どもが変わったという手応えがある方は、次は何やったらいいだろうという、それこそどんどん開いて行くんです。ところがやっても、自分なりに掲示物は作ったけど、なんか子どもはザワザワは一緒だなという感じだと、無駄なことをしたなと思って、余計閉じちゃう。

　自分を成功感に導けるような、本来の自分のゴールや子どもが変容し、子どもが学力があるだとか、仲間関係が良くなるだとか、自分の描いている所に子どもが近づいていくという手応えを感じた方は、より多く開こうとする。

　抽象度を上げて「子どもの変容につながる支援」等のカテゴリー名にすることもできたと思いますが、そうするとＳ校長の発話の特徴が消え、概念生成につながりにくいと考えました。筆者らは、「教師の学習意欲を高めるのは子どもが変わったという手ごたえ」というコード名をつけました。そして、教師の学びが開かれる要因の一つとして、「自分流にアレンジする中で感じる手ごたえ」が重要な概念ととらえ、「③自分流にアレンジ」というカテゴリーとしました。

　このような発話の分析により、表２のカテゴリーを生成し、それをもとに図３の作業モデルを構築しました。教師の学習には、「知識や技能を取得する」というとらえ方だけではなく、「経験から学習する状態」という視点でとらえられること、子どもの変容に手ごたえを感じられるかどうかによって、教師の学習への開かれ方が変わること、その開かれ方の変容および維持には環境要因が大きく影響すること等を示しました。

　生成した概念を図式化する際には、教師の学習に対するＳ校長のとらえ方の特質である「経験から学習する状態になっているかどうか（開く・閉じる）」、「学習に対する状態（個人・コミュニティ）」という２つの軸を中心に据え、それぞれの状態の特性を示すとともに、学習することに閉じている教師Ａが、開いた教師Ｂへと変容していく際に影響を及ぼす要素を吹き出しとして示しました。

表2　教師の経験学習を構成するカテゴリー（一部）

カテゴリー	概念	コード	発話例
[Ⅰ．学習に対する個人の状態]			
Ⅰ-1．子どもの変容に手ごたえを感じると学びが開かれる			
①課題意識の自覚	学ぶ目的や課題意識が明確である	44，50	「学ぶっていうことは何か目的があるよね．（中略）同じ初任者でも目標設定に向かって行った時に目標が心に落ちている人はまず一つ身を乗り出す.」
②面白さに触発	学ぶことに面白みや楽しみを感じる	11，24，60	「『面白くてついここまでやってしまいました』とか，そういうタイプだったら閉じない.」
③自分流にアレンジ	自分流にアレンジする中で感じる手ごたえ	1，2	「自分の中に何かを作り上げていこうとする人たちは，いろんなアドバイスを自分流にアレンジして中に入れていくので.」
④視野の広さとアンテナ	学校外に開かれた視野の広さ	10，17，20，21，61	「割と即答できる人はいろんな情報が入ってる人.」「常日頃から自分の所からどれだけ視野，見てるのか.」
Ⅰ-2．思いこみで課題が意識されると学びが閉じられる			
①課題意識が薄い	自分で考えないため情報をキャッチできない	23，53，57	「問題意識があるとか.」「引っかからなあかんのね．引っかかった所にすごく共感したり，なぜだろうだとか.」
②指示待ち	指示待ちに慣れてしまうと閉じる	58，59	「延々と言われたことだけをやるという，指示待ち人間的な人は閉じていく可能性があるし.」
③こなせてしまう	計画通りに終わらせることが目的になる	7，8，9，12	「今日の時間できなんだ．どうしよう，最後までもう終わっちゃえ．まとめ先生書いちゃって，できたって．そういう授業を小粒にやっていくのか.」
④自分の世界に固執	これでいいと思いこむと自己完結する	19，31，34，55，56	「自分の意見言うけど人の意見聞かない，突っ走っちゃうよね.」「同僚の先生のつぶやきを取り入れていけないものね.」
Ⅰ-3．状態が変容・維持する環境			
①取捨選択とクリエイト	人とかかわる中で選択して取り込む	6，29	「人とつながりながらジョイントして，クリエイトしていくことの知ってる人は強いかな.」
②課題の認識・目標設定	目標や方向性が認識されれば学ぶ方向に進む	35，46，47，48，49，51，52	「目標設定をきちっとして，方向性を持たせれば学ぶ方向に行くと思うよね.」「対話のある授業をしたいのはなぜか．（中略）願いがはっきりしてないと.」

経験学習モデルを事例で検証する

　S校長への面接調査をもとに、教師の経験学習に関する作業モデルを生成してきましたが、これはあくまでもS校長一人の考えに基づくものですので、生成した

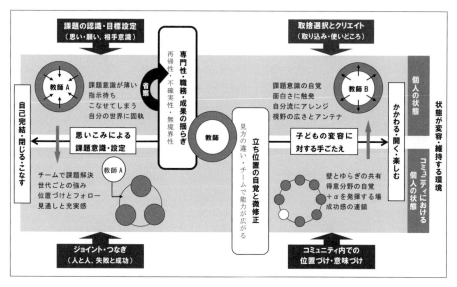

図3　教師の経験学習に関する作業モデル

モデルの妥当性を検証する必要があります。本研究では、多様な教職経験を有する複数の教師の成長・発達過程に適用することで、生成したモデルを検証することにしました。

　その際、職務上の言動のみならず、それを支える個人史という視点からアプローチすることが重要と考え、ライフヒストリーの手法を用いました。筆者は、本研究に取り組む前に、教職志望学生のライフヒストリーを研究してきました（姫野, 2013）。そこでは学生の教職志向性を手がかりとして、教職志向性の変動プロセスを描きました。しかし、この枠組みは学生を対象とする場合に有効であっても、現職教師を対象とする際に用いるわけにはいきません。一方、現職教師を対象とした研究では、調子の良さややる気（小柳, 2012）、ICT活用に関する熱意（木原ほか, 2013）について、worklineの手法を用いて調査した研究がありました。worklineの手法とは、特定の観点から感情の変容を曲線で表すもので、変容プロセスを可視化する際に適しています。本研究では、S校長への面接調査で生成した、教師が学びに開いた状態であったか閉じた状態であったかを、worklineの手法を援用して5段階で自己評価してもらい（表3内の「開閉の自己評価」に相当します）、その自己評価をもとにしながら、学びが開いたり閉じたりするきっかけや特徴的な出来事

表3 教師Bの教職歴と「開く」「閉じる」の背景要因

年数	学校	担任・担当	開閉の自己評価 1	2	3	4	5	自己評価の背景要因
1		4年担任：単						初任者指導担当（教頭）との出会い．子どもに救われた．研究教科は学校構成員によって決まる．
2	b1小	3年担任：単						職員集団が変わらず現状維持．学級経営の取り組みをレポートにまとめて発表．
3		5年担任：単						得意領域をみつけたい．群の道徳研究会に属して授業発表．道徳の基本の学習．
4		3年副担任						生徒指導方法への不信感．学年集団に入りたくない．人権問題との出会い・悔しい思い．
								学年内の自分の立ち位置・役割を探す．自分なりに人権問題を学ぶため学習会に参加．
5		産休・育休						漢字検定や書道などの資格取得．
6	b2中	3年担任						チームが機能．情緒障害児との出会い．先輩の誘いで道徳教材サークルへ．国語・人権の授業公開．
7		3年副担任						年度の途中から産休．
8		産休・育休						いつでも使えるように自分なりにアレンジした道徳教材を作って楽しむ．
9		1年担任						恵まれた学年．人権運動に参加する生徒を担任．レポートの発表．
10		特支学級担任						不本意な異動．特別支援担当への同僚からの視線・悔しさ．チームで指導する難しさ．
								悔しいから頑張ろう．子どもにとって情報機器がツールになりそう．情報教育研究会への参加．
11	b3小	特支学級担任						10年経験者研修で同期とつながる．近隣校と授業研究会．通信で特別支援の教員免許取得．
12		特支学級担任						特別支援学級と通常学級の交流をレポートにまとめて発表．
13		4年担任						学外研修に積極的に参加．校長との出会い（特別活動）．教育実践論文への書評（分析の甘さ）．
14		3年担任						学校の雰囲気が崩壊．学外研究会で授業発表．学級と担任は学校・高め合いは学外．
15	b4小	5年担任						特別活動の主任．同期の同僚と学校改革を進める．市の研究会で授業研究．
16		6年担任						学外研究会にて研究方法の未熟さを痛感．実践研究の基礎を希求．大学院受験．市の研究員．
17		6年担任						大学院在籍．実践や指導技術中心であったことへの気づき・学び直し．学校では見聞きしない情報．
18		5年担任						大学院在籍．自校の校内研究が機能していないことを自覚．同僚を巻きこむ研究のあり方を模索．

について調査することにしました．

　モデルの妥当性を検討する上で、幅広い経験年数、異なる専門教科の教師を調査対象とすることが必要と考え、教職経験26年目、社会科を専門とし公立小学校に勤務する教師A、教職経験18年目、国語科を専門とし公立小学校に勤務する教師B、教職経験8年目、数学科を専門とし大学附属中学校に勤務する教師C、の3名の現職教師を面接調査の対象としました．調査を行うにあたって、学びに「開いた状態」と「閉じた状態」という概念を理解しやすくする観点から、開く・閉じるの自己評価を依頼する際に、S校長への面接をもとに作成した作業モデル（図3）を提示しました．面接時間は、それぞれによって若干の差はありますが、平均すると1名あたり約3時間半でした．

　面接後に発話記録をすべて文字におこしてプロトコルデータを作成するとともに、3名の教師の教職歴や「開く・閉じる」の自己評価を一覧にして、関連するプ

ロトコルデータを年度ごとに切り分けました。一例として、教師Bの教職歴と「開く」「閉じる」の背景要因を整理したものを表3に示します。前節で生成した経験学習モデルに基づきながら、各教師が学習に開いたり閉じたりする背景要因を分析しました。とりわけ、「開いている」および「閉じている」と自己評価された年度に焦点をあて、教師の学習が開く、あるいは閉じるプロセスを取り上げて検討しました。

　3名の教師の教職歴と「開く」「閉じる」の背景要因を見ていくと、教職経験年数にかかわらず、学習への開かれ方が少なからず変動していることが明らかになりました。その流れは、「開く」と「閉じる」を行ったり来たりを繰り返すもので、「閉じる→開く」や「開く→閉じる」といった単調な流れではありませんでした。表3に示した教師Bの学習への開かれ方をみてみると、自己評価の変動が非常に大きいことがわかります。評価の低かった4年目と10年目に注目すると、4年目は小学校（b1）から中学校（b2）へ、10年目は中学校（b2）から小学校（b3）の特別支援学級へ学校が異動になった年にあたります。

　一般的に、教職経験年数を重ねることによって、教師の力量は高まると考えられる傾向があります。しかし、3名の教師の学びへの開かれ方をみると、学校の異動や受け持ちの学級、大学院における学習機会などによって大きく変動していることがわかりました。そして、たとえ一度閉じたとしても、何らかの開く手がかりを手にして、開いた状態へと変動していました。共通しているのは、学校の異動後に直面した課題に向き合う中で、学校外のコミュニティに手がかりを求めたり、情報を発信したりする機会が存在している点です。そして、そのような変動は、若手に特有ということではなく、教師コミュニティにおける個々の教師の立ち位置によって、どのような教職経験年数の教師にも発生していました。このように3名の教師のライフヒストリーを分析することを通して、生成した作業モデルの妥当性を検証するとともに、今後の課題を示しました。

まとめ

　この節では、「教師の学習」をとらえる新たな概念を明確化することを目的として、4名の教師を対象とした面接調査を行い、教師の経験学習を構成する要因をモデル化した研究の背景や工夫について説明してきました。

これまでの教師研究では、一般化されたあるべき教師像を設定し、その教師像の基準に満たないことを欠陥があるととらえ、それを補う形で養成研修するカリキュラムを構築する傾向がありました。そして、「カリキュラムの提供＝教師の成長・発達・学習」ととらえてきました。しかし、教師が学習し、成長するプロセスは、子どもの頃に受けた教育や出会った教師、赴任した学校の風土や同僚との関係、子どもや保護者との関係により異なります。本節では、現職教師への面接調査をもとに、教師の学習を「経験から学習する状態」という視点でとらえられること、教師の学習を開く上で、コミュニティにおける立ち位置の自覚と微修正が鍵になること等を明らかにしてきました。

　このような従来の考え方と異なる概念は、大人数を対象としたアンケートや面接等の調査を行うことで生成されるとは限りません。日本の学校現場に古くから受け継がれている、日本の教師や教師集団ならではの知恵やわざに光をあて、モデル化することは、日本の教師研究としての独自性を打ち出す上で一つの方法となり得るでしょう。

引用文献

秋田喜代美（1999）「教師が発達する筋道」藤岡完治・澤本和子編『授業で成長する教師』ぎょうせい，27-39.

中央教育審議会（2015）「これからの学校教育を担う教員の資質能力の向上について～学び合い，高め合う教員育成コミュニティの構築に向けて～（答申）」

ドナルド・ショーン（2001）『専門家の知恵―反省的実践家は行為しながら考える』（佐藤学・秋田喜代美訳）ゆみる出版（Schon, D（1983）*The Reflective Practitioner: How Professional Think in Action.* Basic Books.）

姫野完治（2013）『学び続ける教師の養成―成長観の変容とライフヒストリー』大阪大学出版会

木原俊行・野中陽一・堀田龍也・高橋純・豊田充崇・岸磨貴子（2014）「教師たちのICT活用に対する熱意に影響を及ぼす要因のモデル化―日英の教師たちの実践史の比較分析を通じて」『日本教育工学会論文誌』38(2)，157-165

木下康仁（2003）『グラウンデッド・セオリー・アプローチの実践―質的研究への誘い』弘文堂

コルトハーヘン・F（2010）『教師教育学―理論と実践をつなぐリアリスティック・アプローチ』（武田信子監訳）学文社（Korthagen, F. J（2001）Linking practice and theory,

Lawrence Erlbaum associate.）

小柳和喜雄（2012）「学校の組織的教育力向上に向けた研修方法に関する研究報告―ミドルリーダー研修を中心に」『奈良教育大学教職大学院研究紀要』4，49-54.

佐藤郁哉（2008）『質的データ分析法』新曜社

 【書籍紹介】

①高井良健一（2015）『教師のライフストーリー―高校教師の中年期の危機と再生』勁草書房
　1950 年代～ 60 年代生まれの高校教師 4 名のライフストーリーをもとに、教職生活を通してアイデンティティの危機を乗り越えていくプロセスが描かれています。
②山崎準二編（2009）『教師という仕事・生き方【第 2 版】―若手からベテランまで教師としての悩みと喜び、そして成長』日本標準
　若手からベテラン 20 人の教師の悩みや喜び、挑戦、問い直し、こだわりなどを紹介した書籍です。教師それぞれの多様な学びや生き方にふれることができます。
③川上泰彦（2013）『公立学校の教員人事システム』学術出版会
　日本における教員の異動や昇進に関する人事システムがどのように行われ、また教育行政や学校経営にどのような影響を及ぼしているのかを考察しています。

第4章 **2**

教師の協同的学習過程を
モデル化する

◉校内授業研究の事後検討会の談話分析を用いて

北田佳子

＜参照論文＞
北田佳子（2009）「校内授業研究会における教師の専門的力量の形成過程―同僚との協同的学習過程を分析するモデルの構築を目指して」『日本教師教育学会年報』18，96-105

はじめに

　近年、教師の重要な学習の場として校内研修として実施される授業研究（以下、校内授業研究）に注目が集まっています。私自身も、これまで複数の学校の校内授業研究に関わるなかで、多くの教師が同僚たちと日常的かつ長期的に学びあい変容していく姿を目のあたりにしてきました。

　なかでも特に印象深かったのが、本稿で紹介する研究（北田，2009）で扱ったF市立M中学校の校内授業研究です。M校は、いまでこそ同僚どうしで学びあう授業研究に定評があり、国内外から多くの教師や研究者が訪問する学校となりましたが、私が初めてM校を訪れた当時は、授業研究自体に消極的な態度の教師が散見するような状況でした。

　日本には、戦前から続く授業研究の長い歴史がありますが、それは主に初等教育レベルにおいて展開してきたものです。そのため、中学校や高等学校では、かならずしも校内授業研究が教師の重要な学習の場として位置づけられてきたわけではないという現実があります[1]。M校も、かつては指導主事訪問など必要最低限の校内

授業研究を行う程度にとどまっていました。しかし、2005 年に着任した新校長の意向で、授業研究は M 校の中核をなす重要な活動へと改革されることになったのです。私は、この新校長とは以前から別の研究で交流があったため、幸いにも改革の当初から M 校を定期的に訪問することができ、彼らの校内授業研究が同僚どうしの学びあいを中心としたものへと大きく変容していく過程を長期に参与観察するという貴重な経験を得たのです。

　M 校においてもっとも変化がみられたのは、検討授業の直後に行われる事後検討会での教師たちの発言でした。校内授業研究の経験を積むごとに、教師たちのなかに、ある共通の語りのスタイルが現れるようになってきたのです。私は、この変化が教師の学習にとってどのような機能をもつのかを探究したいと考え、当時、授業研究に関する研究分野において登場しはじめていた、事後検討の談話分析という手法（姫野・相沢，2007；坂本・秋田，2008；秋田，2008）に着目しました。私自身も以前、別の研究において事後検討の談話分析を用いた経験があり（北田，2007）、このアプローチの有効性を実感していました。ただし、談話分析を用いて事後検討会の発言の変化を明らかにすることができても、はたしてそれが教師の学習メカニズムにおいてどう機能しているかをとらえるには限界があると感じていました。そこで、本稿で紹介する研究では、談話分析を行うだけでなく、教師の学習メカニズムのモデル化を試みた先行研究の知見を参照しながら、M 校の事後検討会における教師たちの発言の変容と、その変容が教師の学習過程においていかに機能しているのかを解明したいと考えました。

　以下では、まずどのように先行研究の知見を整理し、本研究の分析枠組みを設定したのか、そして分析結果をどういった方法で提示し考察を行ったのかについて、順を追って説明していきたいと思います。

教師の学習過程をとらえる概念モデルを設定する

　まず、第一の作業として、教師の学習メカニズムのモデル化を試みた先行研究のレビューを行い、そのなかから、クラークとホリングスワースの「相互関連モデル（Interconnected Model）」（Clarke & Hollingsworth, 2002）を基に研究を進めることにしました。その理由は、このモデルが、それまで発表されてきた教師の学習メカニズムを示す他のモデルとは異なる重要な特徴をもっていたためです。当時、ク

ラークとホリングスワース以外にも、複数の研究者たちがさまざまなモデルを提唱していました。しかし、残念ながら、それらのモデルでは、研修によって教師の知識や信念が変化すれば、授業実践が変わり、結果的に子どもたちの学習の成果が変容する、といった単純な因果関係にもとづく一方向的な説明が主流となっており、教師が専門家として学び成長する複雑な過程を十分に説明できるものではなかったのです。これに対し、クラークとホリングスワースは、教師の学習が複数の要素の双方向的な関連によって成立する複雑な過程であることを示す「相互関連モデル」を提唱しました（図1）。

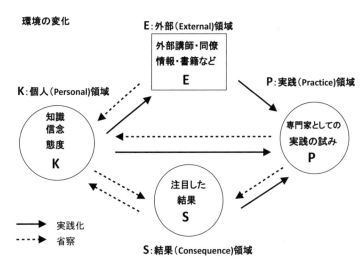

図1　相互関連モデル（Clarke & Hollingsworth, 2002, p.951 を基に作成）

　「相互関連モデル」では、まず、1）外部講師や書籍などに代表される「外部領域（E）」、2）教師個人の知識・信念・態度といった「個人領域（K）」、3）専門家としてさまざまな実践を試みる「実践領域（P）」、4）子どもたちの反応や変化といった注目すべき出来事としての「結果領域（S）」という4つの領域[2)]が想定されており、これらが「実践化（enaction）」と「省察（reflection）」という2つの行為により相互に関連しあうことによって教師の学習が生起すると考えられています。ここで言う「実践化」とは、教師がある考えや方法を実行してみることであり、また「省

察」とは、教師が自らの実践を振り返り、絶えず積極的に注意深く思考することを意味しています。こうした教師の多様で複雑な学習過程を描出できるところが、この「相互関連モデル」の特徴であり、それまでの単純な因果関係にもとづく一方向的な説明モデルとは一線を画すものだったのです。

しかしながら、「相互関連モデル」は個々の教師の学習過程を分析する優れた概念枠組みといえますが、M校のように校内授業研究を通して同僚と学びあう過程を描出するには限界もありました。もちろん、クラークとホリングスワースも、同僚教師の存在が個々の教師の学習に影響を及ぼし得ることに言及はしていたものの、彼らのモデルにおいて「同僚教師」の存在はあくまでも「外部領域」の一つと考えられているにすぎませんでした。そこで、私は、クラークとホリングスワースのモデルに新しく同僚教師の学習過程を加え加筆修正した、「協同的相互関連モデル（Collaborative Interconnected Model）」を提案することにしました（図2）。

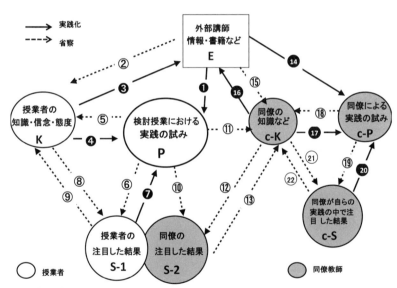

図2　協同的相互関連モデル（北田，2009, pp.99-100）

この「協同的相互関連モデル」の最大の特徴は、検討授業を行った授業者個人の学習過程だけでなく、その授業を観察した同僚たちの学習過程も含めた分析を可能

とし、さらに双方の相互作用を考察できる点にあります。例えば、事後検討会では、授業者本人が「検討授業における実践の試み (P)」について「注目した結果 (S-1)」を語ります（⑥）。しかしそれだけではなく、観察をしていた同僚教師たちも、検討授業のどこに着目したかという「同僚の注目した結果 (S-2)」について語り（⑩）、そこに「同僚の知識・信念・態度 (c-K)」に照らし合わせた省察（⑫）が行われます。また、授業者の実践に触発され、同僚が過去に行った授業、つまり「同僚による実践の試み (c-P)」が回顧され、その中で「注目した結果 (c-S)」が語られる（⑲）こともあります。こうした事後検討会におけるさまざまな語りとその相互作用の分析が、「協同的相互関連モデル」によって可能になると考えました。

談話分析の枠組みを設定する

　第二の作業として、「協同的相互関連モデル」に基づき、表1に示す発話カテゴリーとその発言例を作成しました。これらの発話カテゴリーは、事後検討会における教師たちの発言の逐語記録をコーディングする際に必要となります。

　これらの発話カテゴリーにしたがって、M校の事後検討会における教師たちの発言を分析していったわけですが、まず具体的にどのような作業を行ったのかを説明する前に、M校の授業研究の特徴を簡単に述べておきます。2005年の新校長着任による改革以降、M校では、つぎの3点を重視した校内授業研究を行ってきました[3]。まず、M校では、若手からベテランまで各教師が最低年1回は検討授業を公開し、一つひとつの検討授業を担当教科に関係なく全同僚で参観します。そして、事後検討会にもすべての教師が参加し、約2時間をかけ、検討授業のなかで気づいたこと、感じたこと、学んだことなどを丁寧に語りあいます。その際、実際に検討授業で観察された子どもたちの具体的な姿に基づきながら語ることが求められていました。M校では、このような校内授業研究をほぼ毎月1回のペースで実施しており、学校用の記録として毎回の検討授業と事後検討会はビデオ録画されDVD化し保存されていました。私も学校長からそのすべてのDVDのコピーを頂いていたので、まずはその多数のDVD記録から、具体的にどの事後検討会に焦点化するか

---

3) 当時大学院生だった私は、改革が開始された2005年4月の第1回目の校内授業研究から一参観者という立場で参加し、その後も2〜3カ月に一度の頻度で参観を行いました。

表1 「協同的相互関連モデル」に基づく発話カテゴリーと発言例[4]

●は「実践化」に関する発言、○は「省察」に関する発言

		発話カテゴリー		発言例
授業者の発言	❶	E→P	外部講師の要請などにより試みた実践についての発言	今日は、講師の先生の指示通り、グループ学習を取り入れてみました。
	②	E→K	外部講師や書籍の情報などが、知識・信念・態度に与えた影響についての発言	以前、グループ学習のことは本で読んだことはあって、興味は持っていました。
	❸	K→E	外部講師や書籍などから、さらに学ぼうとする発言	グループ学習のことについてもっと学んでいきたいと思います。
	❹	K→P	知識・信念・態度に基づき試みた実践についての発言	グループの前に、個でしっかりと考える時間を確保したかったんで、ワークシートを使ってみました。
	⑤	P→K	試みた実践を、知識・信念・態度の問題として論じる発言	まだ、グループどうしをつなぐ技量が自分にはないんですよね。
	⑥	P→S-1	試みた実践の中で注目した具体的な出来事についての発言	いつもおとなしい美紀さんが、笑顔で仲間に説明してたんですよ。
	❼	S-1→P	注目した出来事の結果を受けて、さらに試みた実践についての発言	だから、あそこでもう少しグループ続けてみようって思ったんです。
	⑧	K→S-1	知識・信念・態度に照らし合わせ、注目した出来事を解読する発言	あの美紀さんの笑顔って、今日は学べたな、満足できたなあっていう表れだったんじゃないかな。
	⑨	S-1→K	注目した出来事が、知識・信念・態度に与えた影響についての発言	グループ学習って、時間の無駄だと思ってたところも正直あったんだけど、今日の美紀さんを見てると、グループの良さって、こういうところにあるのかなって。
		その他	上記のカテゴリー以外の発言	本日は、ありがとうございました。
同僚教師の発言	⑩	P→S-2	授業者が試みた実践の中で、観察者として注目した具体的な出来事についての発言	私も、美紀さんのグループを見てたんですよ。隣の橘くんが、「うん、うん」って真剣に美紀さんの話、聴いてましたね。
	⑪	P→c-K	授業者が試みた実践を、知識・信念・態度の問題として論じる発言	最後、グループの発表で終わっちゃったでしょ。でも今日のポイントってとこは、ちゃんと黒板で押さえとくべきだったんじゃないかな。
	⑫	c-K→S-2	知識・信念・態度に照らし合わせ、注目した出来事を解読する発言	美紀さんと橘くん見てると、やっぱ、自分の話を真剣に聞いてくれる人の存在って大きいよね。とくに、美紀さんみたいなおとなしい子にとってはね。
	⑬	S-2→c-K	注目した出来事が、知識・信念・態度に与えた影響についての発言	話す力ってのも大事だと思うけど、聴く力、仲間の意見に真摯に耳を傾けられる子どもを育てるって、大事だなあって、今日は私自身、学ばせてもらいました。
	❶	E→c-P	外部講師の要請などにより、試みた実践についての発言	とにかく私も最初は、言われるままにグループ入れりゃいいやって、そんな感じでしたね。
	⑮	E→c-K	外部講師や書籍の情報などが、知識・信念・態度に与えた影響についての発言	本なんかで読んではいたんで、ある程度イメージはあったんですけどね。
	❶	c-K→E	外部講師や書籍などから、さらに学ぼうとする発言	だから、去年、自分からあの学校の公開研究会に行かせてくださいって頼んだんです。
	❶	c-K→c-P	知識・信念・態度に基づき、試みた実践についての発言	私も自分の授業で、同じことを試したことあります。
	⑱	c-P→c-K	試みた実践を、知識・信念・態度の問題として論じる発言	でも、私も技量が足りなくて失敗しましたね。
	⑲	c-P→c-S	試みた実践の中で注目した具体的な出来事についての発言	そういえば、去年は美紀さん、まったくしゃべらない子でしたよね。
	❷	c-S→c-P	注目した出来事の結果を受けて、さらに試みた実践についての発言	だから、その時は、美紀さんのグループに私が助け舟出しちゃったんです。
	㉑	c-K→c-S	知識・信念・態度に照らし合わせ、注目した出来事を解読する発言	その時は、やっぱりおとなしい子にグループって酷なのかなって思いましたね。
	㉒	c-S→c-K	注目した出来事が、知識・信念・態度に与えた影響についての発言	今まで自分がやってきたことを改めて見つめなおすきっかけになりましたね。
		その他	上記のカテゴリー以外の発言	本日は、ありがとうございました。

を決める必要がありました。

　当時、手元にあった2005年4月から2008年7月に記録されたすべてのDVDを精査し、その中から中村先生[5]という教師が検討授業を行った計3回（2006年6月、2007年6月、2008年6月）に焦点化することにしました。この3回を選定した理由はつぎの通りです。中村先生は、2006年4月にM校に転任してきた教職23年目の数学教師です。このとき、M校の改革は2年目に入っており、前年度から在籍していた教師たちは新しい授業研究にある程度慣れ、共通の語りのスタイルが現れつつある時期でした。一方、中村先生には、長い教職生活のなかでもほとんど経験したことのないM校の校内授業研究の在り方に戸惑いを隠せない様子がみられました。実際、中村先生が初めて検討授業を公開した2006年6月の事後検討会では、授業者と同僚教師の発言は大きく異なっており、双方の相互作用を考察するのに相応しい事例であると考えました。また偶然ではありますが、中村先生は毎年度6月に検討授業を公開していたため、各年度のデータの分析を通して、一人の教師の変化もとらえやすいと考えました。

分析と考察の結果を効果的に示す

　第三の作業として、表1の発話カテゴリーに基づきM校の事後検討会の談話分析を行いました。そしてその結果を、まず数値を用いて変化の全体像を示し、つぎ

---

4) 表1の❶から㉒までの発話カテゴリーは、「協同的相互関連モデル」（図2）に記した番号に対応するように作成しています。例えば、⑥は「検討授業における実践の試み（P）」から「授業者の注目した結果（S-1）」に向かう「省察」の矢印ですので、この発話カテゴリーは「試みた実践の中で（授業者が）注目した具体的な出来事についての発言」としました。なお、表1に示した発言例は、各発話カテゴリーの特徴をわかりやすく示すために筆者が作成したものです。その際、できる限り、この研究で分析対象とした協議会に出現した実際の発言（授業者と同僚教師全員分）にもとづいて作成するように努めました。ただ、一度も出現しなかった発話カテゴリーについては、同校の別の協議会の発話例等を参考に作成しました。このように、本研究の「発話カテゴリー」は、分析対象とした協議会で実際に出現した発話から帰納的に作成したのではなく、あくまでも「協同的相互関連モデル」に対応するものとして設定しました。また、❶から㉒は便宜上割り振った番号であり、発話順序や学習過程など特定の意味を持つものではありません。
5) 教師、子どもの名前はすべて仮名です。

に具体的な発言を例示しながら考察を提示することにしました。

(1) 事後検討会における発言の変化を数値で示す

　以下に示す表2は、焦点化した3回の事後検討会を通して、授業者と同僚教師の発言がどのように変化したのかを示したものです。3回とも「授業者」は中村先生を指し、❶から⑨それぞれの下に付されている割合は、中村先生の発言のなかにどの発話カテゴリーがどの程度出現したかを示しています。例えば、2006年の事後検討会における中村先生の全発言の「合計文節数」は493文節であり、そのうち❶の発言カテゴリーに該当する発言は35文節でしたので、全体に占める割合は7%となっています。「同僚教師」の発言についても同様に算出しました。各発話カテゴリーの出現頻度を示す単位として文節を採用した理由は、ある事柄を詳しく説明しようとすればおのずと文節数も増える傾向にあると考え、各発話カテゴリーの出現頻度を把握する目安になると考えました。

表2　事後検討会における授業者と同僚教師の発言の変化

●は「実践化」に関する発言、○は「省察」に関する発言

授業者	❶	②	❸	❹	⑤	⑥	❼	⑧	⑨	その他	合計文節数
2006年	7%	0%	4%	28%	38%	8%	0%	7%	0%	8%	493
2007年	6%	0%	0%	35%	28%	14%	0%	12%	0%	5%	274
2008年	0%	2%	0%	26%	0%	45%	0%	14%	0%	13%	474

同僚教師	⑩	⑪	⑫	⑬	⓮	⑮	⓰	⓱	⑱	⑲	⓴	㉑	㉒	その他	合計文節数
2006年	40%	18%	14%	4%	0%	1%	0%	3%	6%	9%	0%	0%	1%	4%	3,095
2007年	53%	8%	20%	2%	0%	0.3%	0%	2%	0%	9%	0%	0.4%	0.3%	5%	2,822
2008年	41%	5%	18%	7%	0%	4%	2%	6%	0%	8%	0%	0%	2%	6%	3,377

　中村先生（授業者）がM校着任後初めて検討授業を公開した2006年の事後検討会の発言をみると、「❹知識・信念・態度に基づき試みた実践についての発言（K→P）」が28%、「⑤試みた実践を知識・信念・態度の問題として論じる発言（P→K）」が38%と、他のカテゴリーに比べて高い数値を示していることが特徴的です。つまり、中村先生はM校着任当初、自分が試みた実践に対し、どのような知識や信念等に基づいて行ったのかを説明するとともに、自分の実践を、知識や信念や態度の視点から省察していたことがわかります。この特徴は、翌年の2007年の事後検討会でも認められます（❹35%、⑤28%）。しかし、2008年の事後検

討会で中村先生の発言は大きく変化します。それまで高い数値を示していた「⑤試みた実践を知識・信念・態度の問題として論じる発言（P → K)」は0%と一切みられなくなり、かわりに着任当初はわずかしかみられなかった「⑥試みた実践の中で注目した具体的な出来事についての発言（P → S-1)」が45%と著しく増加したのです。これは中村先生が最初、検討授業のなかの具体的な出来事にはほとんど言及せず、実践の是非を知識や信念などの問題として省察する傾向が強かったこと、しかしそれが2年を経て、具体的な出来事を媒介とした省察へと変容したことを示していると考察しました。

つぎに同僚教師の特徴をみてみましょう。表2が示すように、同僚の発言では、「⑩授業者が試みた実践の中で、同僚教師が観察者として注目した具体的な出来事についての発言（P → S-2)」が最も多く、一貫して高い数値を示していることがわかります（2006年40%、2007年53%、2008年41%）。また「⑫同僚教師が自分たちの知識・信念・態度に照らし合わせ、検討授業の中で注目した出来事を解読する発言（c-K → S-2)」も、3回を通して20%前後と安定して認められます。これらのことから、同僚には授業の具体的な出来事を取り上げ、その出来事の意味を読み解くという省察のスタイルが共有されていると推測できます。こうした同僚との相互作用の結果、授業者の中村先生の省察も、具体的な出来事を媒介としたものへと変容していったのではないかと考えました。

(2) 具体的な発言を例示して考察を行う

つぎに、中村先生と同僚教師の具体的な発言を例示ながら、両者の間にいかなる相互作用が生じていたのかを考察します。変化を明確に示すために、初年度の2006年と最終年度の2008年の発言例を用いることにしました。まず以下に示す発言は、中村先生が2006年にM校赴任後、初めて公開した検討授業について振り返った発言です。M校では、新校長による授業研究の改革が行われると同時に、すべての教科において子どもたちが協同で学びあうグループ学習を取り入れた授業への転換が進められていました。実は、中村先生は、それまでの長い教職経験のなかでほとんどグループ学習を試みたことがなく、大いに戸惑いながらも、自分なりに取り組んだ実践について語っています。

> 今日、意図的にちょっと試してみたのは、グループ間の関わりってことを、

グループの中でいきづまることもあるもんですから、他のグループへ情報を得るために移動するってことを、ちょっと最近、意図的にやってるんですけども（❹ K → P）。

　［子どもたちの］関わりってことを意識したり、あるいはグループを一斉に戻しますよね。その戻し方が非常に難しくて、タイミングだとか（中略）いつも失敗するところで。自分の技量の足りなさが、そういうところに出てるんじゃないかな（⑤ P → K）。

　※［　　　］は筆者による補足。以下すべての発言において同様のものとする。

　この発言において中村先生は、グループ間の関わりを促進するために、子どもたちが「他のグループへ情報を得るために移動する」活動を「意図的」に試みていると語っています。しかし、その試みの結果、子どもたちがどのような姿をみせていたかについては言及することなく、「タイミング」の難しさや「技量の足りなさ」といった問題、つまり、「⑤試みた実践を知識・信念・態度の問題として論じる発言」を行っています。

　一方、複数の同僚は、中村先生の検討授業でみられた具体的な子どもの様子をあげながら、つぎのように発言しています。

戸田先生：［9 班の］島田さんは、本当によく［1 班の］美穂さんのとこと往
　　　　　復してましたけども（⑩ P → S-2）
田村先生：美穂さんに教えてもらったことを、今度は島田さんがいっしょうけ
　　　　　んめい［自分の班の］翔太くんに教えてて、（中略）翔太くんは、
　　　　　式までは理解してましたね（⑩ P → S-2）。

　これらは、「⑩授業者が試みた実践の中で、観察者として注目した具体的な出来事についての発言」に該当します。この同僚たちの発言は、検討授業のなかでグループを越えた交流を企図した中村先生の試みが、ある場面では確かに機能していたことを示すものとなっています。

　つぎに、2008 年の事後検討会における発言をみていきましょう。すでに表 2 に表れていたように、中村先生の発言はこの時大きく変化しています。

ここのところ、授業の中で私が意識していることは、授業を大きく 2 つに分けて、最初は比較的簡単な課題で、まあ、クラスのほとんどの子、全員の子が理解できるような課題。そのつぎが、ちょっと困難をともなって、子どもたちを困らせる（中略）ちょっと難しい課題設定ってことで、2 段階で、一応今日の授業はそれを考えました（❹ K → P）。

　やっぱり、[文章題のキーワードである]「追いつく」ってとこらへんが、拓真くんの「一周抜かし」って言葉で、子どもたちはかなりピンときたようですけど。それまでは、「追いつく」って状態が上手く式にできないで、悪戦苦闘していましたけど、途中で切れることなくがんばっていたかなあというふうに思います。（中略）もうちょっとで答えにたどり着きそうになっていた奈々子さんグループなんかも、途中で [授業終了時間になりグループワークを] 打ち切ったのをなんか不満そうに、「あと少しで解けたのに」、なんてブツブツ文句いってましたが（⑥ P → S-1）。

　この発言で、中村先生はなぜ意識的に難易度の異なる 2 つの課題の提示を試みたのかという理由を明確に述べています。さらに、その試みの結果を省察する際に、具体的な子どもたちの姿をあげ、子どもたちがどこでつまづいていたのか、またどのような様子でグループワークに取り組んでいたのかを丁寧に見取っている語りをしています。これらの発言から、2008 年においては、中村先生が自分の実践について、具体的な教室の出来事に基づきながら省察しそれを言語化できるように変化していることがわかります。では、同僚たちの発言はどのようなものだったのかをみてみましょう。

野口先生：高い課題の時ですけども、やっぱり問題が難しくなれば、子どもたちも没頭しますし、（中略）その中で、なんていうのかな、協力する姿っていうのが出てきて。簡単な [課題の] 時には、わりと各自で [取り組む] って場面が多かったんだけども。例えば、山田くんなんかが言葉で「『追いつく』ってことは、一周多く走ることなんだね」とか、それを美羽さんが式にしようと…。式は結局ね、間違ってたんですけども、そんな姿も見られて（⑩ P → S-2）。やっぱ課

題を高くすることも、こういう意味でも意味があることなんだなあと思いました（⑫ c-K → S-2）。最後のほうで、結局そのグループは、グループの中ではね、解けなかったんですけども、拓真くんが発表した段階で、山田くんも美羽さんも、「あ、分かった」って感じでピンときて（⑩ P → S-2）。やっぱり、悩んだからこそひらめくっていうか、たぶん説明されただけでは、フンフンって感じだけだったと思うんだけど（⑫ c-K → S-2）。

田村先生：[今日は] 本当にグループを使っている 2 つの理由が、とてもよく分かって。前半の底上げのためにグループを使うのと、後半のジャンプのためにグループを使っているのとが、ものすごく絵に描いたようにきれいに今日はきまったかなって（⑪ P → c-K）。

　まず、野口先生は、課題の難易度の違いによって子どもの取り組み方が具体的にどう違っていたのかを語り、中村先生の試みが上手く機能していたことを裏付ける省察を行っています。さらに野口先生は、中村先生の発言にもあった「拓真くんの『一周抜かし』って言葉で子どもたちはかなりピンときた」という場面をより詳しく掘り下げて語っています。また田村先生の発言は、「底上げ」や「ジャンプ」といった比喩表現を用いることで、2 つの課題設定に挑戦した中村先生の実践の意味をより明確にする省察だとえます。2006 年時点では、同僚の発言は、授業者が気付いていない情報を補うものとして主に機能していました。しかし 2008 年の同僚の発言は、授業者がすでに言及した出来事をさらに掘り下げ、より直接的に授業者の実践の意味を明確にする役割をはたしています。これは同僚の発言の機能が変化していることを表すとともに、同僚たちにも、より的確な省察の力が培われてきていることを示していると考えられます[6]。

　以上のように、本研究では「協同的相互関連モデル」を用いることで、事後検討会における授業者と同僚教師の発言の変化とその相互作用をとらえるとともに、そ

---

[6] 中村先生が M 校に赴任した 2006 年度時点の同僚のほとんどは、前年度、つまり、新校長の校内授業研究改革がスタートした 2005 年度から M 校に在籍していた教師たちです。改革当初の協議会におけるこの同僚教師たちの発言には、授業者が行った授業の内容について省察する発言はほとんどみられず、一般的な授業方略を論じる傾向が強かったことが、筆者の別の研究で確認されています（北田，2007）。

れが教師の学習過程においてどのような機能をはたしているかを描出することができました。これは、個人の学習過程に限定したクラークとホリングスワースのモデルではとらえることが難しく、同僚教師という要因を加筆修正した「協同的相互関連モデル」を設定したからこそ、明示できたと考えます。

まとめ

　本研究で提唱した「協同的相互関連モデル」には、もちろん依然として改良の余地はあります。例えば、このモデルで「同僚教師」と一括りにした教師たちの中には、若手、中堅、ベテランとさまざまな年代が混在しており、授業を省察し言語化する力も一様ではないはずです。そうした「同僚教師」間の違いをこのモデルで分析するには限界があるでしょう。しかし、こうした概念モデルを開発し、実際に教育現場で得られたデータの分析を試行したことは、教師教育研究の分野にとどまらず、広く教育学研究においても意味があったと考えています。なぜなら、このような概念モデルは、特定の文脈でのみ機能するわけではなく、多様な文脈においても活用できる可能性を多分に有しているからです。そのため、ある研究によって提唱された概念モデルが、さまざまな研究者や実践者によって多様な文脈で使用されることで、建設的な批判をともなった議論が生まれ、モデルがとらえようとする概念そのものに対する理解が深まっていくことが期待できるのです。

　実際、本研究で出発点としたクラークとホリングスワースの「相互関連モデル」も、グスキーという研究者の概念モデル（Guskey, 1986）を改良して開発されたものです。また、同じグスキーのモデルを、デシモーネという研究者は、別の形に発展させたモデルとして提唱しています（Desimone, 2009）。本研究で提示した「協同的相互関連モデル」も、その後、石原によって再検討が行われ、「拡張的協同的相互関連モデル」が提唱されています（石原, 2012）。このように、概念モデルは提唱者の手中に収まっているだけはなく、さまざまな研究者や実践者と広く共有することで、教育学研究の発展に寄与する議論を生む触媒となり得るのです。さまざまな工夫を重ね、悩みながらもつくりあげた概念モデルによって、研究の発展につながる議論に少しでも貢献できるとすれば、それは教育研究に携わる者にとって何ごとにも代えがたい喜びとなりますし、また、自身のさらなる研究活動への大きな原動力にもなるのです。

引用文献

秋田喜代美（2008）「授業検討会談話と教師の学習」秋田喜代美＆キャサリン・ルイス（編）『授業の研究・教師の学習―レッスンスタディへのいざない』明石書店，114-131.

Clarke, D. & Hollingsworth, H. (2002). Elaborating a model of teacher professional growth. *Teaching and Teacher Education, 18*, 947-967.

Desimone, L. M. (2009). Improving impact studies of teachers' professional development: Toward better conceptualizations and measures. *Educational Researcher*, 38(3), 181-199.

Guskey, T. R., (1986). Staff development and the process of teacher change. *Educational Researcher*, 15(5), 5-12.

姫野完治・相沢一（2007）「校内授業研究における事後検討会の分析方法の開発と試行」『秋田大学教育文化学部研究紀要　教育科学部門』62，35-41.

石原陽子（2012）「若手教師の自律的な成長を促す要因に関する考察―校外資源取得による拡張的協同的相互関連モデルの検討」『プール学院大学研究紀要』52，93-106

北田佳子（2007）「校内授業研究会における新任教師の学習過程―『認知的徒弟制』の概念を手がかりに」『教育方法学研究』33，37-48.

国立教育政策研究所（2011）『教員の質の向上に関する調査研究報告書』国立教育政策研究所

坂本篤史・秋田喜代美（2008）「授業研究協議会での教師の学習―小学校教師の思考過程の分析」秋田喜代美＆キャサリン・ルイス（編）『授業の研究・教師の学習―レッスンスタディへのいざない』明石書店，98-113.

【書籍紹介】

①坂本篤史（2013）『協同的な省察場面を通した教師の学習過程―小学校における授業研究事後協議会の検討』風間書房

ある小学校の校内授業研究の事後協議会における談話を、理論的・実証的に分析する作業を通して教師の学習過程の解明に挑んだ研究であり、多くの示唆に富んでいます。

②鹿毛雅治・藤本和久（編）（2017）『「授業研究」を創る―教師が学び合う学校を実現するために』教育出版

授業研究全体のサイクルを通じた教師の学習メカニズムが理論的に示されていて、豊富な事例に基づいた多様な概念モデルや分析視点を学ぶことができます。

第4章 **3**

教師の経験と学習

◉授業研究事後協議会の談話分析と教職経験の関連から

坂本篤史

<参照論文>
坂本篤史（2012）「授業研究の事後協議会を通した小学校教師の談話と教職経験：教職経験年数と学校在籍年数の比較から」『発達心理学研究』第 23 巻，44-54.

はじめに

　学校教師は長い教職経験を通し学校現場での様々な経験を経て多様かつ長期的に学び成長しますが、その過程や要因を明らかにすることは一筋縄ではいきません。教師が学ぶ過程は、自己研鑽、日々の授業経験、ある子どもとの出会いなど個人レベルでの学習だけでなく、同僚教師との関わり、校内または校外の研修、社会的・歴史的な動向、生活面や身近な人の出来事など、個人を超えた文脈の中での学習もあり、それらが相互に影響を与え合うという複雑さをもっています。

　そのような教師の経験を通した多様で複雑な学習を研究する方に向けて、本節では、所属する学校の文脈における教師の学習の在り方にアプローチする研究方法論に関し、筆者自身の研究例を基に解説します。その際、研究方法をマニュアル的に説明するのではなく、筆者自身の問いや、研究への具体的な手つきを示しながら論文の裏側を合わせて紐解いていきます。

現場の実態と実証研究との隙間を見つける

　一つひとつの学校が、固有の地域性や歴史性をもっています。教師は所属する学校の文脈の影響を受けながら学び成長します。教師の仕事の中核である授業実践においても、所属する学校という文脈は切り離せません。教師の授業実践に関する学

習が、いかに所属する学校の文脈と相互に影響を与えているのかを明らかにすることは、教師の学習の具体的実相に迫り、より良い教育実践のあり方を探究するうえで非常に重要です。

　元々筆者が考えていたのは、「学校現場の中に、教師の学ぶ環境があるのかどうか」という問いでした。1980年代以降に省察的実践家[1]という概念で教師像が語られるようになり、経験の省察による教師の学習が指摘されました。欧米圏を中心に、現職研修機会の取り組みや教員養成課程での実践を基にした教師の学習に関する実証研究が進んでおりました。

　一方日本でも、特に校内授業研究により教師たちが省察を通して学ぶことの重要性が指摘されていました（佐藤，1998）。日本においては、各学校現場で校内研修による教師の力量を高める取り組みは多数なされており、その点だけでみれば欧米圏よりも教師の学習環境が整っていると考えられます。しかし、具体的方法に関する議論が中心であり、その中で教師がいかに学んでいるのかというメカニズムやダイナミズムを実証的に解明する研究は非常に乏しい状況でした。

　学校現場で行われている授業研究を中心とした校内研修において、教師たちは他者と関わりながら授業実践に関する学習をしていると考えられます。授業研究の営みは、おおむね、事前の教材研究や指導案検討に基づく研究授業のデザイン、研究授業の実施と同僚教師による観察、それを基にした事後の協議、研究まとめの執筆、という流れになります。その中で、研究授業後の協議において、教師たちは、他者と協同し授業の事実の共有や、そのとらえ方の視点を互いに交流することにより、子どもの学びや授業実践への理解を深め、価値を見出す省察を行っていることが予想されます。

　このような授業研究の取り組みは、歴史的に日本で独自の形態で発展してきたと共に、ほぼどの学校でも行われているため、実は、教師の学習を実証的に研究しやすい土壌がありました。本研究は、単純に言えば、日本の各学校で行われている授業研究の中で教師たちがいかに学んでいるかを、欧米圏での研究知見を援用することで明らかにし、新たな知見を生み出そうとする試みです。そこで、本研究では、以下の通り、いくつかの概念や分析手法を用いました。

---

1) "Reflective Practitioner"（Schön, 1983）が原語です。当時は「反省的実践家」と訳されることが主流でしたが、2007年に出版された完訳版の訳語にしたがい、「省察的実践家」としています。

第一に、談話分析による学習研究です。子どもの学びを他者との協同とみなす考え方を背景に、授業の様々な場面で子ども同士が言葉を交わす過程を文字起こしした記録をデータとし、カテゴリで分けて数量化したり、質的に解釈を深めたりすることで、集団での学びや、子ども一人ひとりの学びのプロセスを明らかにする研究が授業を対象になされてきました。これを、授業後協議会における教師間のコミュニケーションに応用し、教師の学習を明らかにしようと考えました。

　しかし、教師の学習として、教師の省察がいかに生じているかをとらえるために、談話分析をするにしても、鍵となる視点が必要です。そこで、第二に、「実践の表象 2)（representation of practice）」という概念に着目しました。これは、同僚性の研究で著名なジュディス・リトル（Judith Little）が論文の中で示した概念で、教師たちが授業実践をどのような言葉を用いて、どのように語るかの中に、教師たちの視点が表出されることを示します（Little, 2002, 2003）。つまり、授業後協議会でいえば、授業の事実を語る教師たちの言葉を対象とすることで、教師たちの授業を見る視点がわかり、それを他の教師がどのように受け止めているかを明らかにすることで、教師の省察がいかに生じているかを示せると考えました。

　このような研究上の着眼を基に、教師たちがある学校の文脈に適応して学ぶことを実証しようと考えました。日本の公立学校においては、教師の転勤制度があります。教師は多様な学校を数年ごとに異動する中で、自身のキャリアを形成していくと共に、転勤先の学校ならではの取り組みや考え方を学び、豊かな視点を形成していきます。一方で、新たな学校に赴任すると、前所属の学校のやり方をカスタマイズし、新しい学校に、いわば文化適応することが求められます。

　新たな学校への適応は、教師にとって自身の授業観や子ども観等を豊かにする可能性をもたらします。その具体的な場として、授業後協議会（以下、単に協議会と記す。）があるのではないかと考えました。それにより、教師の学びにおける学校文化の影響を傍証できるのではないかと考え、日本の転勤制度があるからこそできる研究として、欧米圏の教師の学習研究に劣らないオリジナリティをもった成果を発信できると考えました。

　以上で、ほぼ研究の着想と構想が定まり、研究上の問いが定まってきました。こ

---

2) 表象とはイメージに近い言葉で、実際に見たこと聞いたことなどを、頭の中で再現したものを指します。

のように書くと、あらかじめ道筋が立っているように見えるかもしれませんが、実際は、膨大な先行研究を紐解きながら、何度もノートに研究構想を書いては考え直しております。その中で「実践の表象」という概念に出会うことで、大きく道が拓けたように思います。先行研究をレビューする醍醐味の一つは、学校現場の実態と、実証的な研究をつないでくれるような、新たな概念との出会いにあります。

学校現場に学ぶ姿勢でデータを収集する

本研究では、ある公立小学校に協力を依頼しました。授業研究を中心とした校内研修に真摯に取り組んでいる学校です。その小学校には、1年前から校内の授業研究会を中心に訪問し、先生方から授業の見方や考え方を大いに学んできました。それと同時に、この先生方の学ぶ姿に学びたい、という思いも確かなものにしていきました。

学校現場に入ってデータを収集し研究するうえで最も重要なことは、その学校の子どもたち、実践、先生方に学びたいと思えるかどうかです。その秘密を解明したい、という思いと、先行研究をレビューして見出した学術的な概念とを交差させていくことが、研究する側の大きなモチベーションになります。学校現場に敬意をもち、自分の研究の都合を一方的に押し付けず、学校に学ばせていただく姿勢でデータを収集することが重要です。

本研究では、短期間で集中的にデータを収集する方法を取りました。学校文化への適応をみる視点だったので、前年度末から試験的にデータを収集し、新たな教師が赴任する4月から本調査を開始できるように準備をして進めました。4月から集中し、徹底して包括的なデータを収集するためには、期間を短くしないと、学校現場への負担が大きくなります。そのため、少しでも先生方から負担の声が聞かれたら、すぐにデータ収集を控える予定でした。そして、その結果、幸いにも先生方のご厚意により1学期6回分のデータが得られました。

本研究に関わって次の3つのデータを収集しました。

第一に、授業研究会の記録です。協議会のビデオ録画はもとより、協議会の発言を解釈するために、研究授業もビデオ録画しました。それに筆者自身も参加し、ビデオカメラに収まりきらない情報も含めつつ、できる限り、授業や協議会の発言も記録しました。実際にライブで参加する中で記録を取ることで、筆者自身の中に一

次的な解釈が形成されます。のちに文字起こしする作業は、その一次的な解釈を問い直す作業になります。分析、解釈を進めていく作業は、そのように、解釈を構築しては崩し、再構築することで、より適切な解釈となり、談話分析のためのカテゴリ作成の下地となります。

　第二に、協議会の直後再生課題[3)]です。協議会の記録だけでは、それぞれの教師が協議の内容をどのように受け取ったかが明確になりません。協議会に参加する中で、参加者の一発言が長く、聴いている場面が多く見られました。そのため、参加者の内側で生じている思考をとらえるためには、質問紙によって、印象に残った発言などを尋ねる必要がありました。

　なお、この質問紙は、協議会後に時間を取ることになるため、なるべく先生方へのフィードバックとなるように、可能な限り早く結果を無記名で取りまとめて、学校に渡すことにしました。そうすることで、「研究紀要にまとめるのに役立った」という声も聞こえてきました。このように、研究データとして収集したものであっても、その学校の実践に役立つ情報として、整理したデータを適切なタイミングで返すことにより、学校現場が研究者に一方的にデータを提供するという関係ではなく、双方向的な関係を築いていくことにつながります。

　第三に、各教師の教職経験年数と学校在籍年数です。本研究では、学校内教師文化の影響を想定していたので、教師たちの学びに学校在籍年数の影響があるのではないかと考えていました。しかし、先行研究によれば、教職経験年数の影響もあると考えられたため、本研究では、この影響の差異を比較検討することで、特定の学校という文脈における教師の学習を明らかにしようとしました。学校在籍年数は、先行研究においてあまり着目されていない変数であり、このデータを教師の学習に関わる変数として用いたところに本研究のオリジナリティがあります。

---

3) 直後再生課題は、心理学の記憶研究を参考にしています。人の記憶というのは頭の中で起きている出来事ですので直接観察はできませんが、記憶研究においては、人に何かを見せたり聞かせたりした直後に、何らかの形で表してもらうという課題（＝直後再生課題）を用いて、記憶のメカニズムに迫る研究もなされてきました。

得られたデータを整理し解釈と再解釈を重ねる

　協議会記録の文字起こしが終わり、直後再生課題のデータ入力も済ませた後は、データとの対話が始まります。

　まず、協議会記録のカテゴリ分析です。いざ分析に取り掛かろうとしたときに、大きな課題にぶつかりました。それは、発言者の変わり目で区切り、それぞれの発言を意味づけようとしても、一つひとつの発言が長く、また複数かつ複雑な意味内容を含んでいることです。発言する教師の背景には様々な実践に裏打ちされた知識があります。したがって、発言の意味内容は複雑です。また、協議会での発言であるため、同僚教師への自然な配慮による言葉選びもあります。さらには、各教師により研究授業で着眼した事実が異なるため、発言の意味内容を、研究授業の事実と照合して解読する必要がありました。そのような作業を重ね、一つひとつの発言をいくつかの意味内容の分節に区切り、それを1発話として数量化しました。

　そして、カテゴリの作成に取り掛かりました。本研究を実施する時点では、教師の省察に特化したカテゴリは先行研究内に見当たらなかったため、自らボトムアップに作成せざるを得ませんでした。幸いにして「実践の表象」という概念に出会っていたのが、そこから、「研究授業の事実表象」、「問題の表象」、「代案の表象」という三つの表象概念に磨き上げ、基本的なカテゴリの枠組みとしました。さらに、授業の事実と問題の表象の間に「推論」、問題の表象と代案の表象の間に「可能性の想定」のカテゴリを追加し、基本的にはこの5つのカテゴリで分析することとしました。それ以外に該当する発話もあったのですが、それらは全て「その他」とすることにしました[4]（表1）。

　さらに、直後再生課題から、再生した発話の特定作業を行いました。特定作業上で直面したのは、協議中の発言内容を一般化した表現で記述された内容（例：「課題提示は、はっきりと。」など）や、協議と直接関係のない記述（例：「困難な実態であるのに、前時の反省をふまえて授業計画をたてて挑む姿にパワーを感じました。」など）がみられたことです。これらは、記述した教師による抽象化や関連付

---

4) 通常のカテゴリ分析では「その他」を設けませんが、協議会の発言内容が多岐に渡ることや、研究の焦点がぼやけないようにするため、やむを得ず設定しました。今後は協議会記録を対象とした研究が進み、「その他」が設定されずに済むことを願っています。

表1 協議会における「実践の表象」に関わる発話分類カテゴリ

カテゴリ名	説明	発話例
対象授業の表象	本時の研究授業中に観察した子どもたちの活動や、授業者の行動、授業に関わる他の観察者の行動について事実の指摘に止まる発言(印象や感想として語られていても、観察事実を語っていればここに含む)。	先生が、最初に教材、ていうか、拡大コピーに出会ったところももちろんですけど、友達の作品を紹介しましたよね。(第2回、K教諭)
推論	研究授業の観察事実を、自身の経験的知識や、協議会での他者の発言、授業者の授業スタイルから解釈し、子どもたちの学習過程や前時までの授業者の指導過程、本時の授業意図を推測する発言。	やっぱり、自分の意見をこう、言葉に出して言う、ていうことが、それを聴いてもらった、とか、うまく聞けた、ていうことで、子どもなりに気持ちの良さ、ていうのかな、そういうのがあるのかな、ていう風に思いました。(第6回、Y教諭)
問題の表象	研究授業における、授業者の授業展開や教授法、教具・教材選択、子どもへの対応の問題点や、子どもたち(特定の子やグループを含む)の学習のつまずきについて語る発言。また、それらを踏まえた、授業者の今後の授業実践での課題を語る発言も含む。	今までだったら謝れたのに、ていう心の揺れみたいなところを、本当は出して欲しかったんですけれども、心情曲線で見ると、どうなのかな、て。グループで全部見てないから分からないけど、そこで出たのかな、て、最後の話し合いのときにもちょっと出るかな、て思ったんだけれども、出なかったなぁ、なんて。(第1回、A教諭)
可能性の想定	実際の授業では起こらなかったが、授業者の何らかの対応によって、研究授業内で生じる可能性があった出来事や、子どもたちの今後の授業における学習過程を想定する発言。	で、もし、クラスの中で、してもらって嬉しかったことが出れば、じゃぁ、誰々ちゃんどう思ってたの、とかそういう形でつながったら、良いな、て思ってました。(第3回、U教諭)
代案	研究授業の問題に対する、具体的な代案や今後の授業実践で取るべき手だてを提示する発言(他者の代案提示を検討する意見も含む)。	今日はあの、本物みたい、ていうことだったけど、どういう風に貼ると本物みたいになる、ていう風に。そうすると少しずつ、こういう風に貼ると、本物みたいになっていくみたいな、気づいていくかもしれないね。(第2回、F教諭)
その他	上記以外の発言(研究授業の背景説明や、研究授業以外の授業経験についての発言、授業者が語る授業意図や授業者が授業中に考えていたこと、単なる信念や知識の表出、単なる御礼など、上記カテゴリーに含まれない発言がここに含まれる。)	で、えーと、今日ちょっと最後にチラッと言ったんですけど、この中でもう出し切れなかったものと削除してしまったものがあるので、この計画からあと一時間とってあげなくは、いけなくなったのですが(第4回、N教諭)

けを示す貴重なデータなのですが、誰のどのような発言を注意し聴いているかを特定する本研究の分析枠組みでは扱うことができません。また、複数の発言に重なる内容を記述していた場合は、複数カウントすることとしました。ある発言に特定すると、客観性が損なわれると考えたためです。

これらの作業について、他者にも同様の作業をしてもらい、一致率を出したところ、一定の高さが得られ、不一致部分も協議の上解決できました。これにより、カテゴリとその定義、各発話のカテゴリ分け、再生された発言の特定作業が完了し、数量的、統計的分析にも取り組めることとなりました。なお、それ以外に、直後再生課題のシートに記入してもらった教職経験年数と学校在籍年数を教師ごとに整理しておきました。

■ 統計的分析により確かな知見を得る

実は、本研究のデータが得られた段階で、迷いがありました。データ分析を質的な分析解釈を中心とするか、量的な統計分析を中心とするか、です。データが得られた当初は、あまりに複雑な文字記録だったので、質的に分析、解釈して論文化するしかないと考えていました。しかし、その場合は、特定の教師の学習に関する分析となり、学校内教師文化への適応やその更新という集団的なプロセスに対して実証的に迫ることは難しくなります。何度か質的分析、解釈による記述を試みたのですが、その限界を感じたため、思い切って量的な分析ができるよう、カテゴリに分けたり、再生された発言の特定をしたりしました。そして、それにより、統計的な分析、検定が可能になったので、その後の分析作業は比較的スムーズに進みました。

協議会は全部で6回分のデータを扱うことになりましたので、各回での発話内容に差があるかどうかを検討しました。その結果、各回での出現カテゴリに差はみられましたが、一定の傾向は見出されなかったので、6回分を全て集計したデータを扱うことにしました。

6回分の集計データを基に、数量として、各教師の発話数、発言数（話者交代で算出）、被再生数（発話を他の教師が再生した数）、そして、カテゴリ別の発話数を表に整理し、教職経験年数または学校在籍年数と関連があるかどうかを見るために、表計算ソフトで相関係数を算出し検討しました。この作業により、教職経験年数や学校在籍年数と関連のある数量が見えてきたところだったのですが、この段階では

教職経験年数と学校在籍年数同士に関連がある可能性に気づいておりませんでした。その可能性に気づいた後、教職経験年数と学校在籍年数、相互の影響を除外して各数量との関係を検討するために、偏相関係数[5]を用いることにしました。

　その結果、学校在籍年数の高い教師の方が、発話数、発言数が多く、また、それらの影響を除外しても被再生数が多いことが明らかになりました。加えて、「問題の表象」の発話数が多いことも明らかになりました。つまり、協議会で、学校在籍年数の高い教師の方が、授業の問題点を多く語っており、また、その語りを多くの教師が注意して聴いていることが示されました。この結果から、教職経験年数よりも学校在籍年数の方が協議会での発言において影響力があることが証明されました。このことは教師にとっては経験的に明らかなことのようでしたが、本研究により数量的、統計的に実証されたといえます。

　次に、被再生数の多い教師が、誰の発言を注意して聴いているかを検討するため、被再生数の高い順に6名ずつ3群（上位、中位、下位）に分け、クロス集計を行いました。その際、下位群の数量が少なかったため、中位群とセットにしました。その結果、表2のように、中・下位群は上位群の発言を圧倒的に注意し記憶しているのに対し、上位群の教師たちは、中・下位群の教師たちの発言も約1/3は注意し聴いていることが明らかになりました。このことは、学校内教師文化が単に保持されるのではなく、新たに赴任された教師から学ぼうとする姿勢のあることを示唆します。

表2　被再生群別再生回数（延べ）

| | | 再生者 | |
		上位群（6名）	中・下位群（6名×2）
被再生者	上位群（6名）	24	50
	中・下位群（6名×2）	11	4

5）「相関係数」は、統計の手法によりある数量と別の数量の関係性の度合を数字で表すものです。「偏相関係数」は、ある数量と別の数量の関係性の度合を表す際に、別の数量の影響がある可能性を考慮し、その影響を除いたうえでの関係性の度合を数字で表します。本研究の例ですと、あるカテゴリの発話と、教職経験年数との相関係数が高くなったとしても、そもそも学校在籍年数と教職経験年数自体の関連性もあるため、学校在籍年数の影響によって関連性が高くなった可能性が考えられます。そのような場合、教職経験年数と学校在籍年数について、どちらとの関連性が高いのかを明らかにするために、偏相関係数が用いられます。

最後に、再生された発話のカテゴリと、教職経験年数、学校在籍年数との関連を、偏相関係数を算出し検討しました（表3）。その結果、「問題の表象」や「可能性の想定」、「代案」と学校在籍年数の偏相関が有意となりました。したがって、学校在籍年数が高い教師による、授業の問題点や、子どもたちの学びの可能性、代案を提示する語りがよく聴かれることがわかりました。つまり、このような発言を聴くことを通して、新たに赴任した教師が、その学校に長くいる教師たちがどのように授業を見ているか、子どもたちのどのような成長を願っているか、そのためにどのような手立てを講じるのか、ということを学んでいることが示唆されました。

表3　被再生発話カテゴリ数と経験年数及び在籍年数

N＝18		対象授業の表象	推論	問題の表象	可能性の想定	代案
被再生発話数		47	73	30	14	27
偏相関	経験年数	.06	.32	.14	.27	.25
	在籍年数	−.12	.11	.72 **	.52 *	.68 **

$^{(*)}: p < .10$ $^*: p < .05$、$^{**}: p < .01$

得られた結果を先行研究と接続し、質的解釈も加えて考察する

上記で得られた結果を基に、考察を進めました。考察では先行研究で得られていた知見と結び付けると共に、ここで各教師の記述などからの質的な解釈も加えました。

例えば、赴任1年目の教師たちがどのように学校在籍年数の高い教師の言葉を再生したかについてです。社会科の授業の協議会で、子どもたちの発表や話し合いがスムーズに進まなかった点について、ある学校在籍年数の高い教師が、子どもたちに任せるのではなく、授業者が資料の見方や質問のし方を指導する必要がある、と代案を提示した発話です。これは、子どもの学びの事実に基づくと共に、授業者自身が課題を感じていた点について指摘する発話であり、この学校の授業理念にも通じる発話でした。

これに対して、赴任1年目の教師3名は、「資料の見方、話し合い方、人間関係がしっかりしていないと子どもたちの研究が深まらない。どれだけ子どもが教材に近づけるか」、「教師は4人グループの話し合いに入っていって、資料の見方を教え

ていかないとだめだと思う」、「発表者の4人グループの中に入っていく」と直後再生課題に記述しました。このように再生の仕方は3人で異なり、力点の置き方はそれぞれです。しかし、子どもたちの学習がより質の高いものになるために、子どもたち自身による探究を授業者が支える、という点では共通しています。

　このように量的に明らかにした内容を踏まえることで質的なデータ解釈の視点が揺るがずに、一方で、教師の学習の複雑さを示すことができます。

　そのほか、学校在籍年数の高い教師が、新たに着任した教師の言葉を書いているなど、単純に学校内教師文化に適応していくのではなく、文化自体が多様に解釈され、かつ更新されていく萌芽があることを示しました。

　以上より、本研究の意義は、教師の発達は教職経験年数によって語られることが多いことに対して、教師たちのミクロな（つまり、身近な）社会的環境に着目することで、どのような学校に在籍するかによって多様な発達の道筋がありうることを数量的な分析により示した点にあります。

まとめ

　ここまで、坂本（2012）を基に述べてきました。本研究は、授業後協議会における教師たちの複雑な発言を、教師の学習の視点から読み解く方法の一端を示しています。教師の学習を抽象的、理論的に考察するだけでなく、教師たちの具体的な社会的環境、文化的環境に基づき実証的にアプローチすることが、学校における教師の学習環境を実質的に整備することへとつながることでしょう。教師たちに何かを求める研究から、教師たちに届き実質的な改善を促す研究が今後さらに求められると思います。

　なお、以上で得られた知見は、教師たちが生きている現実に基づいて、教師たちの学習を研究することの重要性を示唆し、このことは、筆者自身が学校に関わるときの基本的なスタンスにも影響を与えているのではないかと考えます。子どもたちの学びの事実はもとより、学校の固有性、それぞれの教師の生など、そのリアリティに根差しつつ、学校現場の具体的課題を理論的なレベルで考察し、そこから学んだことを、筆者なりのリアリティを持たせた言葉で応答することで、教師たちの心に少しでも響くことを試みています。その成否はともかくとして、そのように筆者の仕事の在り方に影響を与えたのは、この研究が、筆者自身の内に根差す学校観、教

師観、教育観と呼応して展開したためではないかと振り返ります。読者の皆様が、単に研究論文として成立させるだけでなく、自分自身にとって意味のある研究に取り組まれることを願っています。

引用文献

Little, J. W. (2002). Locating Learning in Teachers'Communities of Practice: Opening up Problems Analysis in Records of Everyday Work. *Teaching and Teacher Education*, 18, 917-946.

Little, J. W. (2003). Inside Teacher Community: Representations of Classroom Practice. *Teachers College Record*, 105, 913-945.

佐藤学（1998）『教師というアポリア―反省的実践へ』世織書房

 【書籍紹介】

①秋田喜代美・キャサリン＝ルイス（編著）（2008）『授業の研究・教師の学習―レッスンスタディへのいざない』明石書店
授業研究と教師の学びを研究する際には、一度は目を通すべきだと思います。日米の多様な研究者が、それぞれの視点から論じています。当時のアメリカで授業研究がどのように受け止められ展開していったのかを考える上でも貴重な文献です。

②山崎準二（2002）『教師のライフコース研究』創風社
様々な年代の教師たちへの大規模な質問紙調査、およびインタビューの分析は圧巻です。教師たちのリアリティに迫るためには、必読の文献です。続編も出ています。

第4章 4

子どもの生活づくりをカリキュラムの中核に据えた学校における教師の専門性

◉戦後初期の教育実践への歴史的アプローチ

大島　崇

<参照論文>
大島崇（2012a）「戦後初期の授業研究における教師の力量形成とカリキュラム開発―吉城学園の『プラン会議』と『研究授業』に焦点をあてて―」『教育方法学研究』37，47-57.

はじめに

　子どもの主体性を尊重する教育における教師の専門性とはなにか。これが今回取り上げる研究の起点となった問題意識です。この問題意識の背景には、筆者が高校時代から関わっていた特定非営利活動法人（以下、NPO）での活動の経験があります。

　このNPOは、画一的な従来の学校に限界を感じていた小学校教師が中心となり、子どもの主体性を尊重する学校の創立をめざして設立されました。その活動の一環で、月に一度の頻度で土曜日にフリースクールが開催されており、筆者はそのフリースクールのスタッフとして活動していました。

　ある日、小学校教師のメンバーの一人から、次のように声をかけられました。

　「私のような教師はすぐに子どもになにか教えようとしてしまう。あなたのような教師ではないスタッフが子どもに関わるのがこの学校の良いところだ」

　筆者はこの言葉を聞いてどうもしっくりきませんでした。学校だけではなく教師も変革が求められるという考えは理解できたのですが、「教師ではない者＝優れたスタッフ」ということにはならないと思ったからです。

　実際、小学校教師のメンバーがフリースクールで体現していた姿に、筆者は多くを学んでいましたし、求められる専門性を明確にし、意識的にスタッフを育てる必要があるのではないかと感じていました。しかし、当時はこうした思いを表現する枠組や言葉を持ち合わせておらず、ただただ悶々としていました。

その後、筆者は大学編入に伴う転居をきっかけに、この活動からは距離を置くようになりましたが、上記の問題意識について本格的に探究してみたいと思い、教育学研究の道を歩むことになりました。

　本節で取り扱う歴史的アプローチは、史料を用いて過去の教育実践を実証的に解明する研究方法です。そこで重要になるのが史料の解釈を方向づける「リサーチ・クエスチョンの設定」です（佐藤, 2005）。上記のような個人的な問題意識を起点にどのように「リサーチ・クエスチョン」を設定するのか、そして、先行研究の検討と史料の解読をどのように行っていくのか、子どもの生活づくりをカリキュラムの中核に据えた学校における教師の専門性をテーマとした筆者による研究（大島, 2012a）を題材に考えていきたいと思います。

■ 問題意識に照らして研究対象とする時期を探る

　上記の問題意識を抱きながら教育学を学んでいくうちに、日本の戦後初期は教育実践史において非常に特殊な時代だということがわかってきました。例えば、佐藤（1993）は「わが国の教師たちは、明治の初期と戦後初期のわずかの期間を除けば、カリキュラムを自由に創造する自律的な権限を奪われ、行政機関の定める枠組に依存する教育しか経験してこなかった」と述べています。

　当時の教育の特徴は学習指導要領からもみてとれます。米国の占領下だった1947年3月、コース・オブ・スタディ[1]をモデルに、日本で最初の学習指導要領が法的拘束力のない「試案」という形で作成されました。その序論「なぜこの書はつくられたか」には次のような記述があります（文部省, 1947：3）。

これまでの教育では、その内容を中央できめると、それをどんなところでも、どんな児童にも一様にあてはめて行こうとした。（中略）そのようなやり方は、教育の現場で指導にあたる教師の立場を、機械的なものにしてしまって、（中略）ほんと

---

1) 米国における教師がカリキュラムを開発する際のガイドブックで，教育目標や評価の原理，各教科の単元の事例などを記載されていました。特に，1930年代には各州の教育行政機関においてコース・オブ・スタディの作成・改訂が活発に展開されました。日本の1947年版の学習指導要領の作成の際は，主にヴァージニア州などのコース・オブ・スタディがモデルとなりました。

うに生きた指導をしようとする心持を失わせるようなこともあったのである。（中略）これまでの教師用書のように、1つの動かすことのできない道をきめて、それを示そうとするような目的でつくられたものではない。新しい児童の要求と社会の要求とに応じて生まれた教科課程をどんなふうに生かして行くかを教師自身が自分で研究して行く手引きとして書かれたものである。

　このように、当時の学習指導要領は、「1つの動かすことのできない道」を示すものではなく、「新しい児童の要求と社会の要求とに応じて」、「教師自身が自分で研究して行く」ことを推奨するものだったのです。こうした教育課程政策の特徴もあり、全国的に各学校でカリキュラムを改革する動きが生まれました。

　そして、1948年10月、民間教育研究団体「コア・カリキュラム連盟」（以下、コア連、1953年6月に日本生活教育連盟に改称）が結成されます。結成1年後の会員数は1000余りにも達し、月刊の機関誌『カリキュラム』は数ヶ月で3万部ほどに達するほどの広がりをみせていました（日本生活教育連盟，1998：75）。

　こうして全国的な広がりを見せたカリキュラム運動ですが、1940年代後半から学力低下が問題視され、教科の系統性を重視する立場から「はいまわる経験主義」（矢川，1950:371）などと批判されました[2]。また、国際情勢の変化に伴う米国の占領政策が方針転換や、経済界に有為な人材の養成を求める財界からの要請も、教育政策にも大きな影響を及ぼしました。そして、1958年に改訂された学習指導要領は「試案」ではなく「告示」として出され、法的拘束力をもつ基準であるという解釈が強調されました。このような状況のなかで、カリキュラム運動は急速に衰退しました。

　以上のことから、戦後直後から1958年までの時期に、多様な教育実践が展開されていたのではないかと考え、この時期に着目することにしました。

先行研究を検討し「リサーチ・クエスチョン」を設定する

　まず、戦後初期の教育実践に関する先行研究を調べていきました。すると、この時期においても、どの学校も創造的にカリキュラムを開発していたわけではないと

---

2) ただし，戦後初期の学力低下論については，実践の事実やデータを扱わずに論じられたものだったという指摘（金馬，2004）がなされています。

いうことがわかってきました。例えば、東大カリキュラム研究会（1950）は、戦後初期のカリキュラムの多くに「端的にいって模倣が多く（中略）コア・カリキュラムの形態や構造のみが追求されているにすぎない」と述べています。

　しかし、それに対し金馬（2006）は、兵庫師範学校女子部附属小学校（1951 年 4 月より神戸大学教育学部附属明石小学校、以下、明石附小）の「明石プラン」ではカリキュラムが独自の形態に「構成」されていたことを明らかにしました。そして「経験カリキュラムの特色の一つは教師と子供と環境とのインターラクションの場において力動的に学習が展開されるという点にある」（清水，1950：70）、「個々の子供の欲求と能力に応じてエマージングに具体的なカリキュラムを構成して行くのである」（神戸大学教育学部附属明石小学校・附属幼稚園，1953：序文 3）という同校の教師たちの考えがその背景にあることを示しました。

　これはまさに、カリキュラムを「学校と教室において子どもと教師が生成する『学習経験の総体』」（佐藤，1993：3）として創造しようという実践であり、子どもと教師の相互作用において教師の専門性を見出せるのではないかと考えました。しかし、金馬（2006）においては、具体的な子どもと教師の相互作用の実態までは示されておらず、ここに先行研究の到達点と課題が見出せると考えました。

　そこで、「戦後初期において子どもと教師のどのような相互作用からカリキュラムが生み出されていたのか、そして、そこから見出せる教師の専門性はいかなるものか」という問いを「リサーチ・クエスチョン」として設定しました。

「リサーチ・クエスチョン」を念頭に置き、対象とする人物や学校を探る

　上記の「リサーチ・クエスチョン」を念頭に置いて、コア連の機関誌『カリキュラム』に掲載されている記事から教師の専門性を読み解こうと試みました。しかし、それは容易ではありませんでした。

　まず、梅根悟や石山脩平などの教育学研究者による記事は、カリキュラム論や単元論に関する論考が多く、教師の専門性について論じるものは少なかったのです。さらに、カリキュラム改革の実践校やその学校の教師たちによる記事は、作成された単元計画や実際の活動の記録が紹介されているものの、子どもと教師による相互関係の具体を読み取ることができませんでした。

　それでも『カリキュラム』誌の記事を一つひとつ読み進めていく中で、興味深い

記事を見つけることができました。馬場四郎、大村栄、久保田浩の各氏による「単元指導法」という連載です。これは、全国から寄せられた単元指導の実践記録を毎月一つずつ紹介し、各氏による実践検討が対話形式で掲載されているものでした。その中でも、筆者は久保田の論考に目を引かれました。以下の引用は、小学校2年の単元「ゆうびんごっこ」の実践記録について、子どもの「経験をふくらます」という論点で実践検討された際の久保田の論考の一部を抜粋し列挙したものです（馬場・大村・久保田，1951：77-78）。

・たとえば縄飛びを子どもの中にもちこんだときにどんなことがおこるかどんな発展があるか、そういう意味の見通しを教師は持っていなければならない（後略）
・そのもののもつ本質的な機能と人間とのかかわり、それを見極める練習をもつとつまなくてはならない。それをひとりでやろうとするから名人芸になるので、学校には何十人という先生がいるんですから、その何十人の力をあわせてひとつのものをいろいろな角から見極めをしてゆく練習が必要なんです。そうすれば名人芸にならない。合理的なものなんです。もうひとつ大事なことは丹念な記録をとつて見返すことなんですね。
・素材、場、それを構造づける教師、この3つが必要なんです。そこには方向性があるはずなんです。
・実際はその方向性なり系列なりを獲得するのに、教師自身の試行錯誤的な努力がされないで、補説なり何なり与えられたものにたよつて型にはまりすぎているんです。いろいろな場を与え、条件を与えて、ケースを重ねてゆかなければ本ものの教育なんてできるものではないと思うんですね。

　上記の引用部分から、教師の専門性についての久保田の考えとして、下記の2点を見出すことができます。第1に、子どもに素材や場を用意したときに活動がどのように発展するか、その方向性の見通しをもてることが、教師の専門性として求められるということです。第2に、そのような見通しがもてるようになるためには、一つの事例に対して複数の教師で多角的に検討することや、そうした事例検討を重ねていくことが必要だということです。
　ここからは、「授業という個別的、具体的な実践の事実にもとづき、教師を主体とする省察、反省による教師のプロフェッショナル・ディベロップメントを目的」

とする「授業の事例研究」(稲垣・佐藤，1996：187) と同様の発想を見出すことができると考えました。

　稲垣・佐藤（1996）によれば、大正期の成城小学校に事例研究の先駆的な例を見出せるものの、日本において「授業分析」(重松,1961) や「授業のカンファレンス」(稲垣，1995) が提唱されたのが1960年代、米国において「ケース・メソッド」の重要性が主張されたのは1980年代半ばだとされています。また、戦後初期についてはカリキュラムづくりや授業づくりが活発だったという評価はなされていますが、事例研究についての言及はなされていませんでした。

　筆者は、久保田の事例研究の発想がどこから生まれたのかを探りたいと考え、彼の経歴を調べてみると、奈良師範学校女子部附属小学校（以下、吉城学園）における「吉城プラン」の研究を主導した人物だったことがわかりました。

対象とする人物や学校に関する先行研究を検討する

　そこで、「吉城プラン」や久保田についての先行研究を検討しました。その代表的な研究としては、安井（1989）、山口・安井（1990）が挙げられます。

　安井は、梅根悟の日常生活課程論の提起の土台となっていると指摘されている「吉城プラン」の研究の中心的メンバーであった久保田の論に焦点をあてています。そして、久保田の日常生活課程論の特質として、第一に「学校全体が日常生活課程の実践の舞台となり、それが特定の時間や場所、内容や組織に固定化されず、定型的に課程化されていないこと」(安井，1989：44)、第二に「その内容の核となるのが日常生活における主体的な文化の創造」(同上書：45) の2点を見出しています。

　また、山口・安井は、吉城プランの「日常生活課程」が成立した要因として、複式学級の研究、低学年教育の研究、社会科カリキュラムの作成、「明石プラン」と奈良女子高等師範学校附属小学校の「奈良プラン」からの影響の4点をとりあげ、考察しています（山口・安井，1990：135-181）。

　上記の2つの先行研究は、未公刊史料も含めて現存するほぼ全ての史料に基づいて詳細な分析がなされたものであったため、先行研究とは異なるオリジナリティを創出することは困難な状況でした。

　しかし、「リサーチ・クエスチョン」に照らしてみると、年間計画の変容過程については先行研究で明らかになっていたものの、子どもと教師の相互作用からカリ

キュラムがどのように生み出されていたのか、そして、そのような営みに見出せる
教師の専門性はいかなるものかといったことについては、具体的には明らかになっ
ていませんでした。ただし、問題はそのようなことを現存する史料で実証できるの
かということでした。

史料を収集する

そこで、先行研究の引用文献を手がかりに、「吉城プラン」や久保田に関する史
料をできる限り収集するよう努めました。公刊された書籍や雑誌『カリキュラム』
については、大学図書館や公共図書館に所蔵がありました。しかし、残念ながら、
奈良教育大学附属小学校所蔵の史料は現存していませんでした。そのため、未公刊
史料については、先行研究者である山口満氏（現・筑波大学名誉教授）、安井一郎
氏（現・獨協大学教授）に史料の閲覧・複写の依頼し、承諾を得ることができまし
た。

史料の所有者に閲覧・複写の依頼をする場合は、貴重なものを扱うことになるの
で信頼関係が必要となります。学生・院生であれば指導教員の紹介、研究者であれ
ば依頼文等の手交が必要です。筆者の場合は、指導教員による紹介の上で、学会等
で直接挨拶をし、自分の問題意識や研究構想などを説明したり、研究上の示唆をも
らうことなどを通して、しだいに関係性を構築することができたと考えています。
また、協力が得られ、論文が完成したら、礼状とともに論文を謹呈し、批正を仰ぐ
ことなども必要です。

先行研究者の協力もあり、未公刊史料も含めて現存する史料を手元に置き、読み
解いていくことができたものの、まだその時点では「リサーチ・クエスチョン」に
関連する史料は見つけられませんでした。また、オリジナリティを求めて新たな切
り口を探ってみましたが、重厚かつ精緻な先行研究を前に挫折する日々を繰り返し
ていました。

現代の学校の教師たちの営みから着想を得る

オリジナリティの創出のヒントは思わぬところになりました。筆者は大学院で研
究する傍ら、週１回の頻度で公立小学校の学習支援ボランティアに参加していまし

たが、そこでたまたま目の当たりにした教師たちの営みから着想を得ることができたのです。

　ある日の放課後、ある学年の学年会に参加させてもらうことがありました。そこでは、同じ学年の学級担任４人が、週案を突き合わせながら、１週間の学習の振り返りと翌週の計画の構想を、具体的な子どもの学習の様子を交えて語り合っていました。筆者はこの様子を見て、学年会は「子どもの活動の事実の協働的な探究」と「それに基づくカリキュラムの構想」の場だと感じました。そして、事例研究の場はフォーマルな校内研修だと思い込んでいましたが、学年会も非常に重要な営みとして機能し得るということに気づいたのです。

　そこで、それまで着目していなかった「プラン会議」というものが学年会に似たような機能をもっており、カリキュラム開発や教師の専門性を高める上で重要な営みなのではないかと思い、史料を読み直してみることにしました。

▌「プラン会議」と検討資料としての「学習指導計画表」に着目する

　吉城学園の「プラン会議」とは、低・中・高学年の教師グループによる会議で、原則、毎週土曜日に開催されていました[3]。一週間の実践を各グループの教師全員で振り返って検討し、「問題点を明らかにするとともに、次週の計画や実践に生かす」のが、その目的です。まさに、現在の学年会と同様に、カリキュラムを実質化していく場として機能していたのではないかと考えました。

　「プラン会議」では、実践の記録が検討資料として用いられていました。その記録の方法については「実践の結果は、プラン用紙に赤インクでたんねんに記入される」と記されており、「学習指導計画表」（以下、「計画表」）に、まず一週間の計画を記入し、それに併記して実践の記録を書き込んでいくものであることがわかりました。そこで、もう一度収集した史料を見直してみると、「計画」と「実践の記録」が手書きで記入されている「計画表」が見つかったので、これを詳細に分析しました（図１）。

---

3) 当時の吉城学園は全校９学級（低・中・校の複式の３学級を含む）でした。したがって，一つのプラン会議のメンバーは学級担任の３人が基本で，必要に応じて中心メンバーの久保田や専科教員などが加わるというものでした。

6日(月)	7日(火)	8日(水)	9日(木)
1.家の研究について ~~の話し合い~~ 2.奈良市内の主な建築物を見学する ・どんなものを見たらよいか話しあう。 ・洋風 南都銀行 ・和風 ・進駐軍の家 ・材料によって(木、石、セメント、レンガ)・使用目的によってちがう。・見たままをスケッチする。 ※展開して、<u>建築中の家を見学に行くかもしれない</u> ※<u>直ちに模型をつくろうといいだすかもわからない</u> ・グループ別調査 イ三条通〇〇奈良駅、ロ〇〇町〇〇殿、ハ関急降車口、〇〇、ニ六法蓮町、ホ〇〇寺町、ト高畑町、チ若草山麓等 ・<u>クロッキーのしかた、不要領</u> ・〇〇ではやや忙しすぎたとWさんの声 (備考)児童準備…手帳、メモをする、スケッチ用具	1.休暇中に「家」について研究してきたことの発表 2.各自の家の構造について話しあう 2階だて、平屋、屋根のようす 材料、形、部屋、大きさ(たたみのかず) 3.之を分類する 4.家の研究についての話しあい ・その順序・問題 グループ(一学期より、新しいグループを希望する事あるだろう、許容する。)グループの作成に展開するかもしれない。学期始めの事とて児童の要求に応じ相談してグループをつくる・4~6名 ・教室禁使用のため、野外にて 1.休暇中の研究物を点検していないため、子供の活動がどこまで発展しているかが不詳 2.<u>各自の家の構造についての話しあいは、頗る活発であった</u> 3.分類は極めて、平凡に話しあう 4.家の研究も、主に教師がはなす 5.グループ作成 男女別れ 男―3、女―4 男はM、Yの存在 女はN、Iの存在 Wさんのグループに拾われる	1.昨日の見学の様子を発表しあい、良いグループをみつける ・本当の見学の仕方を話しあう。・スケッチのしかたを話しあう。・家の形・屋根の形・外側の材料等からみた市内の主な建物をあげ、研究対象とする ・見学の結果を表現とする。絵、主体構成(紙、粘土)(如何なる方法でするか、その方法を決める) ・あすの準備物として、グループで決めたものを材料、道具などの相談をする ・時間あれば、博物館のあたりでスケッチ、<u>クロッキーの基礎指導をする</u> ・<u>見学結果の発表は良好まだはずかしがっている子もあるが、質問も下手ながら活発になってきた。ス</u>ケッチ結果、昨日に見ちがえる程、立派にかけた。その特徴をつかむ事が何かの中心だということ・写生の材料になること・(日時、場所も記入のこと) (備考)昨日に同じ 進行が遅々としている感あり。生活カリキュラム実践の初歩なるため辛抱す	1.本、写真、絵本などを見ていろいろな屋根の形、家の形をしる 2.用途によってその特徴をもっている。 交通運輸、政治、通信、事務、教育、報道出版、陳列、治療、集会、裁判、研究調査、宗教、宿泊、金融、貯蔵、生産、加工、娯楽、治安等 3.上の用途の建物を奈良市の中から選び、その建築様式をしらべる。 4.グループ毎に明日から〇〇模型の相談をし、〇〇等約束する。 ・休暇中作品を発表 ・作ってみたい家の絵をかく 1.本、写真、絵本などを参考 準備は大体よい。<u>研究者が大体限られているのは如何。</u> ※Mの学習態度よい 2.<u>用途と特徴に対して児童は余り興味をもっていない</u> 3.屋根の形、材料についての話し合いはよい 昨日の準備についての相談。 Aのグループ Fのグループまとまりおそい

(出典：「学習指導計画表の手書きの記録（1948年9月6日～11日）」（未刊行・獨協大学安井一郎研究室所蔵）をもとに筆者が作成。計画は明朝体、実践の記録はゴシック体、子どもの固有名はイニシャル、判別不能の文字は〇で表記した。下線は筆者による。）

図1　計画と実践の記録が書き込まれた「学習指導計画表」
（第3学年の単元「私のすまい」1948年9月6日～9日）

その結果、この記録には下記の2つの特徴があることがわかりました。第1に、子どもの活動と興味のあり様が書かれていました。第2に、計画段階では複数の予想がなされ、活動の展開に応じて次の展開を構想したり課題を明確化したりしていることが読み取れるものでした。こうした実践の記録を「プラン会議」の資料とし

ていたのです。

　さらに、吉城学園が公刊した書籍（奈良師範学校女子部附属小学校奈良吉城プラン研究会，1949）に掲載されていた、1948年12月の第1学年の単元「もうじきお正月」の「計画表」と実践検討の記録を検討しました。その結果、「プラン会議」は、教師の計画と子どもの活動のずれを発見し次週の活動の展開を構想するだけでなく、翌年の単元構想にも示唆を与えていたことがわかりました。以上のことから、「プラン会議」は、「吉城プラン」というカリキュラムを開発する上での重要な基盤ともいえる営みだったことが明らかになったのです。

■「観察カード」を用いた「研究授業」の分析を行う

　次に、久保田・馬場（1951）に掲載されていた「観察カード」（図2）に着目しました。この解説では、「子どもたちひとりひとりの活動をしっかりとらえて、その子どもの指導の資料にするとともに、私たちの指導の過程を検討するために（中略）10名ばかりの同人が、1枚ずつこれをもち、1名、または、数名の子どもの観察をしていく」（久保田・馬場，1951：359）と述べられています。

　図2の「活動の記録（子ども）」を見ると、「立ったまま熱心に聞き入る」、「同じ意見だと首で同意を示している」、「セリフははっきりしていて内容をつかんでいる」という記述がみられます。ここからは、個々の子どもの活動に焦点をあて、目に見えた行動や表情だけでなく、そこから推測できる学習に対する興味や理解の深まりなどについてもとらえようとしていたことが読み取れます。

　そして、この「観察カード」を用いた「研究授業」についての久保田の論考が、『カリキュラム』誌に掲載されていることを発見しましたので、その内容を検討しました（久保田，1950）。

　まず、吉城学園の「研究授業」の目的は、①単元そのものの検討、②教師の指導の妥当性の検討、③個々の子どもの精細な観察、と記されています。

　そして、「観察カード」を用いた実践検討の効果について、久保田は、「一時間の学習全体としては、大変うまく流れているようでありながら、ほんとうに活動している子どもが一部分であつたり、一時間のうち十五分ぐらいしか集中した活動をしていなかつたりすることが、客観的な資料としてあらわれてくる」と述べています。さらに、「ある授業で教師の子どもたちに与えたサジェスチョンが適当であると思

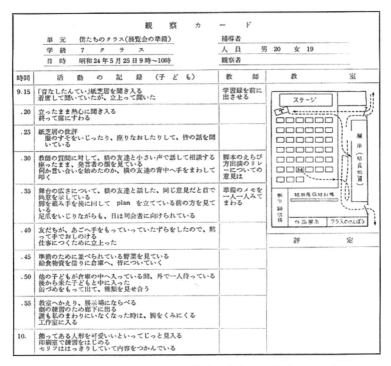

図2 「観察カード」の記入例（出典：久保田・馬場 1951：附録）

えていた。ところが、一人の子ども——比較的熱中していた——の活動の記録をみると、教師の注意を与えている時ごとに、しごとを中断していることが発見された。こうなると、きわめててきせつであつたとおもっていたことがそうではないということになる」とも述べており、適切だと思っていた働きかけが逆効果であることが浮き彫りになったことが読み取れます。

　このように、「観察カード」は子ども一人ひとりが、一時間の授業の中でどのように活動しているかということだけではなく、そこに教師がどのように位置づいていたか、教師の働きかけが子どもの活動を充実させるものになっていたか否かを教師たちに可視化させ、自覚を促すツールでもあったのです。

　さらに、「子どもをみる目が私たちの中で育ってゆくのである。そうなれば研究授業が研究授業におわってしまわず、単元の再構成の資料を提供することにもなり」と述べられていることから、子どもをとらえるという意味での教師の専門性を高め

る営みであると同時に、カリキュラムの再編成にもつながるものだったことを窺い知ることができました。

▎当事者への聞き取りを行う

先行研究者の安井一郎氏、金馬国晴氏（現・横浜国立大学教授）の紹介で、「吉城プラン」の研究を主導していた久保田浩氏[4]への聞き取り[5]を行うことができました。

まず、吉城学園の教師の専門性について尋ねると、久保田は「まず、教師が生活者で生活の拠点が学校にあると僕は考えていたわけよね。だから、ある程度の整理された文化財と文化が子どもと共有するものをどれだけどう用意して、で僕（教師─引用者注）が興味もたないと」、「そのために教員が飯食いながら雑談やったりするわけでしょ。教師用書以外読んでないような人はつまんないよ」、「サロンが必要だと思いますよ、文化」と語っていました。教師用の指導書だけでなく文化に興味をもち子どもと共有する内容を深めておく必要があること、そして、そのために教師同士が文化について語り合うことが重要だと考えていることがわかりました。

こうした考えの背景には、吉城学園のカリキュラムの中核が日常的な子どもたちの生活づくりであり、その核となる内容が「劇活動」に代表される「遊び、しごと、表現活動、運動を中心とする子どもたち自身の生活文化の創造」（安井，1989：45）だったことがあると考えられます。さらに、毎週土曜日のクラス会の高学年の検討事項には「その週のプログラムについての反省」と「来週のプログラムの原案検討」

---

4) 1916年奈良市生まれ。1937年奈良師範学校専攻科卒業、同年奈良市立第四尋常小学校、1942年奈良師範学校女子部附属小学校、1945年7月佐賀へ召集され、9月に復員し奈良吉城プランの実践を展開、1950年和光学園、1965年白梅学園短期大学講師、1988年同大学教授を定年により退任、同大学名誉教授になる。2010年逝去。

5) 本研究では、対象とした吉城学園や久保田による文書の一次資料が存在していたため、聞き取りは文書資料の補助として使用しました。ただし、主導的立場ではなかった教師や子どもの経験に迫るためには、ライフヒストリーの手法を用いるなど聞き取りを中心的に取り扱うことも考えられます。また、聞き取りのデータについては、本人による内容確認や使用の承諾を得る必要があります。なお、本書で扱う久保田への聞き取りは2007年10月24日に実施し、音声データを文字資料化したものについて本人の内容確認と使用の承諾を得た上で、修士論文の資料編として掲載したものです。

が盛り込まれており（久保田・馬場，1951：91），これについては「こっち（教師―引用者注）のほうも草案作ってるけど子どものほうがちゃんとしたのが出たらこっちを引っ込める」「7割ぐらいは子どもに任せといてもそんな大事件はないからね」と語っていました。

　学校を「子どものもの」にすることをめざした吉城学園では，子どもたちが主体的に活動の計画づくりや反省を行っていました。その子どもたちの活動の質を高めていくために教師に求められていたことは，久保田が「内容のある生活をさせるために日ごろから子どもとのコミュニケーションをしとかないと，おざなりになっちゃうでしょ」と語っているように，文化を媒介とした日常的なコミュニケーションだったのです。

　次に，子どもの活動の記録に基づいて事例研究を始めたきっかけについては，「活動カリキュラムなんていいながら子どもの活動は何にも見ていないっていうね。そういうことが発覚したのよね」と語っていました。

　そして，「僕がやったり，川渕がやったりっていう。多少，痛んでもいいような者がやって。そうすると気持ちいいじゃないですか，日ごろ威張ってるのが穴ぼこあるじゃないのって。これは生産的でしたよ」，「オーソドックスとか基本みたいなものはみんなもってるって錯覚があるから。これなんかのときは職員が全員ショックでしたよ。ショックショック。全員が動いてないんだもん」と語っており，久保田や川渕のような附属小学校の研究を主導していた教師にとっても実践上の課題に気づく契機となっていたことがわかりました。

　ところで，「プラン会議」や「観察カード」に着目した筆者の研究について久保田は，「やります，協力します。ていうのは，おそらく概論みたいなもので山口満さんのは残ったと思うんですけど，あんた非常に緻密に，大事なことだと思う。ことにこういうものが現代の人に本当は大事なのね。そんな立派なことやんなくていいけど，なんにも授業聞いてないBがどんなことで動き出したかっていうようなこと」と語っていました。この語りは論文には引用していませんが，「重箱の隅をつつくだけのようで研究として成立するのだろうか」と悩んでいた筆者を勇気づけ，観察記録や実践検討の記録を史料として教師たちの事例研究の営みを詳細に記述するという本研究の方向性を後押ししてくれました。

他校の事例と比較をする

　吉城学園の事例研究の営みの特徴や独自性を明らかにするために、「吉城プラン」作成の契機の一つとされる明石附小の校内研究会について検討しました。その結果、明石附小の校内研究会の特徴を3点挙げることができました。

　第1に、明石附小の授業研究は教科の研究を進展させるものでした。つまり、明石附小は、カリキュラムを省察する機会を、少なくとも授業研究という形ではもち合わせていなかったのです。

　第2に、明石附小では、毎週土曜日の「打合せ会」で翌週の計画を検討していました。しかし、その具体的な内容は、「各教官の週プランを基にして、教官の交換学習、補導の時間、設備使用の打合せ、見学場所や方法学習の形態方法について」の意見交換などであり、子どもの活動の事実によるものであったかは判然としませんでした。

　第3に、学習の「効果判定」は目的の達成を判断するものでした。この点について久保田は「明石プラン」には「教師の頭の中だけで描いたと思われるもの」が子どもの活動があったと指摘しており、社会的機能の理解という目的から演繹的に作られたように見える「明石プラン」に対する吉城学園の教師たちの違和感につながったものと考えられます。

吉城学園における教師の専門性と研究の意義について考察する

　吉城学園は、子どもたち自身による生活づくりをカリキュラムの中核に据えた、戦後初期の中でも最も子どもの主体性を尊重した教育を実現していた学校といえます。その吉城学園における教師の専門性とは何だったのでしょうか。

　それは、第1に、教師自身が文化に興味を持ち、子どもたちの活動の質が高まるように日常的に文化を媒介としたコミュニケーションをとれること（詳しくは大島, 2012b）。第2に、個々の子どもに対する理解を基盤に、子どもに素材や場を用意したときに活動がどのように発展するか、その方向性の見通しをもてること。第3に、上記の文化的素養や子ども理解の専門性を基盤に、予想外の子どもの活動の価値を吟味できること、でした。

　そして、吉城学園の「プラン会議」と「研究授業」は、それらの専門性を高める

営みとして位置づいていたのです。1950年代前半の久保田の論考からは事例研究の発想を見出すことができますが、これは吉城学園の「プラン会議」と「研究授業」での経験を淵源としたものだといえるでしょう。

　次に、本研究の意義について考察します。教育実践史研究としては、金馬（2006）において明らかとなっていなかった戦後初期における子どもと教師によるカリキュラム創造の具体的な実態を明らかにすることができました。次に、稲垣（1996）において明らかとなっていなかった戦後初期における教師の専門性の向上を目的とした事例研究の具体を示すことができました。これらは、吉城学園を対象とした先行研究でも明らかにされていないことでした。

　続いて、現在の教育に対して示唆的な点を挙げます。まず、授業の事例研究が教師の専門性向上の営みであるとともにカリキュラム開発の営みでもあったことを明らかにできたことです。日常的な事例研究の蓄積をカリキュラム開発に生かしていく事例を示すことができたと考えています。

　次に、事例研究がフォーマルな校内研修だけでなく「プラン会議」のような日常的な場においても成立していたことを示したことです。これは、現在の学年会も日常的な事例研究の場として機能し得るということを示唆しています。

　さらに、子どもの主体性を尊重する教育を実現するためには、その実践を担う教師の専門性を高める教師教育とその実践の価値をとらえる教育評価の問題を解決する必要があったことを示したことです。戦後初期のカリキュラム運動は様々なことを背景に衰退しましたが、子ども主体の教育を実践できる専門性をもった教師が少なかったこと、学力低下論に代表されるように従来の価値基準による実践の評価が流布したこと（換言すれば、その実践の価値を正当に意味づける価値基準を、少なくとも世間一般が共有できるものとしては創出できなかったこと）も背景の一つだったと考えられます。現在の教育においてもカリキュラムを改革する際に、教師教育と教育評価の改革についても併せて検討しなければ、戦後初期と同じ轍を踏む可能性があることを示唆しています。

まとめ

　今回取り上げた研究は、筆者自身の経験から生まれた問題意識が出発点となっています。戦後初期に対象を定めて史料を読み進めている際にも、現在の教育学の知

見や筆者自身の経験から着想を得ることがありました。また逆に、この研究を進めていく過程で現在の教育学や教育実践に対する筆者のとらえ方も変容していきました。

花井（2000）は、歴史研究における「現在と過去との往還」について、「歴史学は現代社会の認識にかかわる学問である。教育史も現代の教育認識と変革のための学問である。歴史は回顧趣味から行なうものではない。現代についての問題意識が希薄な論文は、歴史の合理化、史的変遷を追いかけるだけの、平板な教育史像を描くにとどまる。無尽蔵な歴史の宝庫から、なにをテーマとして選び出すか、そこにすでに書き手の現代の問題意識が表出されている」と述べています。ここで強調されているのは「現代についての問題意識」です。

この問題意識を出発点にテーマを選びます。そして、そのテーマに関する先行研究を読むと、特に初学者であれば、自分が素朴に抱いていた問題意識よりもはるかに深く意義のある問いが立てられ、何も付け加える余地がないと思わせるほどに精緻な論証がなされていると感じるかもしれません。そうした先行研究を批判的に検討し、その到達点と残された課題を探ることで、研究する意義のある問いを立てることができるようになります。それが「リサーチ・クエスチョン」です。

ただし、現代の概念枠組、固定観念、先入観から過去の事象をとらえることは厳に慎むべきです。歴史的アプローチの意義は、現代において無意識のうちに抱いてしまっている「ものの見方」を相対化できることにあります。現代についての問題意識を持ちつつ、自分の「ものの見方」に固執して「答え探し」をするのではなく、史料を読み、当事者の聞き取りをするプロセスで生まれた「意外な発見」や「仮説が成り立たなくて不都合だと感じたこと」などを大切にしていくことが重要です。そうすることで、現代の概念枠組、固定観念、先入観を揺さぶるような研究につながっていくのではないでしょうか。

引用文献

稲垣忠彦（1995）『授業研究の歩み 1960-1995 年』評論社

稲垣忠彦・佐藤学（1996）『授業研究入門』岩波書店

大島崇（2012b）「『吉城プラン』と久保田浩の教育思想形成—文化的創造活動と教師の位置に着目して」『飛梅論集』12.

金馬国晴（2004）「戦後初期に『学力』の『低下』が意味したこと—〈学力調査〉から戦

後新教育の批判へ」苅谷剛彦・志水宏吉編『学力の社会学—調査が示す学力の変化と学習の課題』岩波書店

金馬国晴（2006）「戦後初期コア・カリキュラムの『形態』としての問題と可能性—『明石プラン』の改訂過程を手がかりに」『教育方法学研究』32.

久保田浩（1950）「研究授業の一つのやり方」『カリキュラム』6，誠文堂新光社

久保田浩・馬場四郎編（1951）『日常生活課程—子どもの学校を育てた記録』誠文堂新光社

神戸大学教育学部附属明石小学校・附属幼稚園（1953）『教育実践の新段階—明石附小プランの前進』東洋館出版社

東大カリキュラム研究会編（1950）『日本のカリキュラムの検討』明治図書

奈良師範学校女子部附属小学校奈良吉城プラン研究会（1949）『生活カリキュラムの実践—単元の展開—』育英出版

佐藤学（1993）「教室に生まれたカリキュラム—その問題の歴史」佐藤学・小熊伸一編『日本の教師 第9巻 カリキュラムをつくるⅡ 教室での試み』ぎょうせい.

佐藤学（2005）「教育実践の歴史的研究」秋田喜代美・恒吉遼子・佐藤学編『教育研究のメソドロジー』東京大学出版会

重松鷹泰（1961）『授業分析の方法』明治図書

清水一郎（1950）「十一ヵ年のカリキュラム—明石附属プランの構成— 神戸大学兵庫師範明石附属校園 明石附属プランの課題」『研究紀要』7.

日本生活教育連盟編（1998）『日本の生活教育50年』学文社

花井信（2000）『論文の手法』川島書店

馬場四郎・大村栄・久保田浩（1951）「単元指導法（Ⅱ）『経験をふくらます』—低学年の単元指導のありかた」『カリキュラム』6，誠文堂新光社

文部省（1947）『学習指導要領一般編（試案）』東京書籍

矢川徳光（1950）『新教育への批判』刀江書院

安井一郎（1989）「戦後初期における日常生活課程の理論的基底に関する一考察—久保田浩の『生活づくり論』を中心として」『教育方法学研究』15.

山口満・安井一郎（1990）「奈良吉城プランの『日常生活課程』の成立過程に関する研究」『筑波大学教育科学論集』14(2).

 **【書籍紹介】**

①久保田浩・馬場四郎編（1951）『日常生活課程—子どもの学校を育てた記録』誠文堂新光社
戦後直後に校舎を修繕するところから子どもたちが学校生活をどのように高めていったのかが記された吉城学園の実践記録です。附録の「われわれの歩んだ道」という座談会からは同校の教師たちの経験世界が窺えます。

②『カリキュラム』(1949年1月号～1959年12月号) 誠文堂新光社
コア・カリキュラム連盟（1953年6月から日本生活教育連盟）の機関誌。教育を取り巻く政治的・社会的状況が刻々と変化する中で、カリキュラム全体を見据えた教育実践の概念や枠組が次々と生み出されていたことが読み取れます。

③稲垣忠彦・中野光・寺﨑昌男（編集代表）『日本の教師』(全24巻，1993年3月～1995年9月) ぎょうせい
戦前・前後の教師の実践記録集。一人ひとりの子どもと向き合い教育を創造してきた教師の経験世界を辿ることができます。解説と解題は、教育実践史における位置づけや実践の価値を理解する手がかりになります。

第5章
教師の文化や組織をとらえる

　本章では、個々の教師ではなく、教師文化や組織をとらえるアプローチが問われます。教師文化や組織風土は時間を経て形成され共有されていくので、目に見えないものであり、その場にいる人にとってもそのままでは言語化がむずかしいものです。それをどこを切り口にどのように問うのかということが本章のリサーチクエスチョンとなっています。

　第1節鈴木論文では、学校組織における教師間の相互行為をエスノメソドロジーに基づいて記述するアプローチをとることで、教育社会学の視点から学校において教師間で互いに理解する学校の規範に焦点を当て、明文規範だけではなく、不文指導事項の存在に光を当てています。続く第2節三浦論文は、教員間の協働を計量分析で問うという教育行政学・教育経営学の視点からのアプローチです。教員間の協働について理論仮説をもとに作業仮説を導出し、大規模サンプルから順序プロビット分析をすることで、どのような属性の学校が、教員間の協働が行なわれやすいのかということを明らかにしています。第3節有井論文では、教育方法学の視点から校内研究の研究推進チームという校務分掌組織に焦点を当てて、その研究部がもつ教師の学習に関するリーダーシップ機能をフィールドワークによる観察とインタビューから分析することで、分散型リーダーシップの具体的様相を示しています。そして第4節草彅論文では、インドネシア　ジャワの中学校におけるエスノグラフィック・アプローチによる比較教育学研究によって、教員コミュニティの様相を明らかにしています。「現地の視点」をとらえるために、自分の先入観・価値観をなるべく介入させずに、繰り返し出てくる言動に着目して描くことで、教員コミュニティが二重の（官僚的・社会的）パターニズムから成り立つ「家族主義システム」として機能していることを示しています。

　どのような理論や参照枠組み、概念を用いながら、各著者が教師文化や学校文化という組織文化にアプローチしているのかを意識して章全体を読んでいただくことで、あらためて教員組織をとらえる視座が俯瞰的に見えてくるでしょう。

第5章 1 教師間の相互行為分析

◉実践のなかの規範を探る

鈴木雅博

＜参照論文＞
鈴木雅博（2016）「教師は曖昧な校則下での厳格な指導をどう論じたか―エスノメソドロジーのアプローチから」『教育社会学研究』99，47-67.

はじめに

　本章では、学校組織における教師間相互行為をエスノメソドロジーの方針に基づいて記述する手法について紹介します。エスノメソドロジーとは、「人びとの（＝エスノ）」「方法の（＝メソッド）」「論理（＝ロジー）」という意味で、アメリカの社会学者ガーフィンケルによる造語です。これは、人びとが馴染みの（それゆえ必ずしも意識しているわけではない）やり方によって、それぞれの場面をそれとして成し遂げている実践を明らかにする試みです。

　例えば、教師から生徒への「今、授業中ですよ」との声かけは、字句通りに受け取れば単なる「事実の報告」ですが、私たちはそれを「注意」として聞いています。これは「生徒」という主部には「授業を真面目に受ける」ことが、「教師」という主部には「授業中に不真面目な生徒を注意する」という述部がそれぞれ規範的に結びついていることによって理解可能になっています。しかし、だからといって、「教師／生徒は規範に従っている」という説明が常に成り立つわけではありません。実際、生徒が「はぁ、なんだよ、おっさん」と反応することもあり（これも字面は「質問」ですが、「注意」に対する「拒絶」に聞こえます）、教師の反応如何によっては、彼は「教師」であることに失敗し、「おっさん」として「若者」に向き合うことになってしまうのです。

　以上の例示は、実践の参与者が特定の主部とそれに応じた述部の規範的つながり

を（直接言葉に出すとは限らないが）参照することで、その場のやりとりを「注意／拒絶」として理解していること、そして「教師」であることは制度によって支えられているのではなく、その場の相互行為のなかで達成されるものであることを示しています。

　学校組織においても、教師たちは彼／女らと規範的に結びついた組織／教育に関する述部を参照することで、その場のやりとりをそれとして理解しています。これを明らかにすることは制度や文化を安定した変数として対象を説明することとは別の研究方針だと言えるでしょう。エスノメソドロジーはそのような試みですが、決して耳なじみのあるものではありません。そこで、以下ではまず従来の研究と対比しながら、その方針を確認し、次いで、その一例として拙稿（鈴木, 2016）の解題を試みます。

▌実践の地平にとどまる

　従来の学校組織研究は特定の規範的立場をとるものが少なくありませんでした。こうした研究は、校長による学校経営や教師集団による民主的学校運営といったものの「正しさ」を前提し、「どのようにすれば組織マネジメント／民主的な学校づくりがうまくいくのか」といった課題に応えようとするものでした。研究者が特定の規範的立場から自らの主張に適合的な実践を「よい実践」として報告し、そうでないものへの「改善」を提言するというスタイルは、その規範に沿ったプロジェクトには貢献しますが、人びとの実践を精確に記述することとは別の試みです。

　これに対し、社会学的アプローチはこうした規範的な立場をとらずに、教師間関係を分析してきました。例えば、教師文化研究では、日本の教師は同僚との調和を重視し、その達成度合が同僚からの評価を左右する点が指摘されました（永井, 1977）。また、教師間関係を個人、分裂した集団間関係、自律的協働、官製協働といった形態分類によってとらえたり、学校内部で生じる権力関係や葛藤的関係に着目する研究も蓄積されています（Hargreaves, 1994 など）。

　ただし、これらの研究も一定の価値基準から対象を評価している点には留意が必要でしょう。例えば、ハーグリーブズは自律的な教師による協働を評価する一方、制度に枠づけられた「協働」の問題を指摘していますし（Hargreaves, 1994）、永井（1988）は同調圧力が教師の創造的取組みを抑圧することへの懸念を述べていま

す。こうした評価は説得的ではありますが、問題は評価の正しさではなく、評価を与えるという行為自体が特定の価値に肩入れするものだという点にあります。

　このようにみてみると、組織研究であれ文化研究であれ、研究者がなんらかの含意を述べようとするときには、実践を詳らかにするという地平から、規範的に評価を与えるという高みへと跳躍しているように思われます。これに対し、エスノメソドロジーは特定の理論や規範に与することなく、また対象となる実践の妥当性や価値、実用性等についてのあらゆる判断を差し控えることを自らの方針としています（これを「エスノメソドロジー的無関心」と呼びます）。

{ } → （ ）

　「エスノメソドロジー的無関心」には、人びとの実践を批評しないという意味だけでなく、「現実は人びとがそうみなしているようなものではない」といった科学者目線の立場をとらないという側面も含まれています。研究者は「科学的」手続きの手始めとして論文で使用する概念の定義づけを行いますが、これは対象となる人びとの「日常」の言語を「科学」の言語に翻訳し、一般化可能な知見を得るための第一歩だと言えます。

　ここではその一例として、研究者が「協働」を「教師が支え合い、助け合うこと」といったかたちで定義づけ、対象となる人びとの関係をその定義との関係でとらえるアプローチについて考えてみましょう。このとき、調査のなかである教師が「昔、学校が荒れていたときに、それを立て直したのは全教職員が一致団結して指導したから」（以下、「一致団結」発言）と語ったとしたら、それは「協働」の定義に適う事例として扱われることでしょう。

　しかし、人びとは研究者による定義づけに先立って、種々の概念を参照しながら、日常生活を送っています。この点に着目するならば、人びとが「一致団結」発言をどのように／どのようなものとして成し遂げているかが解かれるべき課題となります。例えば、この発言が職員会議において、「あまり細かいことは指導しない方がいいのではないか」といった、厳格な指導への見直し要求の後で為されたものだとしたらどうでしょうか。参与者は「一致団結」発言を見直し要求への「反論」として聞くはずです（ここでもやはり、この字句自体は「事実の報告」に過ぎませんが）。つまり、「一致団結」発言は「協働」について語ることで、「同調圧力」を達成して

います。このような分析は、実践に参与する者による概念の参照・使用に照準する試みであり、研究者による概念の定義づけは必要ありません。

　知見の一般化にも問題が潜んでいます。というのも、こうした研究は、人びとを制度や文化に結びついた規範に従う者として描いてしまいがちだからです[1]。しかし、私たちはある特定の制度的・文化的な規範によって行為を制限されることはありますが、常にその規範に従うだけの存在ではないはずです。

　また、私たちは実に多様な規範のなかに身を置いています。このことは、ある事象を研究者がその原因と見定める制度や文化とは異なる要因によって説明することが常に可能であることを含意します。もちろん、「私たちの行為を理解する上で制度や文化は必要ない」と述べているわけではありません。問題は、制度・文化による説明を与えてしまうことで、人びとが実践のなかで、それらをどのように参照しているのかが検討から抜け落ちてしまう点にあります。

　このことについて、ガーフィンケルらは、{ }→（ ）という図式を用いて説明しています（Garfinkel & Wieder, 1992）。{ }は人びとの実践、→は研究者による分析、（ ）は研究者が見いだした一般化された説明をあらわしています。研究者は、→（ ）により、対象を立証可能な目的・データ・知見へと変換していきますが、いったんそれがなされると{ }はその一事例としての位置を与えられ、{ }自体がどのように成り立っているのかが子細に論じられることはありません。

　先程の例で考えてみると、研究者が「一致団結」発言をもとに「協働が荒れ克服の条件となる」との仮説を立て、質問紙調査によって検証する、といった研究を進めることが→（ ）の作業です。これに対し、「協働」を語ることが異論表明への「反論」となり、「同調圧力」として作用するしくみを明らかにすることが{ }を明らかにするアプローチということになるでしょう。

■「訊かなくてもわかる／訊いてもわからない」を解き明かす

　ここで留意すべきは、{ }を分析し、その成り立ちを記述するにあたって、必ずしも当事者の主観を問う必要がないという点です。「一致団結」発言についても、

---

1) ガーフィンケルはこのような人間像を「文化的判断力喪失者（cultural dope）」と呼んで批判しています（Garfinkel, 1967）。

発言者に「それは異論表明への反論ですか？」と訊いてみなくても、私たちはそれとわかります。これは、発言位置が厳格な指導への異論表明に後続する箇所であること、そしてその場の人びとが「教師集団は足並みを揃えて指導すべき」という規範を共有していることで理解可能となっています。

　規範の共有とは、「その正しさが問われることがない」ことを意味しています。先の発言についても、実際のところ、どこの学校にもいろんな教師がいるもので、「一致団結」していなかった教師もいたかもしれません。にもかかわらず、先程の発言を聞いてもそうした懐疑が差し挟まれることはありませんし、実際、団結していない教師がいたとしても、この規範が揺らぐことはないでしょう[2]。

　他方で、このような規範・発言・場面の関係について発言者自身が精確に述べることができるわけではありません。つまり、本人に訊いてもわからないのです。これは、日本語を話すことができても、その文法について精確に説明することができないことに似ています。

　このように、私たちは懐疑にはまり込むことなく、相手の発話・行為の意味を即座に理解することで日常生活を送ることができています。ガーフィンケルとサックスはこのことを「自然言語の習熟」と呼びました（Garfinkel & Sacks, 1970）。「自然言語」とは研究者によって定義づけられた「科学言語」ではなく、日常のなかで使われる言語という意味です。そして、それに「習熟する」とは、ある表現に結びつく成員・知識・権利・義務等を知っていて、それを参照することで、発話や行為を文脈に応じて理解できることをあらわしています。

　ここで問題となるのは、人びとの実践の成り立ちを記述するためには、研究者にも対象となる人びとが用いる自然言語に習熟することが求められる点です。ガーフィンケルは自らの学生に「ハイブリッド」になること、すなわち社会学とととともに研究対象となる分野の自然言語に習熟することを求めました（Lynch, 1993、水川・中村監訳, 2012）。これは、対象となる専門分野について語ることができるだけではなく、まがりなりにもそれをすることができることを意味します。そのためには対象に「浸される」こと、すなわち対象となる人びととともに過ごし、彼／彼女らとやりとりを重ねることが求められます。ちなみに、私は長く高校・中学校の教諭として勤務しており、このことが対象校における自然言語に習熟する上で、利点と

2）サックスはこれを「帰納を免れている」と表現しています（Sacks, 1992）。

なったと考えています。

フィールドに入る

　上述のエスノメソドロジーの方針に基づき、拙稿では中学校での校則に関わる議論を対象に、教師たちが相互行為において諸規範をどのように参照し、それによってなにが達成されているのかを明らかにすることを目的としました。

　調査対象校は、生徒数700名強、各学年7クラスからなるA市立「北」中学校（仮名）です。対象校の選定にあたっては、一定程度の学校規模を有する点、生活指導上の困難を抱えている（とみなされている）点を重視しました。生活指導は個々の教師によって考え方に相違がある一方、学校としての共同歩調が強調される傾向にあり、教師間で議論となる可能性が高い分野です。また、分掌会議に一定程度の人員がいることもそうした議論が生まれる要素となると考えました。ただし、実際に調査に入ってみると、北中学の生徒たちは活発に学習や行事に取り組んでおり、落ち着いた雰囲気に見えました。

　調査では、インタビューや会議等の観察を2年間（2009-2010年度）で延べ120回程行いました。インタビューについては承諾を得た上で録音しましたが、会議場面の記録は筆記によるものとし、発言を研究に利用されたくない場合は申し出ていただくように説明しました。筆記資料は、近年のエスノメソドロジー研究の主流である会話分析で扱われる録音・録画データに比して、精度において劣るものですが、データの精度を超えた分析を行わないことに留意することで、筆記資料によるエスノメソドロジー研究も可能だと考えています[3]。

　拙稿では、主に校則に関する議論を扱っています。校則については、1980年代末以降、当時の文部省が瑣末な事項にわたる校則の見直しを呼びかけたこともあり、スカート丈や髪の毛をセンチ単位で規制する細かな表記から、「中学生らしい」といった曖昧なものへと書き直されてきました。しかし、実際には厳格な指導が継続されていたケースも少なくないように思われます。となると、教師には曖昧な校則と組織的で厳格な指導との間で折り合いをつけることが求められます。北中学でも

3）初期のエスノメソドロジー研究では，エスノグラフィックな調査法を採用した研究も少なくありません（例えば，Sudnow, 1967 岩田・志村・山田訳，1992）。

こうした議論が為されており、拙稿ではそれを対象としました。

　拙稿の特色の一つは、特定の相互行為場面を分析するだけでなく、一年間を通じた継続的な観察により、ある話題の顛末を描いた点にあります。もちろん、それは当初からその話題が長期にわたる争点になるとわかっていたわけではなく、対象校へと足繁く通うなかで、一つの主題が断続的にではあれ、一年を通じて議論の対象となっていったことを見いだした結果であると言えます。

■ 事例を追う

　まず、拙稿が対象とした指導事項――通学用バッグの色――に関する議論の概要を確認しておきます。北中学は校則で所持品の色について「学校生活にふさわしいかどうかを自分なりに判断」するよう求め、参考として「質素」「華美ではないか」といった視点を示していました。しかし、実際には生活指導担当はバッグの色を黒に限定し（以下、黒基準）、厳格な指導を行っていました。こうしたなか、グレーのバッグで登校した新入生が注意され、保護者がこれに抗議したことを契機として、指導基準をめぐる話し合いがもたれることになります。生活指導部会で黒基準に対する賛否が述べられるなか、最終的に、それは「ルール」であったとされ、職員会議で指導徹底要請を行うことで話がまとまりました。

　しかし、職員会議提出原案を審議する運営委員会では、その提案は削除されていました。これは原案提出前に教頭が生活指導部長に対し、黒基準は明文化された校則ではないため全校的な指導要請はできないこと、指導を行いたいなら黒基準を新提案として会議に諮る必要があると指摘したためでした。ただし、提案は見送られましたが、上級生への黒基準による指導は継続されていました。

　そして、「新年度対策」（以下、「新対」）という次年度に向けた改善会議のなかで、生活指導部から黒基準が新たな提案として提出されることになります。運営委員会で出された反対意見に対し、生活指導部長はこれまでも黒基準による指導を行ってきたと述べ、その正当性を訴えます。しかし、それが「現行基準」であるならば、新たに「提案」する必要はないわけで、整合性をはかるために生活指導部長は提案そのものを撤回してしまいます。それでも黒基準をめぐる議論は続いたのですが、校長が同時に提出されていた他の提案に反対意見を述べたことで論点が移り、黒基準の適否やそれが現行基準／提案なのかについての結論は明示されないまま、その

場の協議は終了します。

　しかし、続く職員会議では黒基準は提案ではなく、「連絡事項」として別記されていました。これへの疑義は示されず、翌春の『生活のしおり』（＝校則集）では、「持ち物は黒を基調としたバッグに入れる」（下線は引用者）と下線部が加筆されることになります。

　続いて、以上のやりとりのなかで教師が参照していた種々の規範に目を向けてみます。第一は、文書主義規範です。これは「組織構成員は明文規程に沿って指導すべきである」という主述の結びつきからなる規範で、次のような発言から読み取れます。「『中学生らしい色』（校則の表記）ってことで相手に判断を任せたときに、こちらがどうこう言えないんじゃないか」（生活指導部会での一般教員の発言）。「『黒でなきゃいけないよ』ってことはどこの紙にも書いてないので」（生活指導部長に対する教頭の発言）。「でも、黒だとは書いてないよね」（「新対」での教務主任の発言）。

　第二は、反管理教育規範です。これは、「教師は細かい規則で生徒を縛るべきではない」という主述の結びつきによって構成されており、以下の発言から窺えます。「また細かい所まで決めるとなると、規則の多い北中になってしまうので、あまりよくないんですが」（生活指導部会での生活指導部長の発言）。「2点（①靴・靴下・下着は白、②バッグは黒）についてはここまでやる必要あるのかなと思う」（「新対」での生徒指導主事の発言）。この規範は文部省の呼びかけと符合するとともに、北中学の指導の歴史とも関連づけて語られていました。「学校の『しおり』（校則集）にも『中学生らしい』ということで細かいところは切ってきた」（生活指導部会での生活指導部長の発言）、（黒基準の明文化に対して）「昔にもどっちゃう」（生活指導部会での一般教員の発言）、「10年も前に軸を変える指導に来ているところが違うのではないか」（「新対」での教頭の発言）。これらの発言は、現在の校則の曖昧さをかつての管理教育を克服してきた「進歩」として積極的に評価するものだと言えます。

相互行為を理解可能にしている規範を析出する

　ここまで示してきた、事例を丹念に追い、人びとが共有する規範（主部と述部の規範的な結びつき）を抽出するという作業は通常のエスノグラフィーと同じもので

す。また、従来の研究手法をなぞるならば、なんらかの理論的枠組みをもとに対象を切り出したり、それとは逆に事例をもとに仮説生成をはかることがめざされることになるでしょう。例えば、学校組織におけるミドルリーダーの役割という観点から、規則制定過程における生活指導部長のはたらきを批評したり、子どもの権利保障という視点から曖昧な校則下での厳しい指導を論評することも考えられます。

　他方で、会議でのやりとりを細かにみると、これらの規範が必ずしも教師たちを従わせているわけではないことがわかります。そもそも明文化されていない黒基準によって指導を行ってきたことは文書主義規範に抵触していますし、生活指導部会で語られた「修学旅行のときにチェックして黒がベースでないと買い替えさせてきた」といった生活指導部長の発言は反管理主義規範に反するものです。

　しかし、教師たちは文書主義規範や反管理教育規範を引き合いに出して、これを非難することはありませんでしたし、むしろ、生活指導部長の「買い替え」発言は厳格な指導が「正しい」ものであり、聞き手もそれに同意するはずだ、といった予期を前提しているように聞こえます。つまり、教師たちは文書主義や反管理教育の規範を念頭において自他の発言を理解しながらも、両者に違背する、「文書に拠らない」かつ「管理教育的な」指導を否定してはいないのです。

　これは一見、「矛盾」としてみられるかもしれません。しかし、それは「人びとは特定の規範に従っている」ことを前提（あるいは結論）として対象を外側から説明しようとする者にとっての「矛盾」でしかないように思われます。相互行為の参与者にとっては、一見対立する、規範と行動の関係は、その場その場で問題なく受け取られています。これは参与者があるカテゴリーを共有していることで可能になっています。それは、「明文規程に基づく指導事項」と「指導対象とみなさない事項」の間にある「規程にはないが指導対象となる事項」（以下、不文指導事項）という中間カテゴリーです。

　この「不文指導事項」というカテゴリーは以下の規範によって支えられています。一つは、「生徒は明文規程に義務的に従うのではなく、主体的によい振舞いをできることが望ましい」という規範であり、いま一つは、「教師は明文規程を義務的に指導するのではなく、共通理解により共同歩調で指導することが望ましい」という規範です。両者はさらに「『規則だからやる』より、『納得してやる』方がよい」という行動の自発性と従属性に関する優先関係によって理解することができます。

　以上のような諸規範の連関があることで、「黒がベースでないと買い替えさせて

きた」といった「明文規程によらない管理教育」は文書主義・反管理教育の両規範に反するものではなく、そして曖昧な校則がもたらす妥協の産物でもなく、教師たちの主体的協働の証として理解されることになります。

「基準」の文脈依存性を記述する

　曖昧な表記の下で、黒基準による厳格な指導が行われてきたわけですが、「黒基準」がなにものであるのかは、それが語られる文脈ごとに異なっていました。生活指導部会では黒基準が「ルール」であることが確認されましたが、それは明文規程である「校則」と等値ではなく、その解釈の一つに過ぎません。教頭の生活指導部長への発言（「『黒が望ましい』ってのは、どの先生方もベースにあるかもしれないけど『黒でなきゃいけない』っていう指導は学校ではしてこなかったじゃないの？」）は、この解釈を斥けるものでした。しかし、上級生への指導では、黒基準は依然として「ルール」として参照されていました。その一方で、黒基準は「新対」では「提案」、そして「現行基準」へとその位置づけを変容させ、翌春の『生活のしおり』のなかで「校則」となるに至ります。

　これについても従来のアプローチからは、黒基準の位置づけが首尾一貫していないことをもって、それが「基準」としての要件を満たしていないと問題視したり、最終的な校則化を重くみて、学校における文書主義規範の優先を説くという論じ方ができるかもしれません。

　しかし、教師は必ずしも校則を前面に出して指導しているわけではない点に目を向ける必要があるでしょう。例えば、上級生への黒基準による指導に際しても、「『入試のときにそのチャラチャラした格好で行くの？』ってあたりで話をしてもらいたい」（生活指導部長の発言）といったかたちで、それが「ルール」であることが主張されることはありませんでした。

　こうした指導法は、校則で定められた指導事項についてもみられました。例えば、校則では「靴は白」と定められていましたが、ある教師は生活指導部会で「靴を白にするのも、汚れが目立つから常に洗って清潔に保てるっていうのがある。根拠をあげないと親が反発する」と述べていました。この発言からは「校則だから守れ」というのではなく、校則であってもまずは相手の納得を得ようとしていることが窺えます。この点において、黒基準（不文指導事項）と校則の間に差はありません。

では、校則が校則として（あるいは不文指導事項が校則ではないものとして）表出するのは、どのような場面なのでしょうか。それは、それをめぐる相互行為が葛藤的なものとなり、参与者の一方が他方を説得するための資源として校則（あるいは不文指導事項）の拘束力（あるいは拘束力のなさ）を参照するときだと言えるでしょう。拙稿の事例では、保護者からの抗議を契機とした議論のなかで、そしてその限りにおいて、黒基準が「校則でないもの」として産出されていました。このことは、「校則が教師の指導を規定している」という説明よりも、「教師が校則を参照することで、指導事項が校則（あるいは校則でないもの）として立ち現われ、その場のやりとりを構成していく」という記述の方が人びとの実践を精確に描き出していることを示しています。

▍まとめ

　最初に述べたように、エスノメソドロジーは研究者が外側からもち込む理論や定義によって人びとの実践を説明することや、人びとの実践をもとになんらかの一般化・モデル化をはかるものではありません。それは、人びとがすでにできているにもかかわらず、自分でもうまく説明できないことに記述を与える試みであり、価値的あるいは科学的な基準から対象に評価を与え、含意を述べることには抑制的です。

　そうかと言ってエスノメソドロジー研究が提出した知見が実践に対しなにも含意を述べることができないというわけでもありません。例えば、メイナードは、診断場面への分析を通して、医師が患者やその家族に悪いニュースを伝える方法を明らかにしています（Maynard, 2003、樫田・岡田訳, 2004）。これは医師やそれを志す者にとって有益な情報だといえるでしょう。

　翻って、拙稿での知見をもとに学校組織における教師間関係に対して、有益な含意を述べようとすると途端に壁に突き当たります。というのも、その宛先を誰にするかによって、含意の述べ方がまるで変わってきてしまうからです。「校長の組織マネジメントにとって役に立つ」のか、「教師集団による民主的な学校運営にとって役に立つ」のか、「教師文化の再編に向けて役に立つ」のか、そのいずれに照準するかによって含意の示し方は異なります。

　ということで、私の研究は「なにかの役に立つかもしれない」ということを仄めかすところで終わってしまいます。こうした姿勢に物足りなさを感じる方がいらっ

しゃるのは承知しているのですが、研究はそれ自体が論理的に進められ、説得的な知見を提出できているならば、ひとまず所期の目的を達成しているのではないかとも思います（もちろん拙稿がそれを達成できているかは読者の判断に委ねられますが）。

　ただし、拙稿の知見は、教師たちに自らの実践を省察し、次なる一手についての対話を進めるための資料を提出するという意味において、いくばくかの貢献を為し得るとも考えています。それがどのようなものになるかは現場での相互行為次第ということになりますが、そうした弱い含意の示し方も研究が対象を尊重する一つのスタイルとして認められてもよいのでは、と考えています。

引用文献

Garfinkel, H. (1967). *Studies in ethnomethodology*. Prentice-Hall.

Garfinkel, H. & Sacks, H. (1970). On formal structures of practical actions. In Mckinney, J. & Tiryakian, E. (Eds.), *Theoretical sociology: Perspectives and developments* (pp. 337-366). Appleton Century Crofts.

Garfinkel, H. & Wieder, L. D. (1992). Two incommensurable, asymmetrically alternate technologies of social analysis. In Watson, G., & Seiler, R. M. (Eds.),*Text in context: Studies in ethnomethodology* (pp.175-206). Newbury Park, etc. Sage.

Hargreaves, A. (1994). *Changing teachers, changing times*. Cassell.

Lynch, M. (1993). *Scientific practice and ordinary action: Ethnomethodology and social studies of Science*. Cambridge University Press.
　（リンチ，M.　水川喜文・中村和生（監訳）(2012)『エスノメソドロジーと科学実践の社会学』勁草書房）

Maynard, D. W. (2003). *Bad news, good news: Conversational order in everyday talk and clinical settings*. The University of Chicago Press.
　（メイナード，D. W.　樫田美雄・岡田光弘（訳）(2004)『医療現場の会話分析—悪いニュースをどう伝えるか』勁草書房）

永井 聖二 (1977)「日本の教員文化」『教育社会学研究』32，93-103.

永井 聖二 (1988)「教師専門職論再考—学校組織と教師文化の特性との関連から」『教育社会学研究』43，45-55.

Sacks, H. (1992). *Lectures on conversation* (Vols 1-2). Jefferson, G. (Ed.), Blackwell, Oxford.

Sudnow, D. (1967). *Passing on: The social organization of dying*. Prentice Hall.

（サドナウ，D.　岩田啓靖・志村哲郎・山田富秋訳（1992）『病院で作られる死』せりか書房）.

【書籍紹介】

①前田泰樹・水川喜文・岡田光弘（編）（2007）『ワードマップ　エスノメソドロジー——人びとの実践から学ぶ』新曜社
　気鋭のエスノメソドロジー研究者による入門書。私たちは対象をみるとき、往々にしてその背後にある構造を探ろうとしますが、本書はそうしたものの見方とエスノメソドロジーの違いを丁寧に、かつ多分野の豊富な事例によって解き明かしてくれます。

②サーサス，G.　ガーフィンケル，H.　サックス，H.　シェグロフ，E.（1989）『日常性の解剖学——知と会話』（北澤　裕・西阪　仰　訳）マルジュ社
　エスノメソドロジーの創始者であるガーフィンケルによる論稿をはじめ、サックスによる成員カテゴリー化装置のアイデア、会話分析の古典であるシェグロフ＆サックス論文を所収。序論でサーサスがエスノメソドロジーのエッセンスを平易に解説しています。

③西阪仰（1997）『相互行為分析という視点——文化と心の社会学的記述』金子書房
　エスノメソドロジー研究の第一人者である筆者が、相互行為を分析するとはいかなることかをヴィトゲンシュタイン哲学と実際の事例分析を往還しながら指し示してくれます。「日本人である」ことも所与ではなく、相互行為的に達成されるとの分析は秀逸。

「教員間の協働」の計量分析

●学校をめぐる制度が教員の行動にもたらす影響に着目して

三浦智子

＜参照論文＞
三浦智子（2014）「教員間の協働の促進要因に関する計量分析―学校組織の社会的・制度的環境に着目して」『日本教育行政学会年報』40，126-143.

はじめに

　私の研究分野は教育行政学・教育経営学といった学問領域になりますが、具体的には、学校組織の経営や、学校を支える制度・政策、保護者・地域住民との連携といったことに注目し、学校における日々の活動や教育委員会による実際の取組みを観察・分析しながら、学校教育のよりよい環境整備のあり方について追究したいと考えています。本節では、著者の論文（三浦，2014）の内容を紹介しながら執筆の過程を振り返ることを通して、「教員間の協働」を対象とした計量分析を行うことの意義や可能性、研究上の課題について考えます。

社会変化の中で研究の目的を焦点化する

　なぜ「教員間の協働」を研究の対象とし、その促進要因を解明するのか。

　まず、教育のあり方には唯一の正解があるわけではありませんが、次々に実施される学校教育改革に対し、果たして学校教育現場で本当に必要とされる改革が行われているのだろうかという疑問がありました。学校教育は法制度に基づいて実施されており、それゆえ、全国的な水準の維持を可能にしています。その一方で、学校・教員には、個々の児童生徒が有する多様で複雑な教育ニーズに応答することが求められますが、それは真に実現できているといえるのか。こうした学校教育制度に対

する疑問は、教育制度改革の具体的内容やその下で展開される教員の職務の有する「専門性」が、学校教育活動の「民主性」を担保するという点においてどれだけ寄与しているのか、あるいは、教育制度改革の「民主性」は、学校教育における「専門性」の向上に対してどのような影響をもたらすのか、などという、学校教育をめぐる「民主性」と「専門性」のバランスの在り方に対する疑問といえるかと思います。そのバランスはどれほど維持されているのか、あるいはどのようなかたちで維持されることが望ましいのか、常に問われ続けるべき課題であると考えています。

　我が国では、1970年前後から公立学校の荒廃が問題視されるようになり、1980年代以降「学校の自主性・自律性の確立」、すなわち、学校の画一性を排し特色ある学校を目指す動向が強められてきました。こうした中で、親による学校参加の必要性が主張され、学校教育における親の教育権の存在も明確化されたとされています（岩永，2000）。一方で、教育行財政—学校教育をめぐるヒト・モノ・カネ—に関して、我が国の学校が有する権限や裁量は限られており、保護者・地域住民等から寄せられる様々な意見や子どもの多様な教育要求を、学校・教員がどのように受容し、応答していくべきなのかという点に関する議論の展開も、教育行政や学校経営の文脈において十分に展開されてきたとはいえません。ヒト・モノ・カネといった資源の適切な配分等、学校・教員と教育委員会が"一枚岩"となって取り組むのでなければ、多様な意見や教育要求を受容し応答することは難しく、学校参加の仕組みが法的に整備されても形骸化しかねません。こうした動向を背景として、多様な教育ニーズへの応答を促すという視点から、教員の職能を開発する仕組みに関心をもつようになりました。

関連する研究の動向を把握する

　専門職であるところの教員の職務については、その裁量や自律性が非常に重視されてきました。「専門職」とは、いうまでもなく高い「専門技術性」（市川，1986）を必要とするもので、それゆえに職務の裁量およびその自律性が専門性の維持に欠かせないと考えられてきたということです。一般的に、「専門職」においては、その自律的な「専門技術性」が誤った結果を生じさせた場合（例えば医師による医療過誤など）、外部者による法的あるいは社会的な制裁がなされる仕組みが整備されていることが多いのですが、教員についてはその限りではないというのも事実です。

教員という職務については、教員免許の取得が比較的容易であることや、資格があっても採用試験に合格しなければ教員になれないなど、資格の存在が実質的な部分で軽視されがちであること、信頼できる教育の知識と技術が確立されていないことなどを背景として、その「専門技術性」は未確立であるとする見方もあります（市川, 1986：12-13）。こうした中で、佐久間（2007：219）は、「専門家として自律性をもつことは、権力を付与されることと表裏一体であり、その自律性が公共の福祉に寄与しているかは、専門家同士によって厳しく相互評価される必要がある」とした上で、教員集団内部に「教員の判断や行動の適切さを、事例に即して厳しく検討しあう場を、恒常的につくること」の重要性を指摘しています。教員がその職務において果たすべき責任は、児童生徒の多様な教育ニーズに対して適切に応答できているかどうか、教員間における協働的な職務遂行の習慣を確立させ、専門職同士での点検・改善によってしか担保され得ないということです。

　我が国の学校においてこうした協働的な職務遂行の習慣がある程度有効に機能していることは、実際に学校現場に足を運び、校内において実施される授業研究の場面等に立ち会うことで実感できる部分もあり、同時に、協働的な職務遂行が成立する上で、管理職や中堅・ベテラン教員の担う役割が非常に大きいとも感じます。しかし、我が国の公立学校経営においては、基準の設定、学校に対する指導助言や学校予算配分、広域的な教員人事等を介して、学校と教育委員会との間には密接な関係性が構築されており、学校における教員間の協働的な職務遂行の質も、教員の人事配置をはじめとする教育委員会の資源配分により左右されるところとならざるを得ないという印象があります。

　学校組織を基礎にしたOJT（On the job training）や校内研修などを通して、教員の職能開発を支える取組みは、本来、全国的な教育水準の維持と学校の平準化をその中心的理念として整備されてきた戦後教育行政制度を支え、補うものとして位置づけられてきたはずです。それが、少子化に伴う教員の年齢構成における不均等や、教育要求の多様化といった社会の変化を背景として、今日、学校組織における「教員間の協働」への期待は過度に高まっているようにも感じます。多様な教育ニーズに応答するために、学校組織における協働的な職務遂行を介して、個々の教員の資質能力の向上が図られることは、「学校の自主性・自律性の確立」の実現という文脈においても不可欠であるものと考えられます。全国的な教育水準の維持と学校の平準化を目指してきた戦後教育行政の仕組の下で、学校組織における「教員間

の協働」がどうすればより促進され得るのか、その要因を追究することにしました。

先行研究から得られた知見を批判的にとらえ直す

　「教員間の協働」は、学校経営研究において、教育成果の改善や職能成長・組織学習という側面から着目され、多くの実証分析が重ねられてきました。特に、欧米では、一連の「効果のある学校」研究において学校組織内部の経営過程に関する質的分析に基づき提示された知見が、「協働的文化」や「専門職共同体」などと概念化され、また、大規模サーベイに基づく量的分析を用いても、「教員間の協働」のもたらす実践上の意義が検証されてきました。例えば、「効果のある学校」研究を代表するエドモンズ（Edmonds, 1986）は、米国での調査研究に基づき、校長のリーダーシップや教員集団の意志の一致等を、学力向上を達成する力のある学校の条件として指摘していますが、志水は、エドモンズによる調査研究と同様の調査研究を日本で実施しています。学力テスト等の結果から「効果のある学校」を同定し、それらの学校に共通する教育実践上の特徴の洗い出しが行われているのですが、そこでは、日本の学校における特徴として、「個人」よりも「集団」の力の向上を志向する傾向が強く、校長のリーダーシップについても、「学び続ける組織」を維持する上で欧米ほど絶対的なものではない点が指摘されています（志水，2010：173-174）。

　こうした先行研究から得られた知見に関しては、さらに追究すべき点として、次のような視点が挙げられます。

　第一に、「教員間の協働」はどのように形成・構築されるのか、という点です。なぜ、協働等の醸成を促す要因についての検証が十分になされてこなかったのかといえば、学校をルース・カップリングとする組織観—学校組織内部において、個々の教員間の関係性が緩く保たれた状態で職務が遂行されることで、専門職としての個々の教員の裁量を尊重するというもの—が存在し、教員間の信頼関係の構築がその前提としてとらえられてきたことや、ハーグリーブス（Hargreaves, 2003）が指摘するように、教員間の「協働」や「同僚性」（＝「批判的友人関係」）は、自然発生的かつ自発的に醸成されることによって教員の職能開発に適合的なものとなるのであり、これを義務化する、あるいは行政により管理・促進されるような場合、強要的で人工的なものとなってしまう可能性（＝「企てられた協働」）があるとの見方

が強く存在してきたことによる影響が大きいと考えられます。また、先行研究においては、「教員間の協働」のほか、学校組織内部における信頼関係や学校文化が学校改善に結実すると主張した実証分析は多いものの、その因果関係に対し、十分な注意が払われてきたとは言い難いと感じます。成果を生み出している学校ゆえに良好な学校内の人間関係を築くことができるとも考えられるように、逆の因果関係が成り立つ可能性もありますし、「教員間の協働」がいかなる環境条件の下で醸成・維持されるのかといった点が解明されなければ、「教員間の協働」と学校の成果との関連性を実証的に明らかにしたところで、それは単に現状を説明したに過ぎず、実践上の含意を得ることは困難であるままです。

　第二に、欧米において蓄積された先行研究から得られた知見が、日本でも同様の解釈・含意を導くことができるか、という点です。先述のとおり、志水（2010）のように、我が国の学校組織において校長の影響力は絶対的なものではなく、リーダーシップの態様が多様であることをその特徴として指摘する研究もありますが、一方で、「教員間の協働」の醸成・維持を促進する要因に関わって、校長のリーダーシップを重視する研究も見られます。例えば、ハリンジャーとヘック（Hallinger&Heck, 1997）などが主張してきた、校長の2つのリーダーシップ─指導的リーダーシップ（各教員の教育活動の改善に対し、指導方法等の面で直接的に作用する）と変革的リーダーシップ（学校組織の改善に向けた雰囲気をつくることで、各教員の教育活動の改善を促すなど、間接的に作用する）─などを踏まえ、我が国でも中留（1998）や露口（2008）などを中心に、「校長のリーダーシップ」が、学校文化の醸成を通して個々の教員の行動に影響をもたらし、学校改善が促進されることを明らかにする研究も展開されています。しかし、これらの研究においては、「校長のリーダーシップ」を支える校長の力量それ自体がどのような環境条件の下で形成されるのか、必ずしも明らかにされているわけではありません。欧米では、1980年代以降の学校組織改革において学校への裁量権限の委譲が進行し、管理職養成制度の体系的な素地がつくられている状況があり、それは、研究の上で「校長のリーダーシップ」が「教員間の協働」の態様にもたらす影響が重視されてきたことを踏まえても納得できますが、我が国では、管理職を体系的に養成する仕組みが十分に構築されているとはいえない状況です。

　基準設定や指導助言、人事等を通して地方行政機関（都道府県教育委員会、教育事務所、市町村教育委員会）と公立学校が密接に関わる我が国の学校制度下では、「教

員間の協働」の態様に対して社会的・制度的環境がもたらし得る影響は看過できないはずです。そこで、これら社会的・制度的環境による影響力を視野に入れた上で「教員間の協働」の規定要因を解明することにより、我が国における学校の実情に即した議論を促進できると考えるに至りました。

■「理論仮説」と「作業仮説」を生成する

　伊藤（2011）は、リサーチ・クエスチョンに対する暫定的な答えを「仮説」と定義し、観察データ等に照らして、仮説が妥当なものであると確認するために検証が必要であるとしています。理論的に考えられた仮説について、「操作化」―観察しやすいところまで具体化すること―された概念を用いて記述された仮説を「作業仮説」と説明しています。

　我が国の政策的背景や先行研究の動向を踏まえると、学校教育の条件整備や教育委員会による学校への支援、すなわち、教育行政による学校管理が適切に行われることによって、学校組織内部では「教員間の協働」が活発に展開され易くなり、その質が高まるのではないか―本研究ではこうした「理論仮説」を立てることができます。この「理論仮説」を検証するために、先行研究から得られた知見を参考に「作業仮説」を生成し、リサーチの視点を定めます。

　本研究では、特に、学校における「専門職共同体」が教員間での学習などを通して学校の効果を高めることを前提として、「専門職共同体」の成立を促す要因について、サーベイデータの計量分析によって解明を試みたブライクら（Bryk et al., 1999）の研究に注目しました。この研究では、学校が「専門職共同体」として機能する程度（「専門職共同体」に付随する組織学習）を促す要因として、制度的・組織的要因（学校規模、校長の指導的リーダーシップ、教員間の信頼関係、教員構成）、および社会的・文脈的要因（教員の離職率、保護者・地域との関係）に着目した分析を行っています。従来の「効果のある学校」研究が焦点化してきた、組織的要因―校長のリーダーシップや教員間の信頼関係―だけでなく、学校規模や教員の構成（教員個々の属性）といった制度的要因、あるいは教員の離職率や学校と保護者・地域との関係性など社会的・文脈的要因が、「専門職共同体」としての機能に影響することが想定されている点で、我が国の制度的特徴下における「教員間の協働」の規定要因を解明する上で参考にできるものと考えました。無論、米国の公立小学

校を実証分析の対象として展開されたブライクらの研究において注目されているのは、教員集団の規模や構成（教員の属性）および親・地域との関係性に留まります。我が国における「教員間の協働」を規定する要因は、先行研究から得られた知見を踏まえれば、図1に示すように複数あるものと考えられます。

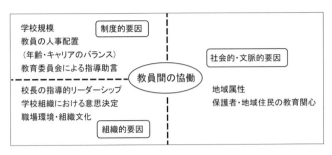

図1　「教員間の協働」を規定する要因

　本研究では、ブライクらの研究で注目された要因に加え、図1に示したような教員の人事配置や教育委員会による学校への指導助言の適切性といった、我が国の学校制度の特徴に起因する要因に着目し、特に、以下のような「作業仮説」を中心に、その検証を試みることにします。
・教員の経験や学校での役割等に応じた教員配置がなされる学校ほど、「教員間の協働」が適切に行われ易い。
・学校運営や指導方法に関する教育委員会の指導助言が、その学校の実態や課題に見合ったものであるほど、「教員間の協働」が適切に行われ易い。

調査研究の対象と方法を選ぶ

　仮説の検証にあたっては、用いるデータやその分析結果における妥当性や信頼性を担保することが求められます。本研究では、計量分析を用いて仮説の検証を試みるのですが、それは、制度的条件が各学校の教員らの行動にもたらす影響の程度や傾向について知り、制度的・政策的な含意を得ることを目的としているためです。制度的条件が教員らの行動にもたらす影響については、特定のケースを質的に観察することによっても一定の知見を得ることができますが、そうした知見を一般化す

る過程においては、様々な制度的条件の下にある数多くのケースの実態を検証することが必要であり、個々のケースの集合としての態様を把握する方法として、定量的な観察が適しているといえます。

　なお、盛山（2004：29）は、「統計的研究は直接的には『平均』や『比率』などの分布の指標を測定しようとしており、これは個別ケースの集合の性質であって、その意味において個別ケースを超えているといえる」とする一方で、「統計的認識は個別ケースを超えているがゆえに、観察を超えた法則や理論的な普遍性をもちうると考えるとしたら、それは錯覚」であり、「統計的認識それ自体は単に多くの個別ケースに関する観察データにすぎない」、つまり、「法則や理論的な普遍性は観察されたデータを超えた世界の性質であって、統計的データから直接的に到達できる類のものではない。むろん、事例研究データからであっても同様である。理論的に普遍的な知識は、統計的か事例的かを問わず、データを超えたところに探し求めなければならない」と述べています。計量分析が可能とするのは、仮説を「法則」として定立することではなく、経験的に一般化できるか否かという視点に立ちつつ、多くの個別ケースを観察することに過ぎないということです。「教員間の協働」の態様に対し、ある制度的条件が影響をもたらしているという「仮説」が、一般化され得る正当なものであるかどうかについては、別途、理論的な裏付けが行われる必要がありますが、真に、それが同じ制度的条件下にあるすべての学校にあてはまる「仮説」といえるかどうかに加え、実際に、その制度的条件が具体的にどの程度大きな影響を有しているのかを観察することが、計量分析を行うことの狙いです。そうした分析によって得られた観察データは、「教員間の協働」を促進する制度的条件の改善に向けた議論の深化に寄与するものと考えます。

　本研究における調査研究の対象は関東地区の公立小学校であり、無作為にその20％の学校を抽出し、校長を対象に郵送法による質問紙調査を実施しました。小学校長を調査対象とした点に関して、まず、小学校を選定したのは、一般的に、教科担任制を採用する中学校よりも学級担任制を採用する小学校の方が、教員間における相互支援などの協働的取組みを観察し易いと考えたためです。また、学校経営における最終責任者である校長は、教員との間に深い相互関係を有すると同時に、教育委員会による関与・支援などの外部環境と学校組織との接点に立つものでもあります。学校内部における「教員間の協働」と、学校を取り巻く制度的環境や地域社会との関係性を分析するにあたり、双方の変数について校長の認知によって測定す

ることが妥当と判断しました。

収集データを分析する

　質問紙調査においては、「教員間の協働」の態様に関する指標として、①指導方法・内容に関する教員間の相互支援の程度（設問：「指導の方法・内容について、同僚の教員間で相互に支援がなされている。」）、②教材研究・単元開発に関する教員間の相互支援の程度（設問：「教材研究や単元開発について、同僚の教員間で相互に支援がなされている。」）、③教員間における相互の授業見学の実施頻度（設問：「教員間において、指導方法の研究のために日常的に教員の授業見学は行われていますか。」）の３項目を設定（①②は「1. まったく当てはまらない」〜「5. とても当てはまる」の５件法、③は「1. ほとんど行われていない」、「2. 必要が生じたときのみ」、「3. 一部の教員で」、「4. 頻繁に行われている」の４件法により測定）、また、これを規定していると思われる条件に関する指標として、(1)【制度的要因】教員集団の規模と構成（学校の教員数、20代教員の割合、経験豊富な教員の配置状況への不満）と、教育委員会による学校への指導助言や支援の態様（学校運営に対する指導助言や、教育課程に関する基準・方針、学校予算の配分状況の適切性）、(2)【組織的要因】校長のリーダーシップの態様（校長自身の校長職経験年数と現任校在任年数）、(3)【社会的・文脈的要因】保護者・地域住民の教育関心（学校行事や保護者会への参加率）を設定し、実際の数値や校長による認識の程度について回答を求めました。

　「教員間の協働」の態様を「被説明変数」とし、これを規定していると思われる要因を「説明変数」とした場合、「説明変数」の変化によって「被説明変数」の態様を説明できるかどうか検証するための手法として、回帰分析を行います。「被説明変数」に対し複数の説明要因が考えられる場合、個々の要因による影響の大きさについて統計的に検証するには、他の要因の影響をコントロールする多変量解析の手続きが必要となりますが、その影響力を検証したい「説明変数」のほかに、「被説明変数」に影響をもたらす可能性のある変数を「統制変数」として加え（本研究では、学校の置かれる地域の特性に関する変数を投入）、当該「説明変数」そのものの影響力を区別できるよう考慮した分析を行います。なお、順序変数（値と値の距離は等間隔ではないが、その順序に意味があり、大小の比較が可能な変数）を「被

説明変数」とした場合の回帰分析においては順序プロビットモデルを用いることで、説明変数の影響により、ある特性の生じる確率がどのように変化するのかを分析することができます。本稿では、順序プロビット分析の結果の詳細は省略しますが、分析の結果、「教員間の協働」のうち「教材研究・単元開発に関する教員間の相互支援の程度」に対し、影響をもたらしている（5％水準で統計的に有意）と判断された4つの変数—「教員数」、「20代教員の割合」、「経験豊富な教員の配置への不満」、「教育委員会による学校運営に関する指導助言の適切性」—に注目します。

　図2は、順序プロビット分析の結果に基づき、「教材研究・単元開発にかかる教員間の相互支援の程度」に対し、「教員数」、「20代教員の割合」、「経験豊富な教員の配置への不満」、「教育委員会による学校運営に関する指導助言の適切性」がもたらす影響力の大きさを評価したものです。これらの変数以外の変数をすべて平均値に固定した上で、当該説明変数が最小値・最大値にある際、被説明変数が各カテゴリーの値をとる確率を推計した結果をグラフ化しました。例えば、「経験豊富な教員が不足し、支障が生じている」との質問への回答が、5件法で最小値をとる（つまり、経験豊富な教員の配置に不満がない）場合、その校長が、教材研究・単元開発にかかる教員間の相互支援の実施状況について肯定的な回答（「とても当てはまる」または「わりと当てはまる」と回答）をする確率は9割にのぼりますが、最大

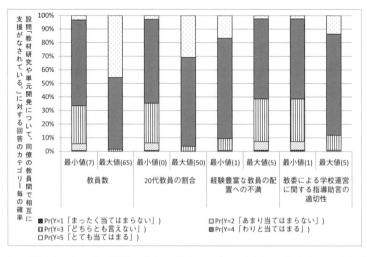

図2 「教材研究・単元開発にかかる教員間の相互支援」の規定要因の影響力

値をとる（つまり、経験豊富な教員の配置に不満がある）場合、教員間の相互支援の実施状況について肯定的な回答をする確率は6割程度にとどまることがわかります。

　こうした分析結果から、教員数が多い学校ほど、また、20代教員の割合が多い学校ほど「教員間の協働」が構築され易いという傾向がうかがえ、マンパワーに余裕があり、また、若手教員の育成が求められる学校では、協働的な取組みが活発となる実態があると想定されます。他方で、「経験豊富な教員が不足し、支障が生じている」との質問に否定的な回答をする（つまり、「経験豊富な教員が不足し、支障が生じている」状態に陥っているわけではない）学校ほど、「教員間の協働」が構築され易い傾向がある点、また、教育委員会による指導助言や支援の影響について、「教育委員会から、学校運営に関して適切な指導助言が受けられている」との質問に肯定的な回答をする学校ほど、教員間の相互支援が活発となる傾向がある点を踏まえると、教育委員会により、教員の年齢やキャリアのバランスを考慮した人事配置が行われること、学校が抱える課題に応じた組織経営上の指導助言がなされることが、学校内の教員間での専門知識・技術の伝達や共有を一層促進する可能性があると指摘できます。

▋政策的・実践的含意と今後の課題を明確化する

　少子化に伴う教員定数の変化や教員の年齢構成における不均等をはじめとした教育行財政上の今日的課題の下、各教育委員会において、教員の年齢やキャリアに配慮した人事配置を継続し、経験豊富な中堅・ベテラン教員と若手教員の配置の適正バランス等の条件を解明すること、また、より高度で複雑な教育課題を抱える学校に対し、その経営に対する指導助言や支援を向上させることは、学校の成果の向上は勿論、学校組織を基礎にした教員の職能開発の促進という視点から、今後さらに重要な政策課題となるものと考えられます。

　従来の研究においても、指導主事による指導助言が教員の実践に合っていないケースがあることが指摘されていますが（加治佐，1998）、指導主事の指導助言の態様に加え、個々の学校のニーズに応じた資源配分がなされるにはどうすればよいのか、さらに分析を重ね検討する必要がありますし、その際、教育委員会による活動が教員の行動にもたらす具体的な影響の内容やその程度に対する視座を持ち続け

ることが、「企てられた協働」に陥ることなく、児童生徒の多様な教育ニーズに応じるための「教員間の協働」を支えるという点で極めて重要となるものと思います。

■ まとめ

こうした研究がもたらす学術的貢献とはいかなるものであるか。

様々な制度改革によって変化する教員を取り巻く環境と、教員らの営みやその成果との因果関係に注目する研究は、改革の効果検証にあたり不可欠な作業であると同時に、よりよい学校の環境を整備し教員らの営みを支えるという点で、教育政策研究のみならず、教育学研究や教師研究のさらなる発展に向けても、有意義な知見をもたらすといえるのではないでしょうか。

改革の背景や、進むべき方向性について、教育行政に従事する職員や、学校管理職および多くの教員、そして、児童生徒とその保護者を含む市民や研究者等のアクターがそれぞれの立場や経験に基づきながら深く思考し、議論することを経て、多様な教育ニーズに応答していくことが求められる中で、それぞれのアクターらの思考や議論の過程において参照される研究データは非常に大きな役割を担います。学校や教員による個々の営みを質的にとらえるのみならず、その集合的な性質について量的な側面からとらえることで研究データの妥当性や信頼性、公正性を高め、それを分析する手法を備えることが、政策や実践と学術的研究との架橋となるものと考えています。

引用文献

Bryk, A., E. Camburn and K. S. Louis, 1999, "Professional Community in Chicago Elementary Schools: Facilitating Factors and Organizational Consequences", Educational Administration Quarterly, Vol.35, Supplement, 751-781.

Edmonds, R. R., 1986, "Characteristics of Effective Schools", in Neisser, U.(ed.), The School Achievement of Minority Children: New Perspectives, Lawrence Erlbaum Associates, 91-104.

Hallinger, P., and R. H. Heck, 1997, "Exploring the Principal's Contribution to School Effectiveness: 1980-1995", School Effectiveness and School Improvement, Vol.9, Issue.2, 151-191.

Hargreaves, A., 2003, Teaching in the Knowledge Society, Open University Press

市川昭午（1986）『教師＝専門職論の再検討』教育開発研究所

伊藤修一郎（2011）『政策リサーチ入門—仮説検証による問題解決の技法』東京大学出版会

岩永定（2000）「父母・住民の経営参加と学校の自律性」日本教育経営学会編『自律的学校経営と教育経営』玉川大学出版部，240-260.

加治佐哲也（1998）『教育委員会の政策過程に関する実証的研究』多賀出版

中留武昭（1998）『学校文化を創る校長のリーダーシップ』エイデル研究所

佐久間亜紀（2007）「教師の学びとその支援—これからの教員研修」油布佐和子 編著『転換期の教師』放送大学教育振興会，207-223.

盛山和夫（2004）『社会調査法入門』有斐閣

志水宏吉（2010）『学校にできること——人称の教育社会学』角川学芸出版

露口健司（2008）『学校組織のリーダーシップ』大学教育出版

 【書籍紹介】

①秋吉貴雄（2017）『入門　公共政策学—社会問題を解決する「新しい知」』中公新書
　教育政策を含む公共政策を改善するための「公共政策学」の入門書。学校・教員が抱える問題を、学校制度や児童生徒、保護者・地域住民との関わりの中でとらえ、解決策を見出していく際の手がかりになるものと考えます。

②盛山和夫（2004）『社会調査法入門』有斐閣ブックス
　社会調査法の入門テキストであり、量的調査と質的調査の双方に関して、その意義や考え方、具体的方法が解説されています。特に、統計的研究にはなにができて、なにができないのか、理解を深める上で参考になるものと思います。

教師の学習を支える学校組織

◉リーダーシップと学習との関係に着目して

有井優太

<参照論文>
有井優太 (2019)「校内授業研究における活動システムと教師の学習との関係— J. スピラーンの『組織ルーティン』を手がかりとして」『教育方法学研究』44, 25-36.

はじめに

　教師は個人で学ぶだけではなく、学校組織という集団の中で学び成長しています。本節では、教師の学習を支える学校組織を対象とした研究をどのように行えばよいのかを、筆者が行った校内授業研究[1]におけるリーダーシップと教師の学習との関係に着目した研究（有井, 2019）を題材に考えていきます。この研究はある公立小学校でフィールドワークを行い、そこで得た気づきを基に行ったインタビュー調査のデータから学校組織の動態とその中における各教師の認識について分析してまとめたものです[2]。この研究は、筆者が行った初めての研究であるため試行錯誤の末に書き上げたものです。論文には書かれていない試行錯誤の過程を追っていくことで、教師の学習を支える学校組織を対象とした研究法について考えていきたいと思います。

---

1) ここでは、学校現場で研修の一環として教師集団が組織的に行っている授業研究を校内授業研究として表記します。先行研究では、校内研修、校内研究、授業研究、Lesson Study などと表記されることもあります。

2) この研究は卒業論文執筆のために行い、その際に得たデータの一部を再分析して論文化したものです。そのため、データ収集に至るまでは卒業論文執筆当時のことを、それ以降に関しては再分析を行った当時の考えを中心に紹介していきます。

研究動向を把握する

　当初筆者は、「優れた教師は授業中に何を考えているのか」に関心がありました。そこでまず、教師の知識や思考に関する先行研究を調べました。すると、授業における教師の教授スキルへの注目に始まり、その後教授スキルの背景にある教師の知識や信念、思考が解明されてきたことがわかりました。そして、2000 年ごろから教師の学習はコミュニティとの関係でとらえられるようになり校内授業研究における教師の学習が注目されるようになってきたという研究動向を把握しました[3]。それに伴い筆者の関心も「校内授業研究において教師はどのような学習を行っているのか」という点に移っていきました。

　日本の校内授業研究は、教師集団が協働して授業についての専門的な力量を高めることを支えるシステム[4] として実践的・学術的に世界的な注目を集めています[5]。しかし、校内授業研究は教師の学習に寄与し、そのことが学校組織の変革につながるということが経験的に理解されている一方、学術的にそのメカニズムが十分に明らかにされているとは言い難い状況にあります。そのため、現在では、校内授業研究を効果的に持続させるにはどうすればいいのかが実践的・学術的な課題となっています（スー＆ペダー（Xu & Pedder, 2015）；姫野，2017）。この課題を克服するための 1 つの方策として、校内授業研究における教師の個人レベルの学習だけではなく、それが専門家としての教師の学習を支えるために設定される学習サイクルや道具とどのように関連しあっているのかという個人とシステムの影響関係をとらえていく研究のアプローチが考えられます（秋田，2009）。

　このような先行研究の到達点と課題を把握することで筆者の問題関心も「校内授

---

3) 教師の学習研究と校内授業研究の関係に関しては、坂本（2013）、姫野（2017）などに詳しい。

4) 校内授業研究は実施する目的に合わせ、教師の学習サイクル（ルーティン）や文化的な道具、リーダーの配置など組織的に研究体制が整えられています。そして、そのようなシステムの中で教師集団は実践を共有しビジョンや専門的な知識・見識を協働構築しています。つまり、校内授業研究という専門家としての教師の学習を支えるシステムは、授業実践を相互に見て語るという方法によって協働の文化を生み出すことで、個人・集団・組織という各レベルの諸要素を有機的に結びつけ教師の学習や学校組織に変化をもたらしています。

5) 海外には Lesson Study として紹介されており、2007 年には World Association of Lesson Studies（WALS）という国際学会も設立されています。

業研究を効果的に持続させる要因を解明するために、教師の学習をシステムの変化との関係の中でいかにとらえることができるか」というように明確になってきました。しかし、教師の学習を校内授業研究システムの変化との関係の中でとらえるといっても何に着目して分析するのかがまだ漠然としています。

この点は、実際にフィールドに関わる中でさらに明確になっていきました。

■ フィールドにエントリーする

漠然とした問題関心が定まってきたら次に調査の目的に応じたフィールドを探しました。フィールド選びの際の基準としたのは、①長期にわたって校内授業研究に熱心に取り組んでいる学校であること、②「普通の公立学校」であること、の2点です。まず、前者に関しては、効果的な授業研究を持続させることができている要因を明らかにするために必要な条件です。次に後者に関しては、いわゆる研究校としての性格をもち、先進的に校内授業研究の取り組みを行うための制度的条件や文化が整えられている大学の附属学校などではなく、多様な教師が存在し、さらに毎年人事異動によって構成員が変動するという条件の中で効果的な校内授業研究を実施し続けている学校を調査するからこそ持続性の本質が明らかになると考えたからです。

筆者の場合は、当時の指導教員のつながりで調査目的と合致する公立学校に協力を得ることができました。調査目的で関与することは校長を通じて先生方に伝えていただきましたが、その際には「現場の先生方が行っている日常的な教育実践から学びその良さを研究にしていきたい」というスタンスも同時に筆者自身の口から伝えました。そして、最初は調査を行うというよりも、ボランティアとして子どもと関わることを通して教師とのインフォーマルな会話を重ね、ラポール形成することに努めました。フィールドワークを行いながら研究を行う場合には、教師や子どもからどのような存在の人として認識されるのかは非常に重要です（露口・藤原, 2010）。筆者の研究は、現場から学んだ実践の良さを研究に活かしていきたいというスタンスで、子どものよりよい育ちを支える1人の大人として関わるからこそ得られたデータによって成り立っていると思います。これは学生という身分だからこそ得られているデータなのかもしれません。現場から求められる役割や自身の研究デザイン・研究のスタンスによって得られるデータが変わってくるということに自

覚的であることは重要です。

　フィールドワークでは、学校組織で起きている複雑な現象を多面的にとらえることができます。特に学校組織への関与の度合いが深まるほど得られるデータは多様になり、外からでは見えにくい事柄についての資料が得られる可能性は高くなります（武井，2010）。しかし、大量のデータをいかに分析して学術的に位置づけるのかという問題や、対象者に同一化しすぎてしまい適切な分析ができないという問題（オーバーラポール）が生じる可能性も高くなります。

　筆者はこれらの問題に対処するために次に示す3つの視点を意識してフィールドワークを行っています。1つ目は事実の確認という視点です。どのような文脈の中でいつ、何が起きていたのかについて情報収集を行います。2つ目は、当事者である教師の経験世界を理解しようと努める視点です。確認された事実は当事者である教師たちにとってどのような意味をもつ出来事だったのかを探ります。3つ目は、学問的な問題関心をもつ研究者としての視点です[6]。フィールドワークを行う中で何をどのようにデータとして収集すれば、学術的な意義をもつ事例として位置づけることができるのかを考えることも必要です。ここで重要なのは、理論的な枠組みに実践をあてはめるという方向性ではなく、その実践の豊かさを学術的な文脈の中でいかに生かすことができるのかという方向性で思考することです。実際に、学校現場に行き教師の経験世界に触れていくと、特定の現象に対する先行研究の眼差しに違和感を覚えることがあります。その違和感こそが研究としての問いへと繋がっていく端緒だと思います。

フィールドワークの経験から研究課題を設定する

　フィールドワークを行い様々な気づきを得ることができたら、次はそこで得られた気づきをもとにその事例の面白さを当時の指導教員に報告しフィードバックをもらいました。

　フィールドワークを行っていると、研究推進を担っているチームがリーダーシッ

6）佐藤（2002）は、フィールドワーカーは当事者と局外者という2つの視点を併せ持つ第3の視点を持つことで、いくつかの点で当事者以上にその社会についての知識を得ることができると指摘しています。

プを発揮して研究体制を整え、その体制の中で教師は学びあっているということに気づきました。つまり、効果的な校内授業研究が持続的に展開されるためには研究推進の役割を担うチームが機能しているということが重要な要因の1つなのではないかと考えたのです。

　指導教員との話し合いを重ねる中で、先行研究の課題として次の2点が浮き彫りとなってきました。1点目は、効果的な校内授業研究を持続させる要因として研究推進を担っているチームの機能を検討している研究はこれまでに行われていなかったということです。学校組織におけるリーダーシップ[7]に関する先行研究では、校長や研究主任といった個人のリーダーシップに焦点が当てられ求められる資質・能力や職務課題が検討されてきました（小島，1996）。しかし、人事異動などで研究推進チームのメンバーも毎年変わっているという公立学校の置かれた状況を知り、個人のリーダーに焦点を当てるだけでは不十分であり研究推進チームに焦点を当てる必要があると考えました。ただし、研究推進チームの中でもそれぞれが果たしている役割は異なることが予想されるため、あくまでも個人の教師の主体に着目しつつチームという観点から検討していく必要があると考えました。2点目は、研究推進チームのリーダーシップと教師の学習との関係に焦点を当てた研究もこれまでに行われていなかったということです。これまでの先行研究では事後検討会場面における教師の学習に焦点を当て、教師はそこで何をどのように学んでいるのかということが検討されてきました（坂本，2013）。そのため研究推進チームが校内授業研究の体制を組織し企画・運営しているという側面が捨象されていたのです。しかし、実際に校内授業研究の企画・運営の中心を担っている研究推進チームの教師が様々な工夫を行っている姿を目にし、そのような研究推進チームのリーダーシップと教師の学習との関係をとらえる必要があると考えました。

　指導教員とのやりとりはフィールドワークを行いながら何回も繰り返し行いました。その中では、筆者がフィールドワークで得た気づきを生かして研究課題を設定するために次のようなことを指導してもらっていたと思います。それは、先行研究では校内授業研究をどのような観点からとらえて知見を蓄積してきているのかとい

7）学術研究においては 組織的な活動の推進を担う行為やその機能はリーダーシップという概念によって検討されてきました。本研究において明らかにされたリーダーシップ機能の具体例としては後に示す表2を参照してください。

うことを整理し、その先行研究の整理とフィールドワークで得た気づきとの関係を考えたときに先行研究の課題はどこにあるか、これから行う研究でその課題をいかに乗り越えることができるのかを考えることで事例を学術的な文脈に位置づけるための問いが明確になってくるということです。

　このようにフィールドワークを行いながら先行研究の検討と指導教員との議論を繰り返すことで、徐々に研究課題が明らかになってきました[8]。指導教員のつながりでフィールドにエントリーする場合は、指導教員が外部講師などですでに関わっている場合も多いかと思います。しかし、今回の場合は指導教員と学校との間での直接的な関わりがあったわけではないので、文脈を含めて実践を言語化して伝える必要がありました。このようにフィールドワークでの気づきを、その場を共有していない他者に伝えるという過程は研究を行う上で非常に重要だと思います。そして、「校内授業研究における研究推進チームのリーダーシップと教師の学習との関係を長期的な視点でとらえることで研究推進チームの機能を検討すること」を研究課題として設定しました。

研究課題に基づきデータを収集する

　研究課題を設定したら、その課題を明らかにするためには何をどのようにデータとして収集することが必要なのかを考えました。今回の研究では、校内授業研究における研究推進チームのリーダーシップと教師の学習を長期的な観点からとらえるデータが必要でした。そのため、教師の回顧的な語りのデータをインタビューによって収集することにしました。データ収集の方法が決まったら次に、インタビュー対象とする期間を考えました。協力を得た学校では、平成27年度に公開研究会を終え、平成28年度から研究体制をあらため校内授業研究を展開していました。そこで、平成28年度から、平成29年度11月（この年の研究授業がすべて終わった後）までをインタビューの対象期間としました[9]。

　次に、誰にインタビュー協力を依頼するのかを考えました。研究課題が研究推進

---

8) フィールドワークなどの質的な研究では、データの収集と分析を同時並行的に行いながら問題関心を徐々に明確にして、問いを定めていくことが多いです（漸次構造化法）。
9) データ収集を行ったのは、平成29年度11月です。

チームのリーダーシップと教師の学習との関係なので、研究推進チームの教師と研究推進チーム以外の教師にインタビューを行うことにしました。協力依頼をする教師を選ぶ際には、①フィールドワークを行う中での日常的な会話などから、あらためて体系的にインタビューを行いたいと思う経験をしていたこと、②その経験を豊かに語ることができそうであることを基準としました。そして、最終的に5名の教師に調査協力を得ました（表1）。

表1　協力教師の属性（平成29年度：インタビュー当時）

協力者	教職経験年数	協力校在籍年数	校内授業研究に関わる役職（教科部会）	
			平成28年度	平成29年度
A先生	28年	8年	研究部長	なし
B先生	16年	4年	研究部（理科）	研究部長（理科）
C先生	7年	4年	研究部（特別支援）	研究部（特別支援）
D先生	6年	3年	なし（社会）	なし（社会）
E先生	14年	3年	教科部長（体育）	なし（体育）

インタビューを行う際には、フィールドワークの際に得た情報をインタビュー項目作成の参考として使用しました。そして、各教師の過去の経験をより鮮明に語ってもらうために、質問項目を事前に考えておいてもらい、インタビューを行う際にも、研究紀要などのドキュメント資料を適宜提示しながらインタビューを実施しました。インタビューの実施中は、事実とそこでの教師の主観的な経験を区別して語ってもらうように質問の仕方に注意していました。研究推進チームの教師には、協力校の校内授業研究はどのように展開されていたのかという事実確認を行いつつ、そこではどのようなことを意図して校内授業研究を組織していたのか、そして、その中でどのような学びがあったのかを中心的に語ってもらいました。また、研究推進チーム以外の教師にも同様に事実確認を行いつつ、そこでどのような学びがあったのかを中心に語ってもらいました。このように組織として実践がどのように展開していたのかという事実とそこでの各教師の主観的な認識を区別するという手法でインタビューを行うことで、各教師の学習に関する認識とリーダーシップとの関係を組織的な観点から分析することができると考えました。

分析の視点と枠組みを定める

　データを収集したら、次に得られたインタビューデータをすべて逐語化しました。そして、データをできるだけ小さな意味内容に分け暫定的なコード名をつけました。特に、意図的にリーダーシップを発揮していたと教師が認識していると解釈できるコードは、ジェイコブスら（Jacobs et al., 2016）のリーダーシップ機能を参考にカテゴリーを新たに作成しました（表2）。また、校内授業研究における教師の学習認識に関するデータは各コードを比較検討し、複数のコードを包括したカテゴリーを作成し分類しました（表3）。このように得られたデータをコーディングし、データ全体の概要を把握することで、この後の事例を記述し語りを解釈する際の視点としました。

　次に、得られた語りを組織的な観点から分析するために何に着目するかという分析枠組みを検討しました。ここで、研究課題に立ち戻り得られたデータの分析を行うためには、①リーダーシップと学習との関係をとらえること、②研究推進チームの直接的な働きかけだけではなく研究体制（システム）と教師の学習との関係をとらえること、③リーダー個人ではなく多様な主体のリーダーシップをとらえること

表2　研究部のリーダーシップ機能を示す語りのカテゴリー

	カテゴリー	定義
支援機能	課題設定	外部の潮流や自身の学校の課題を考慮した課題設定
	ビジョンの共有	理念や見通しを共有する
	役割・責任の分散	各教師に役割を割り振る
	成果の価値づけ	実践の成果を価値づける
	教科の壁をなくす	教科の固有性を超えて実践を共有できるように工夫する
	人員配置	グループや役割分担の際に構成メンバーに配慮する
促進機能	主張の明確化	各実践における意図を明確にさせる
	実践の共有	各部会での実践を全体にも共有する
	連続性の担保	各実践、および年度を超えた実践に連続性を持たせる
	モデルを示す	効果的に実践が行われるように自身がモデルを示す
	情報の統合	各部会の実態や情報を研究部に集約し、統合する

表3　校内授業研究における教師の学習を示す語りのカテゴリー

カテゴリー	定義
教授に関する学習	校内授業研究における、教科内容を如何に教えるかについての学び
特定教科の内容に関する学習	校内授業研究における、特定の教科内容についての学び
教師の学び方に関する学習	校内授業研究において、教師がどのように学ぶことが効果的であるかについての学び

が必要だと考えました。このように社会構造と各主体のリーダーシップ、学習との関係を同時にとらえることを可能とする概念枠組みとして分散型リーダーシップの理論（ダイアモンド＆スピラーン（Diamond & Spillane, 2016））があります。

　スピラーンの分散型リーダーシップの理論では、学校組織の動態を「リーダー」と「フォロワー」、「状況」といった「実践」を構成する各要素の相互作用に着目して分析します（図1）。

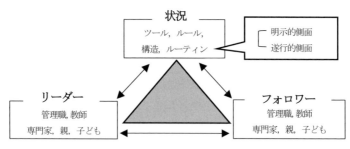

図1　リーダーシップ実践の構成要素
Spillane（2015）を筆者が翻訳および一部加工し作成

　さらに、組織の構造と各主体との関係をより詳細に分析するために「状況」の中でも特に「組織ルーティン[10]」という概念に着目して学校組織の動態を分析するこ

---

10) 組織ルーティンとは、複数の行為主体によって繰り返し行われている認識可能なパターンとして定義されています（フェルドマン＆ペントランド（Feldman & Pentland, 2003））。

とが有効です(ダイアモンド&スピラーン(Diamond & Spillane, 2016))。「組織ルーティン」という概念は「明示的側面」と「遂行的側面」という2つの側面から構成されておりその両側面の関係を分析していきます[11](Feldman & Pentland, 2003)。

　また、分散型リーダーシップにおける「実践」は各主体の相補的な関係と相互作用における学習によって構成されているということも指摘されています(篠原, 2008)。このような分散型リーダーシップの理論を分析枠組みとして設定することで、校長や研究主任といった特定の立場の個人ではなく研究推進チームのリーダーシップをとらえることができ、さらに研究推進チームの設定する研究体制(システム)と教師の学習との関係も同時にとらえ分析することができます。分散型リーダーシップの理論を検討したことで、これまで断片的にしか把握できていなかった分析の枠組みを体系的にとらえることができるようになりました。このように、インタビューデータを分析するための分析枠組みと解釈の視点が定まったところで、研究課題に立ち戻って得られているデータを学術的な研究の中に位置づけるためにはどのような問いを設定するべきかを再検討しました。そして、最終的に問いを「校内授業研究の持続発展プロセスとその中での教師の学習を明らかにすること」と定め分散型リーダーシップの理論を枠組みとしてデータを分析していくことにしました。

▌分析枠組みに基づきデータを分析する

　この研究においては、校内授業研究が実際にどのように展開していたのかという事実とそこでの各教師の経験とを描く必要がありました。そして、その上で研究推進チームのリーダーシップと教師の学習との関係を分散型リーダーシップの理論に基づき考察していく必要があります。

　そこでまず、研究推進チームの教師3名(A・B・C)の語りから協力校の校内授業研究の展開とそこでの研究推進チームの教師の経験を描きました。次に、研究推進チームのリーダーシップによって校内授業研究における教師の学習はどのよう

---

11)「明示的側面」は組織の構造的側面を指しており、組織構成員の行動を形成するものとしてとらえられています。「遂行的側面」は組織構成員によって行われる具体的な行動を指し、ルーティンの明示的側面を維持・修正します。

な影響を受けていたのかを検討するため、学習の認識に明確な言及のあったD先生の経験を描いていきました。これらの教師の経験を、得られたデータから解釈し描いていく際には、解釈の妥当性を高めるために教師の語り（データ）に下線と番号を振り、それに対応するようにカテゴリーに分けた視点を使い文脈を補いながら解釈していきました[12]（表4）。また、各教師の語りに関しては、記述・解釈された結果を教師にフィードバックし、協議を重ねることで解釈の妥当性を高めるよう努めました。最後に各教師の経験を踏まえ、校内授業研究における研究推進チームのリーダーシップと教師の学習との関係について分散型リーダーシップの理論に基づき考察していきました。

表4　教師の語りと解釈に関する示し方の例

視点の1、2の理解、自分なりの咀嚼の仕方が去年よりは早い段階でできたなと思います（501）。去年までは、ほんとそれこそできてから合わせて考えるっていうのが、もうちょっと作る前段階から考えられたかなって。研究副部長から部会でも、可視化を間違って考えている人がいるっていうことを、そのビジュアルの見えるだけっていう意味だけじゃなくてっていう話を聞いて（502）、あぁじゃあ、ペタペタ張って見せたりするだけじゃないんだなって、その時にわかったので、それがわかって指導案でいうとここが同じところなんだなっていうのがわかって（503）…

（D先生の語り）

28年度に自身の教科部会を中心に実践を積み重ねたことによって、D先生は〔教授に関する学習〕を実感している（501）。また、研究部において〈情報を統合〉したことによって新たに見つかった課題を教科部会において研究副部長がD先生に〈実践の共有〉をした（502）ことによって〔教授に関する学習〕が行われている（503）。

　個別の教師の語りに関する記述・解釈は、協力教師への確認を行いましたが、それらの経験が組織的な観点からみてどのように分析・解釈されうるのかということについては研究者の責任で分析を行いました。これは、フィールドワークの視点の際にも述べましたが、現場に関わりつつ客観的な視点ももちうる研究者だからこそできる分析があると考えたからです。実際に、この研究結果を協力してもらった教師にフィードバックすると、「ここまで組織的な観点から自分たちの行動を把握で

---

12) 〈　〉はリーダーシップ機能、〔　〕は教師の学習を示しています。

きていなかったので、言語化されてその意味が少しわかった気がする」といったようなコメントもいただきました。

学術的な意義の明確化

　最後に、データを分析して事例から明らかになったことが学術的・実践的にどのような意義をもつのかを明確に記述する必要があります。その際には、最初に整理した先行研究との関係で考察すると主張が明確になります。

　この研究の場合、これまで先行研究では、校内授業研究における教師の学習や、校長・研究主任といった個人のリーダーシップに焦点を当てて個別に研究が行われていました。しかし、この研究では研究推進チームに焦点を当て、そのリーダーシップと教師の学習との関係を組織的な観点から同時にとらえるというアプローチをとったため次に示すような従来の校内授業研究における教師の学習のとらえ方とは異なる新しい視点で知見を示すことができました。つまり、①研究推進チーム内での相互作用とそこでの研究推進チームの教師の学習が校内授業研究の持続発展に寄与していたこと、②研究推進チーム以外の教師も校内授業研究において教科内容や教授方略に焦点化した学習に加え、教師の学び方に関する学習を行っていたこと、③研究推進チームのリーダーシップと教師の学習は校内授業研究という組織ルーティンに埋め込まれたツールを媒介に相互的な関係にあること、という以上3点を明らかにすることができました。フィールドワークなどの事例研究を行う際には、特定の事例について徹底的に調べると同時に、それが学術研究の中でどのように位置づけられるのかを吟味することが重要になります（佐藤，2002）。そのため、この学術的な意義の明確化をどれだけできるかが事例研究を事例報告とするか学術論文とするかの分水嶺になると思います。

まとめ：実践に学び、実践から研究を立ち上げる

　本節ではフィールドワークを行うことで得た気づきから研究の問いを立ち上げ、インタビュー調査によって得られた教師の語りを組織的な観点から分析した筆者の研究をもとに教師の学習を支える学校組織を対象とした研究方法について考えてきました。学校組織の動態の中で教師の学習やリーダーシップをとらえる研究はこれ

まで十分に行われているとはいえません。そうしたアプローチの研究を行うために
は、まずは学校組織という複雑な状況の中に身を置き、そこで学び得た経験を研究
の問いにつなげていくことが重要だと思います。自分の惹かれる実践を見つけ、そ
の良さを学術研究の文脈の中で活かすためにはどうすればいいのかを考えれば研究
方法は必然的に定まってきます。そのような現場に根差した研究を行うことで、現
象に対する認識を深めることができれば学術的・実践的に意味のある研究になりう
ると思います。学校組織を対象とした研究を行うためには学校現場から学ぶという
姿勢が1番重要なのかもしれません。

引用文献

秋田喜代美（2009）「教師教育から教師の学習研究への展開」矢野智司・今井康雄・秋田
　喜代美・佐藤学・広田照幸（編）『変貌する教育学』世織書房，45-75.

Diamond, J. B., & Spillane, J. P. (2016). School Leadership and Management from a Dis-
　tributed Perspective: A 2016 Retrospective and Prospective. *Management in Educa-
　tion*, 30(4), 147-154.

Feldman, M. S. & Pentland, B. T. (2003). Reconceptualizing Organizational Routines as a
　Source of Flexibility and Change. *Administrative Science Quarterly*, 48(1), 94-118.

姫野完治（2017）「Lesson Studyと教育工学の接点」小柳和喜雄・柴田好章（編）『教育
　工学選書II 11 Lesson Study（レッスンスタディ）』ミネルヴァ書房，188-207.

Jacobs, J., Gordon, S. P., & Solis, R. (2016). Critical Issues in Teacher Leadership. *Journal
　of School Leadership*, 25, 374-406.

小島弘道（1996）『研究主任の職務とリーダーシップ』東洋館出版

坂本篤史（2013）『協同的な省察場面を通した教師の学習過程』風間書房

佐藤郁哉（2002）『組織と経営について知るための実践フィールドワーク入門』有斐閣

篠原岳司（2008）「現代シカゴ学区における学力向上政策と学校改善計画 ―分散型リーダー
　シップの理論と『実践』」『日本教育政策学会年報』15，153-166.

Spillane, J. P. (2015). Leadership and Learning: Conceptualizing Relations between
　School Administrative Practice and Instructional Practice. *Societies*, 5(2), 277-294.

武井敦史（2010）「調査研究のデザイン」藤原文雄・露口健司・武井敦史（編）『学校組織
　調査法　デザイン・方法・技法』学事出版，21-32.

露口健司・藤原文雄（2010）「学校経営研究と学校組織調査法　藤原文雄・露口健司・武
　井敦史（編）『学校組織調査法　デザイン・方法・技法』学事出版，11-20.

Xu, H., & Pedder, D. (2015). Lesson Study: An international review of the research. In

Dudley, P.（Ed.）, *Lesson Study: professional learning for our time*. New York: Rout-
ledge, 29-58.

 【書籍紹介】

①岸政彦・石岡丈昇・丸山里美（2016）『質的社会調査の方法―他者の合理性の理解社会学』
有斐閣ストゥディア
社会学を背景とした著者らが実際に行った具体的な研究をもとに質的研究の方法論につい
てまとめた入門書。学校教育を対象としているわけではありませんが、質的研究を行うに
あたってのポイントが体系的にまとめられている書籍です。

② OECD 教育研究革新センター（編）（2016）『21 世紀型学習のリーダーシップ―イノベーティ
ブな学習環境をつくる』明石書店
教育におけるリーダーシップ研究の世界的な研究動向を把握するために参考になる書籍で
す。本節でも紹介した分散型リーダーシップの理論についても体系的に記されています。

③福井大学教育地域科学部附属中学校研究会（2011）『専門職として学びあう教師たち―学び
を拓く〈探究するコミュニティ〉』6, エクシート
校内授業研究を核とした学校づくりにおける教師の経験が、教師たち自身の言葉によって
丁寧に綴られています。フィールドに行くだけでなくこのような実践記録からも多くのこ
とを学べます。実践の描き方という点でも参考になる書籍です。

教師コミュニティの比較教育学研究

●インドネシアの中学校教師の日常と葛藤をエスノグラフィック・アプローチで紐解く

草彅佳奈子

<参照論文>
草彅佳奈子（2020）「インドネシアの教員コミュニティにおける『教員ストラテジー』に関する考察—ジャワの公立中学校の事例を通して」『比較教育学研究』61，120-140.

はじめに

　本節ではインドネシアのジャワ島における公立中学校の教師に関する比較教育学研究を事例に、エスノグラフィック・アプローチを用いた質的研究方法について、研究テーマの設定、現地調査、その後の分析、論文の完成までの過程を明らかにします。エスノグラフィック・アプローチを使った調査やグラウンデッド・セオリーの分析手法を検討されている方を主な対象としています。

　エスノグラフィーは、「ある人々の行為や考え方を理解する目的で、人々の中に、あるいは人々の近くに身を置いて調査し、論文や研究成果報告書等を作成する手法」です[1]（野村，2017，p.183）。もともと文化人類学者により、「未開の地」と位置づけられていた人々の社会や文化の理解を目的として使われていました。教育研究においても、複雑で流動的な教育のプロセスや課題を、当事者の視点から社会的・文化的な背景も含め明らかにできるとして活用されています（ミルズ＆モートン（Mills & Morton, 2013）；ザハーリック（Zaharlick, 1992））。

　教育現場では、制度的な制約、学校の伝統、地域の事情など、複雑な条件に合わ

---

1) エスノグラフィーという言葉はフィールドワークや参与観察を指して使われるなど、近年多様な意味で使われていますが、文化人類学者が何年も現場に密着して行うエスノグラフィーと区別するため、本章ではエスノグラフィック・アプローチと呼びます。

せ実践が行われています。しかし、現場で共有されている規範や価値観は外部には見えづらいこともあり、教育課題の背景にある構造的・社会文化的要因が十分に理解されていないことがあります。一例を挙げると酒井（1998）はエスノグラフィー調査により中学校教師の日常を追い、教師の多忙化が「教師集団に共有された指導観」（p.224）に起因していることを明らかにしました。「指導という名の下に生徒のあらゆる側面への働きかけが教育的に意味づけられ」（p.246）た結果、教科指導、部活動、生徒・保護者とのコミュニケーションなど多くの役割を担うことが求められ、教師の多忙化が発生していたのです。このようにエスノグラフィック・アプローチでは、当事者には疑問視しづらく、外部者には見えにくい規範や価値観も含め、現場の実状を明らかにします。

　このような当事者の視点は、異なる社会・文化的背景の人々を研究対象とする比較教育学においては特に重要です。新興国・途上国の教育現場では、教育の課題が設備・機材の不備や、教師の「努力」、「知識」、「理解」等の不足にあるととらえられがちです。しかし実際は、教師は与えられた条件の中で様々な要求に対応しながら教育活動を行っています。教師が何を当たり前ととらえ、重要視しているのか、どのようなジレンマを抱えているかなど、その背景にある規範や構造的な要因を明らかにしなければ、現場で起きていることの本当の意味を知ることはできません。

　以下の節では、博士論文の章を元に投稿した「インドネシアの教員コミュニティにおける『教員ストラテジー』に関する考察—ジャワの公立中学校の事例を通して」（『比較教育学研究61』に掲載）を題材に、研究の過程とエスノグラフィック・アプローチを用いた教師研究の意義について解説をしていきます。

学術的な問いを立てる

　教育研究・教師教育に取り組む、もしくはこれから取り組まれようとしている方には、個人的な体験や現状への批判をきっかけに研究を始めようという方も多いのではないでしょうか。私も国際協力機構（JICA）やNGOのプロジェクトで教育現場の支援を行った経験から、インドネシアの学校の研究に携わるようになりました。研究の最初の大きなハードルは、個人的な体験から生まれた疑問や問題意識を、学術的な問い＝リサーチ・クエスチョンに変えることかもしれません。教育実践では個人的な経験や思い入れが大切にされますが、研究の問いには学術的な価値や意義

が求められます。佐藤（2015, p.89）は、良いリサーチ・クエスチョンの条件として、①実証可能性、②価値・意義、③資源的条件を挙げています。研究者として、専門領域の先行研究と自分の研究を関連付け、まだ解明されていない学術的な問いに答えることで、専門領域に貢献することが期待されます。

エスノグラフィック・アプローチでは大まかなリサーチ・クエスチョンを最初に立て、調査や分析の過程で問いの焦点を絞っていくことになります。本章で取り上げる論文は、UCL ロンドン大学教育研究所から学位授与された博士論文（Kusanagi, 2019）をもとに執筆しました。博士論文では「日本の授業研究がインドネシア（ジャワ）の学校にレッスンスタディとして導入されたとき、どのように再文脈化（＝現地の教師に理解され実践）されたのか」という、大まかなリサーチ・クエスチョンでした。その後の分析の過程でリサーチ・クエスチョンは細分化・精緻化されていき、このデータ分析の結果をテーマごとに集約し、章立てを構成しました。

分析の過程については後述しますが、研究全体と本章で取り上げる論文の位置づけを理解するため、博士論文の章立てとそれを元に出版した論文を表1に示します。本章で取り上げる論文以外の3つの論文は、私が専門とする「授業研究／レッスンスタディ」を題材としています。本章で取り上げる論文は、教師コミュニティをテーマとしており、これは現地でデータ収集を行っている際には意識していなかった事象を、帰国後分析の過程で「教員ストラテジー」として概念化したものです。

ジャワの学校を対象としたエスノグラフィーに2つの先行研究があります。シライシ（Shiraishi, 1997）はインドネシアでは学校も含む官僚組織において、二重のパターナリズムによる「家族主義」的な組織運営が行われていることを論じました。「家族」組織を幸せで調和のとれた状態にするため、家長であるリーダーは業務を遂行する公的な役割と、温情的に部下の世話をする私的な役割のバランスを保つ必要があると分析されました（Shiraishi, 1997, p.97）。一方、ビヨーク（Bjork, 2005）は新カリキュラムが導入された際、状況に応じて学習内容や手法を決める裁量権が学校に与えられたものの、実際には何の変化も起きなかった様子を描きました。その理由として官僚組織文化が挙げられ、忠実で従順な公務員（官僚）であるジャワの教員文化では、指示された業務を遂行することに重きが置かれ、リスクを伴う新しい教え方は取り入れられなかったことが分析されました。本論文でも最終的には家族主義的組織文化と官僚組織文化が大きなテーマとなりましたが、データ収集と分析の際には一旦先行研究とは離れ、分析後に先行研究との関連性を明らかにして

表1 博士論文『プロフェッショナル・デベロップメントの再文脈化：ジャワの中学校におけるレッスンスタディの官僚化』の章立てと出版論文[2]

博士論文の章立て	出版した論文
第1章 序章	
第2章 グローバル教育改革と教育移転	
第3章 日本における授業研究の発展	(Kusanagi, 2021)
第4章 海外でのレッスンスタディの発展	
第5章 調査の方法論	
第6章 サリ中学校の教員コミュニティと対処戦略	(草彅, 2020) 本章で取り上げた論文
第7章 教員のペダゴジー、教授戦略、権威戦略	
第8章 官僚的プロジェクトとしてのレッスンスタディ（日常の授業との比較）	(草彅, 2019)
第9章 レッスンスタディの再文脈化	(Kusanagi, 2014)
第10章 結論	

いくことになります（データ分析の節を参照）。

フィールドワークで教師の日常から学ぶ

(1) フィールドに入る

　博士論文の調査では、ジョグジャカルタ特別州バントゥル県にある公立のサリ中学校（仮名）でフィールドワークを行い、2009年12月から2010年6月の7ヶ月の間に合計63回（日）訪問しました。サリ中学校を最初に訪れたのは2006年で、開発コンサルタントとして中部ジャワ地震の被災校の緊急支援を行った時です。その後、修士論文の調査でJICAの支援を受けて全校型レッスンスタディに取り組んでいた同校を含む3校の教師にインタビュー調査を行いました。その際に、サリ中学校の校長に博士課程でも調査に来たらどうかと声をかけてもらいました。当初新

---

2) 原著はKusanagi, K. (2019). Recontextualization of professional development: bureaucratization of lesson study in a junior secondary school in Java (Doctoral dissertation, UCL (University College London)).

学期が始まる7月に調査開始を予定していましたが、外国人研究者用ビザの取得に時間がかかり、現地入りしたのは前学期終了直前の12月でした。このように、海外調査では予測できない事態が生じることも少なくないため、データ収集・分析に影響がでないよう対処する力も試されます。主なデータは参与観察から書き起こしたフィールドノーツとし、インタビュー（録音データと書き起こした文書）とアンケートを行い、学校の資料、レッスンスタディの資料、写真データなどを集めました。

　インドネシア人は外国人に好意的なこともあり、サリ中学校では友好的に迎え入れられ、初日から入れ代わり立ち代わり教師から話しかけられました。同時に校長の知り合いとして当初は警戒されていることも感じていました。調査者は完全に中立になることも、現場に溶け込むことも不可能ですが、調査の対象とする人々とフェアな関係を築く姿勢が必要とされます。ここで重要なのは、リフレクシビティと呼ばれる、自分が現場の人に与える影響や、学校の政治的な側面にも留意して、どのような立ち位置で調査対象者と接するか、その影響を考慮して調査・分析を進めることです。

　フィールドに入る前、イギリス人の指導教官に「エバンゲリスト」（キリスト教の伝道者）になるなと注意を受けました。自分の教育理念を強要するなといういかにもイギリス人らしい言い回しです。私は開発コンサルタントとしてインドネシアの学校の支援を行った経験や、日本で「学びの共同体」の学校改革を実践している学校と関わった経験がありました。この知見は現場の実践を理解することに役立ちますが、「現地の視点」をとらえるには、自分の先入観・価値観をなるべく介入させないことが重要です。今振り返ると、「教師は子どものケアを行うべき」、「同僚性を大切にするべき」、といった先入観が、ジャワの教師を「評価」したり「非難」したりすることにつながる恐れがあったことがわかります。研究手法や倫理的な問題が起こらないよう、フィールドワークでは研究者自身の感情や思い入れと切り離して研究を進めることが必要とされます。

　また、なるべく現場に溶け込みつつ、外部者として与える影響を最小限にする工夫も必要です。私の場合、教師コミュニティに馴染めるよう、英語の補助教員として教える計画を立てました。しかし授業を1回行ったところ、代わりに教えてもらえるなら持病の通院のため病院に行ってもよいかとC先生に打診されました。このため、C先生の欠勤が増えることで生徒に不利益が生じる恐れがあり断念しました。そもそも参与観察を始めてみると、仲間として認められるために大事なのは、

教えることより、職員室で他愛のない雑談をしたり、学校内外で行われる行事に参加したりするなど、教師と一緒に時間を過ごすことだとわかり、できる限り多くの時間を教師とともに過ごしました。

このようにして調査対象者と関係を築き、一定の良好な関係が築けた調査終了直前にアンケート調査とインタビュー調査を実施しました。それでもアンケートの回答が一字一句同じ人が数名いるなど、集団主義的文化の中での調査の難しさを実感しました。また、生徒や保護者への聞き取り調査も考えていましたが、本心を聞くことが難しいこと、評価を恐れる教師にマイナスの影響を与える恐れが高いことから断念しました。調査終了間際には、研修の際に時間をもらい、調査の内容について簡単なフィードバックを行いました。

(2) フィールドノーツで日常を記述する

教師の活動と教育実践を理解するため、参与観察とフィールドノーツを主なデータ収集の手段とし、授業や学校内外の行事に参加し、教師コミュニティへの理解を深めました。先生方にはインドネシアにおけるレッスンスタディと学校の実践について調査をしていると伝えており、外国人がフィールドノーツに日々の出来事を記録することに大きな問題はありませんでした。最初の1ヶ月は様子を伺うことに集中しました。その後授業に招いてくれた先生から授業を見せてもらい、徐々に活動の範囲を広げていきました。

「エスノグラフィー／参与観察では、対象集団の内面や振る舞いを自然な形で深く多面的に理解することで、事前に予期しなかった発見をすることができ」ます（野村，2017, p.189）。当事者が周りの状況をどのように理解して行動しているのかを探ったり、社会的相互作用の解釈や教育のプロセスを理解したりするのに有効な手法です。フィールドノーツでは現場の人の言葉や出来事をなるべくそのまま記していきます。以下のような点に注目し記録していきました。

・繰り返し出てくる言葉や繰り返される行動
・その学校・コミュニティに特有の言葉
・日常と非日常の区別
・印象的な出来事と周囲の反応
・当事者が強い思い入れを表現したり、葛藤したりする出来事

・共有されている価値観・されていない価値観
・批判や問題点としてとらえられている事象
・意味がなさそうなのに現場の人が大事にしていること

　上記の視点から実際にフィールドノーツに記録した例を表2に示しました。フィールドノーツを書いた時には何気ない出来事が、調査・分析を深めることで、概念として抽象化し意味をもつようになります。フィールド入りした当初から、毎朝教師が笑顔で互いに握手し挨拶する様子は印象的でした。しかし、この行為が教師コミュニティの結束を象徴していることを理解したのはもっと後です。また、論文にも記述したトゥガス（業務）やマテリ（カリキュラム）は教師がよく使う言葉でしたが、これらが官僚としての責務を表す言葉だということも後になって理解しました。このように現場特有の言葉や出来事がどのような文脈で使われるかを探り、徐々に抽象度をあげていき、その背後の意味を社会的な概念・理念を使って解明できることが、エスノグラフィック・アプローチを使った研究の醍醐味であり、難しさです。

表2　フィールドワーク初期段階での気づきや疑問の例

・定められた勤務時間は書類上守られたことになっているが、現実には授業時間しか出勤しない
・職員室でプライベートな話や家のローンの話などはされるが、授業や子どもの話はされない
・教師は授業準備をしない
・良い先生のイメージは日本と類似しているが、そこまでできないと語られる
・生徒の世話をするのは教師の仕事ではないと理解されている
・学校運営に不満があっても口に出さない
・学校プログラムが実施されるたびに食事や菓子が配られる
　　など

データ分析で当事者には見えない事象を紐解く

（1）データ収集とデータ分析を行う

　エスノグラフィック・アプローチの分析過程は完成した論文から見えづらく、理解が難しい部分であると思います[3]。グラウンデッド・セオリーの手法（グレイザー

---

3) グラウンデッド・セオリーには多様な解釈と使われ方があるのも難しさの一因でもあります（木下，1999；戈木クレイグヒル，2006）。

&ストラウス（Glaser & Strauss, 1967））では、データ収集をしながらデータ分析を行い、必要に応じてテーマの方向修正やデータの収集法を修正しながら調査を進めていきます。海外調査ではデータ収集の時間が限られており、フィールドワーク時は簡易なデータ分析に留まり、本格的な分析はフィールドワーク終了後になりました。

　フィールドワークを始める当初は、「授業」の観察をし、教師から授業や生徒の話を聞くことが中心になると考えていました。しかし、実際にフィールドに入ると、教師は多くの時間を職員室で雑談をして過ごしていました。教師の社交活動に加わり日本について聞かれ、インドネシア（ジャワ）の伝統文化や宗教、学校の行事について教わるうちに、教師の役割や他の教師や生徒との関係性が徐々に見えてきました。また、職員室で授業の準備をすることは経験不足や他者を出し抜こうとする行動と理解されるなど、多様な要因が教師コミュニティの規範に影響を与え、教師の言動を制約していることがわかりました。こうした一見不可解・無意味に見える出来事もメモに記して蓄積しておき、分析の過程でつながりや焦点化を行う際に利用しました。

(2) コーディングとカテゴリー化、メモ作りを行う

　分析にはグラウンデッド・セオリーの手法を使い、図1のような流れで行いました。グラウンデッド・セオリーの手法では、データから概念・理論が生まれることが大きな特徴であることから、まず、データに浸ることが求められます。オープン・コーディングではデータに1行ごとにラベルをつけていきます。この段階でデータは切片化され文脈や意味付けと切り離されます（戈木クレイグヒル，2006）。ここで繰り返し現れたコードを、その次の「選択的コーディング」ではコア・カテゴリーとしてまとめます。その後、関連したコードをカテゴリー化して、抽象化・概念化し意味あるまとまりにします。この間、「継続的比較分析」により、対照的な場面などを比較しながら、理論的概念が様々なケースや場面に対して説明を行えるかどうかを検証します。そしてこれ以上新しい解釈が生まれない状況になったら「理論的飽和化」を迎えたと判断します。その後、「理論的コーディング」を行いコード間、カテゴリー間の関係を分析し、データの分析を終え、メモをもとに書き上げる作業に入ることができます。調査から分析の過程で重要なのが「メモ作り」で、生まれるアイデア、疑問、解釈をメモに取っておきます。分析を終えるまでに幾度もこの

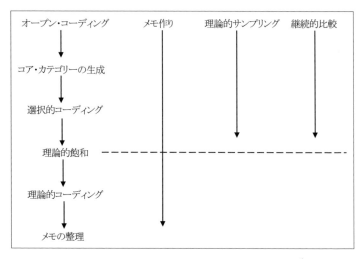

図 1　データ収集と分析の過程（Dowling, 2020）[4]

　分析プロセスが繰り返され、膨大な量の分析データとメモが生まれますが、実際に博士論文の本文で使ったのはこの十分の一以下の量でした。

　初めてグラウンデッド・セオリーを使う研究者がこの分析を単独で行うことは現実的でなく、私の場合は少なくとも毎月 2-3 時間指導教員との面談を行い、分析過程をガイダンスしてもらいました。試行錯誤をしながら社会学的な考え方や分析方法について何年もかけて身につけることは容易ではありませんでしたが、今振り返るとデータに向き合えた贅沢な時間であり、この経験が現在も役立っています。

(3) リサーチ・クエスチョンを焦点化する

　調査の目的として、大まかなリサーチ・クエスチョン、レッスンスタディの再文脈化（＝現地の教師にどのように理解され実践されたのか）がありましたが、63 回（日）の学校訪問のうち、公開研究会が開催されたのは 4 回、インタビューやアンケートでレッスンスタディについて回答されたデータを入れても、データの 9 割は直接レッスンスタディと関連していません。膨大な量のデータを掘り下げ分析を

---

4) Dowling (2020). Personal communication; https://prezi.com/ues5dh0-znhs/grounded-theory/?utm_campaign=share&utm_medium=copy

進めながら、あらためてリサーチ・クエスチョンを明確化し、最終的には表3のような問いに集約しました。

表3　データ収集・分析で集約された問い

- 教師の役割には何が含まれるのか
- 日常の学校活動の中で何が優先されていたのか
- 教師の実践の類似点・相違点は
- 教師はどのように協同していたのか
- 教師のアイデンティティーは何に帰属しているか
- 日常の授業と公開研究授業の違いは何か

　これらの問いが最終的に博士論文のデータ分析の章として、表1で示した第6章（教員コミュニティについて）、第7章（教員のペダゴジーについて）、8章（授業研究と日常の授業の比較）にまとめられました。

投稿論文として書き上げる

　前述の通り、本章で取り上げた『比較教育学研究』に掲載された論文は博士論文の章をもとに執筆しましたが、投稿するには学会誌が求めている内容と合致していなければ、審査で落とされてしまいます。ジャーナル選びで気をつけたことは、1）テーマ・分野、2）手法、3）学会の趣旨に沿っているかでした。『比較教育学研究』は、インドネシア教育の専門家が所属し、地域研究に強い学会であり、エスノグラフィック・アプローチのデータ密着型分析が評価されるのではと考えました。投稿を検討している学会誌の過去の論文や、編集委員にどのような専門の研究者が名を連ねているかを確認すれば、その傾向が理解できるかと思います。

　論文として書き上げる際には、あらためて自分の論文を研究領域の中に位置づけることが大切です。データの分析や自分の専門領域に浸っていると、書き上げることに集中するあまり、自分の研究の意義を説明することを忘れてしまうことがあります。『比較教育学研究』の場合、多様な国や専門の研究者が所属しているため、インドネシア研究者以外にも私の研究に関心をもってもらう必要があります。この場合、インドネシアの事例を通じて地域的要因が現場の実践に与える影響を明らかにすることで、他国の教育改革への手がかりになる視点を提供できると自分の研究

を位置づけました。

　また、比較教育学では特定の事例がその国の潮流であるかのように一般化される危険性があり、自分のデータと分析から主張できることとできないことを明確にすることも必要とされます。エスノグラフィック・アプローチの目的は一般化ではなく、教育実践を特定の文脈の社会相互関係の中のパターンとしてその意味や構造を解釈することです。当該稿では「教員コミュニティ」の特質が、組織的制約として教師の実践に影響を及ぼすことを「教員ストラテジー」の概念を用い明らかにしました。

　論文では、ウッズ（Woods, 1980）が、与えられた役割と状況の中で教師が自己の目的を達成する戦略（生き残り戦略など）の総称として示した「ティーチャー・ストラテジー（Teacher Strategies）」の概念をもとに、表４の「サリ中学校の教員ストラテジー」の概念図を生成しました。グラウンデッド・セオリーではデータに根ざした理論をボトムアップで形成するため、データ分析過程では既存の理論とは一旦切り離し、分析が終わってから関連性に応じて既存の理論を応用します。私の場合も、教員ストラテジーの解明が目的だったわけではなく、現場で起こっている出来事を見ていくうちに、教師は教えること以外に、社会的規範の遵守や同僚への配慮など多様な要請に応えていることがわかり、この葛藤を表す概念としてティーチャー・ストラテジーを応用しました。このように、分析の最終段階でやっと先行研究へ戻りその関係と、研究領域への貢献を意識しながら、議論を組み直します。

　「教員ストラテジー」（表４）の概念図では、互いを「家族」と呼ぶ教員コミュニティにおいては、日々の教師の活動が集団的利益を守る「家族主義システム」の要請に応える仕組みとして埋め込まれていたことを明らかにしました。大多数の教師はこの要請に応え、「家族」の責任として教育局から与えられた任務の遂行（官僚的な責任）と社会的規範を守る（非公式な）責任を遵守していました（表４の（ii）公僕と（iv）コミュニティの一員）。その一方で、権力を行使する校長などは他者の上に立つことで社会的規範から外れるためコミュニティから除外されること（表４の（i）権力者）、また人格者として精神的リーダー（表４の（iii））として振る舞うにはジャワの自己犠牲的社会規範を内在化するため象徴的なリーダーにしかなれないことを示しました。なにより、このストラテジーのいずれかにも教師と生徒に関する責任が含まれていないことから、同調圧力として教師集団の利益が優先される

一方で、教えることの専門性や生徒に関するアカウンタビリティ（説明責任）が個人の選択としてとらえられていたことを示しました。これは、表2のフィールドワーク時の気づきや疑問と、表3のデータ収集・分析で集約された問いとつながっています。このように分析過程を経て研究の焦点が絞られ、最終的には表4の概念図に集約されました。

表4　サリ中学校の教員ストラテジー（草彅，2020）

責任	個人（選択）	集団（義務）	
官僚的責任 （公式）	(i.) 権力者 官僚制規則・評価基準の内在化	(ii.) 公僕 政府の指示に従う 学校プログラムの運営 マテリの伝達	家族主義システムによる要請
社会的責任 （非公式）	(iii.) 精神的（宗教的・道徳的）リーダー 社会的規範の内在化 自己犠牲	(iv.) コミュニティの一員 社会的規範の遵守 集団の利益の優先	

まとめ

　本章ではエスノグラフィック・アプローチを用いた質的研究方法を用いた教師コミュニティの比較教育学研究について、構想から出版までの過程をみてきました。エスノグラフィック・アプローチのなによりの魅力は、教育現場の当事者から学び、背景にある社会的構造の中にその実践や葛藤を位置づけ、教育現場の課題を検証できる点です。論文で明らかにしたのは、教師個人の努力や資質を超えたところに教育改革がうまくいかない要因があるということです。教師は政策や学校からの要求に応じたり、社会的場面で葛藤を抱えるなど、日常の社会的相互作用の中で実践の意思決定を行っています。教師の当事者性と構造的な要因を突き詰めていかなければ、教師の直面している現実を理解することはできません。

　国内の教師研究に関心をもつ方には、インドネシアの教師に関する比較教育学研究は馴染みが薄いかもしれません。しかしOECDの国際比較調査により日本の教師の長時間労働と授業以外の多岐にわたる業務が問題視されたように（国立教育政

策研究所編，2014)、比較教育研究が対象とする海外の事例から日本の学校の「当たり前」を問い直すことは、社会の変化が加速している今一層必要とされています。教育実践を文化的・社会的実践としてとらえることで、その背景にある社会的構造や人間関係と切り離せないことがわかります。こうした社会的構造は簡単には変わりません。インドネシアでフィールドワークを行ったのは10年前ですが、教師の職務の官僚化と生徒の学びのプロセスの軽視の問題は、現在も教育改革の大きな課題です。またジャワの教師が直面している職務の「官僚化」（手続き化、形骸化）や「脱専門職化」の現象は日本でも身近な問題です。

　エスノグラフィック・アプローチを用いた調査は膨大な時間と労力を要することから、長期に渡る調査は博士論文が最初で最後というケースも少なくありません。しかし、実践の意味を社会文化的背景とつなげて「厚い記述」（ギアツ（Geertz, 1973））として明らかにすること、当事者の視点から日常を理解しようとすること、現場の教師の葛藤や悩みから学ぼうとする姿勢など、エスノグラフィック・アプローチを通して得た経験や知識は私の研究の礎となっています。

引用文献

Bjork, C. (2005). *Indonesian Education: Teachers, Schools, and Central Bureaucracy*. Taylor & Francis.

Geertz, C. (1973). *The Interpretation Of Cultures*. Hachette UK: Basic books. (クリフォード・ギアーツ著，吉岡禎吾他訳（1987）『文化の解釈学』岩波現代選書)

Glaser, B. G., & Strauss, A. L. (1967). *The discovery of grounded theory: Strategies for qualitative research*. Chicago: Aldire.

Mills, D. & Morton, M. 2013. *Ethnography in Education*: Sage.

Kusanagi, K. N. (2014). The Bureaucratising of Lesson Study: A Javanese Case. *Mathematics Teacher Education and Development*, 16(1), n1.

Kusanagi, K. (2019). Recontextualization of professional development: bureaucratization of lesson study in a junior secondary school in Java (Doctoral dissertation, UCL (University College London)).

Kusanagi, K. (forthcoming). "Historical Development of Lesson Study in Japan." In George Noblit (Ed.), *Oxford Research Encyclopedia of Education*. New York: Oxford University Press.

Shiraishi, S. (1997). *Young heroes: The Indonesian family in politics* (*Vol. 22*). (n.p.) :

Cornell University Press.

Woods, P. (Ed.). (1980). *Teacher strategies: Explorations in the sociology of the school* (*Vol. 208*). Routledge.

Zaharlick, A. (1992). Ethnography in anthropology and its value for education. *Theory into practice*, 31(2), 116-125.

木下康仁 (1999)『グラウンデッド・セオリー・アプローチ―質的実証研究の再生』弘文堂

草彅佳奈子 (2019)「第5章インドネシアの教育の質をめぐる改革と現場の課題―ジャワの中学校の授業研究の実践を通して」東京大学教育学部教育ガバナンス研究会編『グローバル化時代の教育改革―教育の質保証とガバナンス』東大出版社, 83-98.

国立教育政策研究所編 (2014)『教員環境の国際比較― OECD 国際教員指導環境調査 (TALIS) 2013 年調査結果報告書』明石書店

佐藤郁哉 (2015)『社会調査の考え方：上』東京大学出版会

戈木クレイグヒル滋子 (2006)『グラウンデッド・セオリー・アプローチ―理論を生みだすまで ワードマップ』新曜社

酒井朗 (1998)「多忙化問題をめぐる教師文化の今日的様相」志水宏吉編著『教育のエスノグラフィー学校現場のいま』嵯峨野書院, 223-248.

野村康 (2017)『社会科学の考え方―認識論、リサーチ・デザイン、手法』名古屋大学出版会

 【書籍紹介】

①志水宏吉編著 (1998)『教育のエスノグラフィー―学校現場のいま』嵯峨野書院
エスノグラフィーをめぐる議論や方法論や本章で紹介した酒井 (1998) などの教育現場のエスノグラフィー研究事例が紹介されており、教育研究のエスノグラフィーに関心をもった方に読んでもらいたい本です。
② Emerson, R. M., Fretz, R. I., Shaw, L. L., 佐藤郁哉, 好井裕明, & 山田富秋 (1998)『方法としてのフィールドノート：現地取材から物語 (ストーリー) 作成まで』新曜社
エスノグラフィーに最も重要なフィールドノートの書き方はもちろん、コーディングやメモの書き方など具体例を示して解説されており、フィールドワークの手引きとなる一冊です。

謝辞
博士論文の分析過程でご指導いただきました UCL Institute of Education のポール・ダウリング教授に心より感謝申し上げます。

あとがき

　どのような時代であっても、教師という職業の重要性は変わりません。しかし、時代の波に翻弄されるのも教師という職業の特徴です。これまで幾度となく国や社会から、教師に対して、その時代に応じた様々な要求がなされてきました。他方で、教師の仕事の本質は自明のこととされ、等閑視されてきたといってよいでしょう。本書では、教師の仕事の具体から、その本質を探究しようとする研究を紹介し、探究の方法を検討することを目的として編まれました。

　「教師」は教育に関する専門的職業を指す概念ですが、同時に、関係、制度、生き方をさす概念でもあります。教師は、学校という時空間における子ども（＝生徒）の存在を前提とした存在です。その教師－子どもという関係性は教師という制度によって規定され保障されます。そして、教師の職を辞したあとでも子どもにとっては「教師」として生きていくのです。

　あらためて、教師とは誰か、その経験、思考、生き方、自己、文化を知ることは学校教育研究の基本であり、時代を超えて取り組まれうる研究領域であるといってよいでしょう。本書がその出発点となり、研究の途上でいつでも参照されるものとなることを願っています。

藤江康彦

索　引

■**執筆者紹介**（2021年6月掲載時）

第Ⅱ部

第1章

　1　浅田匡（あさだ ただし）　早稲田大学 人間科学学術院 教授

　　　中村駿（なかむら しゅん）　武蔵野大学 教育学部 講師

　2　児玉佳一（こだま けいいち）　大東文化大学 教職課程センター 専任講師

　3　木村優（きむら ゆう）　福井大学 大学院 連合教職開発研究科 教授

　4　鹿毛雅治（かげ まさはる）　慶應義塾大学 教職課程センター 教授

第2章

　1　角南なおみ（すなみ なおみ）　鳥取大学 医学部 助教

　2　藤井佑介（ふじい ゆうすけ）　長崎大学 大学院 教育学研究科 准教授

　3　伊勢本大（いせもと だい）　松山大学 経営学部 准教授

　4　有間梨絵（ありま りえ）　東京大学 大学院 教育学研究科 博士課程院生

　　　植松千喜（うえまつ かずき）　慶應義塾大学 教職課程センター 助教

第3章

　1　曽山いづみ（そやま いづみ）　神戸女子大学 文学部 助教

　2　町支大祐（ちょうし だいすけ）　帝京大学 大学院 教職研究科 専任講師

　3　滝川弘人（たきかわ ひろと）

　　　　　　　　　　　　　　元東京大学 大学院 教育学研究科 博士課程院生

　4　松嶋秀明（まつしま ひであき）　滋賀県立大学 人間文化学部 教授

第4章

　1　姫野完治（ひめの かんじ）　北海道教育大学 大学院 教育学研究科 教授

　2　北田佳子（きただ よしこ）　埼玉大学 教育学部 准教授

　3　坂本篤史（さかもと あつし）　福島大学 人間発達文化学類 准教授

　4　大島崇（おおしま たかし）　大分大学 大学院 教育学研究科 准教授

第5章

　1　鈴木雅博（すずき まさひろ）

　　　　　　　　　　　　　　明治大学 情報コミュニケーション学部 准教授

　2　三浦智子（みうら さとこ）　山形大学 大学院 教育実践研究科 准教授

　3　有井優太（ありい ゆうた）　東京大学 大学院 教育学研究科 博士課程院生

　4　草弭佳奈子（くさなぎ かなこ）　東京大学 大学院 教育学研究科附属

　　　学校教育高度化・効果検証センター 助教

■編著者紹介

秋田喜代美（あきた きよみ）（第Ⅰ部1，第Ⅱ部1・2・5扉 執筆）

1991年　東京大学大学院教育学研究科博士課程修了　博士（教育学）
　　　　東京大学大学院教育学研究科長・教育学部長　同教授を経て
　　　　現在 学習院大学文学部教授，東京大学名誉教授
　　　　教育心理学・発達心理学・保育学

〈主要著書〉『はじめての質的研究法：教育・学習編』監修・共編著（東京図書，2007）
　　　　『これからの質的研究法―15の事例にみる学校教育実践研究』共編著
　　　　　　　　　　　　　　　　　　　　　　　　　　　　（東京図書，2019）
　　　　『授業研究と学習過程』共著（放送大学教育振興会，2010）
　　　　『学びの心理学―授業をデザインする』（左右社，2012）
　　　　『学校教育と学習の心理学』共著（岩波書店，2015）
　　　　『人はいかに学ぶのか：授業を変える学習科学の新たな挑戦』共監訳書
　　　　　　　　　　　　　　　　　　　　　　　　　　　（北大路書房，2024）ほか

藤江康彦（ふじえ やすひこ）（第Ⅰ部2，第Ⅱ部3・4扉 執筆）

2000年　広島大学大学院教育学研究科博士課程後期修了　博士（教育学）
現　在　東京大学大学院教育学研究科教授
　　　　教育方法学・教育心理学・学校教育学

〈主要著書〉『はじめての質的研究法：教育・学習編』共編（東京図書，2007）
　　　　『これからの質的研究法―15の事例にみる学校教育実践研究』共編著
　　　　　　　　　　　　　　　　　　　　　　　　　　　　（東京図書，2019）
　　　　『授業研究と学習過程』共著（放送大学教育振興会，2010）
　　　　『質的心理学ハンドブック』共著（新曜社，2013）
　　　　『21世紀の学びを創る―学習開発学の展開』共編著（北大路書房，2015）
　　　　『小中一貫教育をデザインする―カリキュラム・マネジメント52の疑問』
　　　　編著（東洋館出版社，2019）
　　　　　　　　　　　　　　　　　　　　　　　　　　　　　　　ほか

これからの教師研究　～20の事例にみる教師研究方法論～

2021年6月25日　第1刷発行　　　　　　　　　　　Printed in Japan
2024年5月25日　第2刷発行　　　　　　　© Kiyomi Akita, Yasuhiko Fujie　2021

編著者　秋田喜代美・藤江康彦
発行所　東京図書株式会社
　　　　〒102-0072　東京都千代田区飯田橋3-11-19
　　　　電話：03-3288-9461
　　　　振替：00140-4-13803
　　　　http://www.tokyo-tosho.co.jp

ISBN 978-4-489-02362-0